돌아온 토익 뽀개기

LC

엘씨공략

돌아온 토익 뽀개기 LC

지은이 김재한
펴낸이 정규도
펴낸곳 ㈜다락원

초판 1쇄 발행 2021년 2월 1일
초판 3쇄 발행 2023년 3월 22일

책임 편집 홍인표, 조상익
디자인 박보희, 윤현주

다락원 경기도 파주시 문발로 211
내용 문의 (02)736-2031 내선 551
구입 문의 (02)736-2031 내선 250~252
Fax (02)732-2037
출판 등록 1977년 9월 16일 제406-2008-000007호

사진 출처 셔터스톡

값 17,000원
ISBN 978-89-277-0990-9 14740
ISBN 978-89-277-0989-3 14740 (set)

http://www.darakwon.co.kr
다락원 홈페이지를 방문하시면 상세한 출판 정보와 함께 MP3 자료 등의
다양한 어학 정보를 얻으실 수 있습니다.

돌아온 토익 뽀개기

LC
엘씨공략

다락원

토익

어떻게 공부해야 할까요?

많은 사람들이 토익을 공부하지만 적지 않은 시간과 비용을 투자하더라도 원하는 결과를 얻기가 쉽지 않습니다. 그 이유는 자신이 원하는 점수를 얻기 위한 효과적인 학습법을 찾기가 힘들기 때문입니다. 영어 실력이 뒷받침되지 않은 사람이 실전대비 토익 모의고사집을 푼다든지, 850점 이상을 목표로 하는 수험생이 기초 문법 교재로 토익을 공부하는 것은 전혀 효과적이지 않은 학습법이라 할 수 있습니다.

이 책은 토익 응시생들의 수준을 분석하여 가장 많은 수험생들이 가장 효과적으로 토익을 공부할 수 있도록 하기 위해 개발되었습니다. 아래의 도표들을 통해 어떤 방식의 학습법이 우리에게 필요한지 확인해 보도록 하겠습니다.

1. 2020년 상반기 영역별 평균 점수

구분	LISTENING	READING	TOTAL
평균 점수	378.41	306.32	684.73

2020년 상반기 토익 평균 점수는 684.73으로 집계되었습니다. 2019년 토익 평균 점수가 686점 정도였던 것을 감안하면 토익의 난이도가 약간 상향 조정되고 있다는 점을 알 수 있습니다.

2. 2020년 상반기 평균 점수 분포

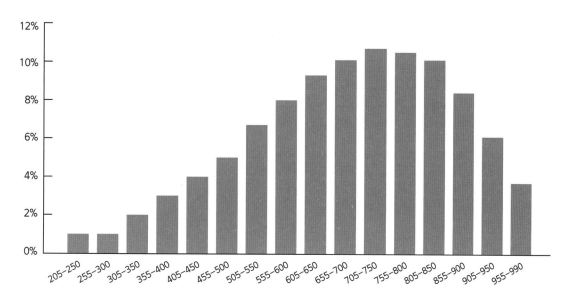

응시생 중 가장 많은 비중을 보이고 있는 점수대는 705-800점대로 나타났으며, 605-700점대와 805-900점대가 그 뒤를 잇고 있습니다. 이러한 점수대는 평균 점수와 차이를 보이는데, 그 이유는 취업이나 대학 졸업

등의 이유로 토익을 준비하는 수험생 외에 순수하게 자신의 영어 실력을 점검하려는 사람들도 다수 존재한다는 점을 보여 줍니다.

이러한 분석을 바탕으로 이 책은 700-800점대의 학생들을 위한 교재로 개발되었습니다. 이 점수대의 학생들은 어느 정도 영어 실력을 갖추고 있지만, 토익의 문제 유형에 익숙하시 않거나 풀이 선략을 세대로 공부하시 못해서 원하는 점수를 얻지 못하는 사람일 것입니다. 따라서 이 책은 토익의 모든 문제 유형을 제시하고 그에 맞는 풀이 전략을 소개함으로써 대다수 응시생들에게 필요한 학습 내용을 제공하고 있습니다.

현재 점수가 낮은 수험생은 기본 실력을 향상시킬 수 있는 종합서를 보는 것이 바람직하며, 고득점을 바라는 수험생은 실전서를 학습하는 것이 효과적일 것입니다. 이 책은 종합서와 실전서의 장점만을 모아 구성했기 때문에, 700-800점대 학생들은 이 교재만으로 문제 유형 파악과 실전 대비를 동시에 할 수 있습니다.

3. 700-800점대 응시생들의 파트별 오답 개수 분석

a. 700-750점대 응시생들의 오답 개수

	PART 1	PART 2	PART 3	PART 4	PART 5	PART 6	PART 7	전체오답개수
응시생 A	1	6	6	4	7	7	13	44
응시생 B	0	5	3	4	9	4	20	45
응시생 C	0	6	4	2	9	1	25	47
응시생 D	1	5	7	5	13	7	9	47
응시생 E	1	7	6	4	8	6	16	48

b. 750-800점대 응시생들의 오답 개수

	PART 1	PART 2	PART 3	PART 4	PART 5	PART 6	PART 7	전체오답개수
응시생 F	2	7	1	1	9	2	14	36
응시생 G	1	2	7	4	7	3	15	39
응시생 H	1	6	11	3	5	2	11	39
응시생 I	1	6	8	0	8	5	11	39
응시생 J	1	5	9	6	6	4	11	42

c. 800-850점대 응시생들의 오답 개수

	PART 1	PART 2	PART 3	PART 4	PART 5	PART 6	PART 7	전체오답개수
응시생 K	1	6	5	6	4	1	2	25
응시생 L	0	2	5	6	4	1	9	27
응시생 M	1	5	6	3	2	3	7	27
응시생 N	1	7	4	3	4	2	6	27
응시생 O	1	2	6	4	4	2	11	30

위의 표는 일부 응시생들의 파트별 오답 개수를 정리한 것입니다. 이를 보면 LC의 경우, 특히 PART 1에서 오답 개수의 차이가 거의 나타나지 않습니다. 이는 기본적으로 PART 1의 문제를 다 맞히거나 한 문제 정도만 틀려야 원하는 점수를 얻을 수 있다는 사실을 나타냅니다. 전체적으로도 LC 점수는 큰 차이를 보이지 않기 때문에 700-800점대의 학생들은 LC 점수를 높이기 보다는 실수를 줄이려는 노력을 기울여야 한다는 점을 알 수 있습니다.

보다 큰 차이를 보이는 부분은 RC인데, 이는 수험생들이 점수를 올리기 위해서는 LC보다 RC에 더욱 노력을 기울여야 한다는 점을 나타냅니다. 가장 극적인 차이를 보이는 부분은 PART 7으로, 850점 이상 고득점을 노리는 학생들은 반드시 PART 7에서 고득점을 맞아야 전체적인 점수가 올라간다는 점을 인지하고 있어야 합니다. 반대로 700점대가 목표인 학생들은 PART 7에 집중하는 것보다는 나머지 파트들에서 점수를 얻는 것이 보다 효과적인 전략이 될 수도 있다는 점을 시사합니다.

이 책은 700-800점대의 학생들이 효과적으로 점수를 올릴 수 있도록 LC의 경우 다량의 문제 풀이를 통해 실수를 줄일 수 있는 방법을 모색하고 있습니다. RC의 경우에는 상대적으로 적은 시간과 비용으로 점수를 올릴 수 있는 PART 5와 PART 6, 즉 문법과 어휘 파트에 보다 집중하고 있으며 고득점을 원하는 학생들을 위해서도 고난이도의 PART 7 지문과 문제들을 수록하고 있습니다.

이 교재를 집필하는 데 큰 도움을 주신 다락원 관계자분들, 영문 감수를 해준 저의 파트너 Michael, 그리고 무엇보다 교재를 함께 검토하고 작업해 주신 박찬기 강사님, 류미선 강사님께 꼭 감사하다는 말씀을 드리고 싶습니다.

저자 김 재 한

목차

이 책의 구성

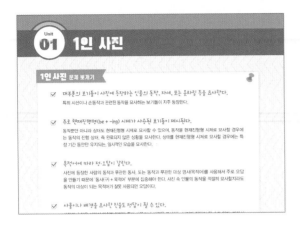

🔍 유형 설명

해당 유닛에서 학습할 유형에 대한 설명과 함께 실전에 적용할 수 있는 풀이 전략이 소개되어 있습니다.

⚡ 기출 변형

최신 경향의 실전 문제를 변형한 '기출 변형' 문제들이 수록되어 있습니다. 이 책에 수록된 모든 문제들은 반드시 출제되는 유형들만 선별한 것입니다. 그러므로, 교재의 모든 문제들을 풀어 봄으로써 실제 시험에 출제되는 모든 유형의 문제들을 학습할 수 있습니다.

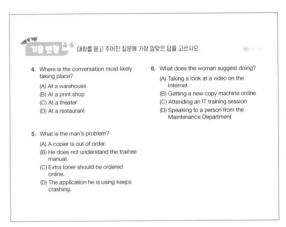

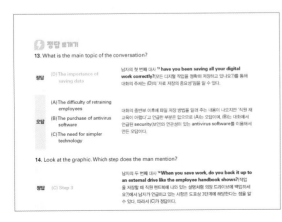

⚡ 정답 뽀개기

'기출 변형' 문제를 풀고 난 다음 '정답 뽀개기'에 수록된 상세한 설명을 통해 문제를 분석할 수 있습니다. 정답과 오답 설명이 한눈에 알아볼 수 있도록 구분되어 있어서, 보다 효과적으로 학습할 수 있습니다.

⚡ 이 정도는 알아야지!

'정답 뽀개기'에서 설명되어 있는 내용 이외에 문제와 관련하여 추가적으로 학습해 두어야 하는 사항들이 있을 경우, '이 정도는 알아야지'에 해당 내용이 정리되어 있습니다.

⚡ 실전 문제 연습

파트가 끝날 때마다 실전과 똑같은 문제들을 풀어 볼 수 있습니다. 이를 통해 학습한 내용을 다시 한 번 복습할 수 있을 뿐만 아니라 실제 시험에 대한 적응력도 키울 수 있습니다.

토익 시험 소개

토익(TOEIC)은 Test of English for International Communication의 약자로서, 영어를 모국어로 사용하지 않는 사람이 국제 환경에서 생활을 하거나 업무를 수행할 때 필요한 실용 영어 능력을 평가하는 시험입니다. 현재 한국과 일본은 물론 전 세계 약 60개 국가에서 연간 4백만 명 이상의 수험생들이 토익에 응시하고 있으며, 수험 결과는 채용 및 승진, 해외 파견 근무지 선발 등 다양한 분야에서 활용되고 있습니다.

시험 구성

구성	PART	내용		문항 수	시간	배점
Listening Comprehension	1	사진 묘사		6	45분	495점
	2	질의-응답		25		
	3	대화문		39	100문제	
	4	담화문		30		
Reading Comprehension	5	단문 공란 채우기		30	75분	495점
	6	장문 공란 채우기		16		
	7	독해	단일 지문	29	100문제	
			복수 지문	25		
Total				200문제	120분	990점

출제 분야

토익의 목적은 일상 생활과 업무 수행에 필요한 영어 능력을 평가하는 것이기 때문에 출제 분야도 이를 벗어나지 않습니다. 비즈니스와 관련된 주제를 다루는 경우라도 전문적인 지식을 요구하지는 않으며, 아울러 특정 국가나 문화에 대한 이해도 요구하지 않습니다. 구체적인 출제 분야는 아래와 같습니다.

일반적인 비즈니스 (General Business)	계약, 협상, 마케팅, 영업, 기획, 콘퍼런스 관련
사무 (Office)	사내 규정, 일정 관리, 사무 기기 및 사무 가구 관련
인사 (Personal)	구직, 채용, 승진, 퇴직, 급여, 포상 관련
재무 (Finance and Budgeting)	투자, 세금, 회계, 은행 업무 관련
생산 (Manufacturing)	제조, 플랜트 운영, 품질 관리 관련
개발 (Corporate Development)	연구 조사, 실험, 신제품 개발 관련
구매 (Purchasing)	쇼핑, 주문, 선적, 결제 관련
외식 (Dining Out)	오찬, 만찬, 회식, 리셉션 관련
건강 (Health)	병원 예약, 진찰, 의료 보험 업무 관련
여행 (Travel)	교통 수단, 숙박, 항공권 예약 및 취소 관련
엔터테인먼트 (Entertainment)	영화 및 연극 관람, 공연 관람, 전시회 관람 관련
주택 / 법인 재산 (Housing / Corporate Property)	부동산 매매 및 임대, 전기 및 가스 서비스 관련

📝 응시 방법

시험 접수는 한국 TOEIC 위원회 웹사이트(www.toeic.co.kr)에서 온라인으로 할 수 있습니다.
접수 일정 및 연간 시험 일정 등의 정보 또한 이곳에서 확인이 가능합니다.

📝 시험 당일 일정

수험생들은 신분증과 필기구(연필 및 지우개)를 지참하고 고사장에 입실해야 합니다. 입실 시간은 오전 시험의 경우
9시 20분, 오후 시험의 경우 2시 20분까지입니다.

	시간	
오전	9:30 - 9:45	**오리엔테이션**
오후	2:30 – 2:45	답안지에 이름, 수험 번호 등을 표시하고 직업이나 응시 횟수 등을 묻는 설문에 응합니다.
오전	9:45 - 9:50	**휴식**
오후	2:45 – 2:50	5분간의 휴식 시간 동안 화장실을 이용할 수 있습니다.
오전	9:50	**입실 마감**
오후	2:50	50분부터 출입을 통제하므로 늦어도 45분까지는 고사장에 도착하는 것이 좋습니다.
오전	9:50 - 10:05	**신분증 검사**
오후	2:50 – 3:05	LC 시험 시작 전에 감독관이 신분증을 검사하고 답안지에 확인 서명을 합니다. RC 시험 시간에는 감독관이 돌아다니면서 다시 한 번 신분증을 검사하고 확인 서명을 합니다.
오전	10:05 - 10:10	**파본 검사**
오후	3:05 – 3:10	받은 문제지가 파본이 아닌지 확인한 후 문제지에 수험 번호를 적고 답안지에 문제지 번호를 적습니다. 파본이 확인되더라도 시험이 시작되면 문제지를 교체해 주지 않으므로 이때 문제지를 빨리, 제대로 확인하는 것이 중요합니다.
오전	10:10 - 10:55	**LC 문제 풀이**
오후	3:10 – 3:55	45분 동안 LC 문제를 풉니다.
오전	10:55 - 12:10	**RC 문제 풀이**
오후	3:55 – 5:10	75분 동안 RC 문제를 풉니다.

📝 성적 확인

시험일로부터 10일 후에 오후 3시부터 인터넷과 ARS(060-800-0515)로 성적을 확인할 수 있습니다. 성적표 발급
은 시험 접수 시에 선택한 방법으로, 즉 우편이나 온라인으로 이루어집니다.

파트별
고득점
전략

LC

PART 1 고득점 전략

전략 1 동작을 나타내는 표현과 상태를 나타내는 표현을 구분한다.

파트1에서 가장 어려운 문제 유형 중 하나는 동작과 상태 표현의 구분을 요구하는 문제이다. 아래의 두 사진을 통해 이에 대해 자세히 알아보자.

사진 1	자전거에 올라타고 있는 사람 (동작)	사진 2	자전거를 타고 있는 사람 (상태)

두 사진 모두 자전거와 인물이 함께 있는 장면을 보여 주지만, 사진1은 자전거에 올라타고 있는 사람의 모습을, 사진2는 자전거를 타고 이동 중인 사람의 모습을 나타내고 있다. 따라서 각각의 사진에 대한 올바른 묘사는 다음과 같다.

사진 1 He **is getting on** a bicycle.	사진 2 She **is riding** a bicycle.

만약 사진1과 같이 동작을 나타내는 사진에 "He is riding a bicycle."로 상태를 나타낸 보기는 오답이 될 것이며, 마찬가지로 사진2와 같이 상태를 나타내는 사진에 "She is getting on a bicycle."로 동작을 나타낸 보기도 오답이 된다.

예제 ①
◀)) 00-01

(A)　　　(B)　　　(C)　　　(D)

take off 이륙하다
runway 활주로
exit 내리다
repair 수리하다

(A) Some people are standing next to a truck.

(B) An airplane has taken off from a runway.

(C) Some people are exiting an airplane.

(D) An airplane is being repaired.

(A) 사람들이 트럭 옆에 서 있다.

(B) 비행기가 활주로에서 이륙했다.

(C) 사람들이 비행기에서 내리고 있다.

(D) 비행기가 수리되고 있는 중이다.

정답 (C)

예제 파헤치기

정답	(C) Some people are exiting an airplane.　　[동사 + 목적어: exiting an airplane] exit라는 동사는 '나오다, 내리다'라는 의미인데, 사람들이 비행기에서 내리는 모습을 볼 수 있으므로 (C)가 정답이다.
오답	(A) Some people are standing next to a truck. 사진에 서 있는 사람들이 보이기는 하지만, 트럭 옆에 서 있는 사람들은 보이지 않는다. (B) An airplane has taken off from a runway. 비행기가 현재 활주로에 있기 때문에, 이미 이륙한 상태(has taken off)라는 의미의 (B)는 오답이다. (D) An airplane is being repaired. 비행기가 수리되고 있는 중이 아니므로 보기 (D)는 오답이다.

전략 2 **다양한 수동태 표현들을 익힌다.**

사물이 부각되는 사진에서는 다양한 수동태 표현들을 이용한 보기가 등장한다. 여러 수동태 문장의 의미 차이를 이해하지 못하면 정답을 놓치는 실수를 범하기 쉽다.

1. 완료 시제의 수동태

사진 1 공사가 완료된 주택

원칙적으로 완료 수동태는 과거에 완료된 행위가 현재의 상황과 연관이 있을 때 사용되지만, 파트 1에서 이를 일반적인 수동태와 구분할 필요는 없다. [사진 1]은 다음과 같이 묘사할 수 있다.

→ The house **has been built.**
  (= The house is built.)

2. 진행 시제의 수동태

사진 2 공사가 진행 중인 주택

[사진 2]와 같이 공사가 진행 중인 상태인 경우, 진행형과 수동태를 함께 사용하여 사진을 묘사할 수 있다.

→ The house **is being built.**

예제 ① 🔊 00-02

(A)　　(B)　　(C)　　(D)

overalls 작업복
paintbrush 도색용 붓
ladder 사다리
wall 벽

(A) A worker is putting on overalls.

(B) A paintbrush has been put on the ladder.

(C) The door to a room is open.

(D) A wall is being painted.

(A) 작업자가 작업복을 입고 있다.

(B) 페인트 붓이 사다리에 놓여져 있다.

(C) 방문이 열려 있다.

(D) 벽이 도색 작업 중이다.

정답 (D)

예제 파헤치기

정답	(D) A wall is being painted. [동사: being painted] 현재 진행 수동태 (be + being + 과거분사)로 묘사되어 행위자가 생략되어 있지만, 현재 진행 능동태 문장 'A worker is painting a wall.'과 같은 의미이므로 보기 (D)가 정답이다.
오답	(A) A worker is putting on overalls. 작업자가 현재 한 벌의 작업복을 입고 있는 상태이지 입고 있는 중이라고 보기 어렵기 때문에 보기 (A)는 오답이다. 참고로, 'be wearing'은 '(옷 등을) 이미 입고 있는 상태'를 의미하며, 'be putting on'은 '(옷 등을) 입고 있는 중인 동작'을 의미한다. (B) A paintbrush has been put on the ladder. 작업자가 페인트 붓을 손에 쥐고 도색 작업을 하고 있는 중이기 때문에 페인트 붓이 사다리에 놓여 있다는 의미의 보기 (B)는 오답이다. (C) The door to a room is open. 사진에 보이는 문은 닫혀 있으므로 보기 (C)는 오답이다.

PART 2 고득점 전략

전략 1 유형을 파악해야 한다.

① 문제 유형으로 푸는 방법

문제의 앞쪽에 등장하는 의문사 또는 조동사를 통해 문제 유형을 파악하고, 핵심 동사 또는 핵심 명사를 이용해 정답을 찾는다.

② 오답 유형으로 푸는 방법

발음을 이용한 오답과 질문에서 사용된 단어와 관련성이 높은 표현을 이용한 오답들을 소거한 후 정답을 찾는다.

전략 2 부정적인 의미를 담고 있는 질문에 주의한다.

no, not, never 등 부정어를 포함하고 있는 질문이나 mind와 같이 부정적인 의미의 동사가 사용된 의문문에 유의해야 한다. 부정의 의미를 제대로 파악하지 못하면 정답과 정반대 의미의 오답을 고르는 실수를 하기 쉽다.

예제 ①
🔊 00-03

> Mark your answer on your answer sheet.　　　(A)　　　(B)　　　(C)

스크립트 및 해석

Would you mind moving over one seat so my colleague and I can sit together?

(A) I think this book is mine.

(B) No, not at all.

(C) No, this seat is taken.

저와 동료가 함께 앉을 수 있도록
한 좌석 옆으로 옮겨 주시겠어요?

(A) 이 책은 제 것 같네요.

(B) 아니요, 전혀 꺼리지 않아요.

(C) 아니요, 이 자리는 주인이 있어요.

정답 (B)

⚡ 예제 파헤치기

mind(꺼리다, 언짢아하다)와 같이 부정적인 의미의 표현이 들어 있는 경우, 부정 표현이 수락 표현이 되고 긍정 표현이 거절 표현이 된다.

- 수락의 의미를 나타내는 답변: No, I would not mind at all. / No, not at all. / Of course not.
- 거절의 의미를 나타내는 답변: Yes, I would mind.

예제 ②

🔊 00-04

Mark your answer on your answer sheet.　　　(A)　　　(B)　　　(C)

스크립트 및 해석

Weren't you at the banquet last night?

(A) No, I wasn't invited.

(B) I asked about the company retreat yesterday.

(C) It is the biggest banquet ever.

당신은 어젯밤에 연회장에 있지 않았나요?

(A) 아니요, 저는 초대 받지 않았어요.

(B) 저는 어제 회사 야유회를 요청했어요.

(C) 지금까지 중에서 가장 큰 연회예요.

정답 (A)

banquet 연회　invite 초대하다　company retreat 회사 야유회

⚡ 예제 파헤치기

우리말의 경우에는 '~에 있지 않았나요?', 혹은 '~에 있었어요, 그렇지 않았나요?', '~에 있지 않았어요, 그렇죠?' 라는 질문에 다음과 같이 대답한다.

→ "네, 있지 않았어요." [긍정표현 + 부정표현]

→ "아니요, 있었어요." [부정표현 + 긍정표현]

하지만, 영어의 경우에는 우리말과 다르다.

Weren't you at the banquet last night? 당신은 어젯밤에 연회장에 있지 않았나요?

You **were at the banquet last night, weren't** you?

당신은 어젯밤에 연회장에 있었어요, 그렇지 않았나요?

You **weren't at the banquet, were** you? 당신은 연회장에 있지 않았어요, 그렇죠?

위와 같은 질문들에 대해 영어에서는 다음과 같이 대답한다.

→ **Yes**, I was. (네, 연회장에 있었어요.) [긍정표현 + 긍정표현]

→ **No**, I was not. (아니요, 연회장에 있지 않았어요.) [부정표현 + 부정표현]

문화적 차이로 인하여 대답하는 방식이 다르기 때문에, 영어의 부정의문문 및 부가의문문을 해석할 때는 질문에 'not'이 없다고 생각하고, 주어진 문장에 대해 긍정이면 'Yes', 그렇지 않으면 'No'로 생각하고 답을 하면 된다.

예제 ③

🔊 00-05

Mark your answer on your answer sheet.　　　(A)　　　(B)　　　(C)

스크립트 및 해석

Why didn't you ride your bicycle to work today?	오늘은 왜 자전거를 타고 출근하지 않았나요?
(A) You can walk through the house.	(A) 집을 돌아보실 수 있어요.
(B) I'd like you to write a letter.	(B) 편지를 써주었으면 해요.
(C) It is supposed to rain today.	(C) 오늘 비가 온다고 해서요.

정답 (C)

ride 타다　walk through 돌아보다　supposed to ~하기로 되어있다

⚡예제 파헤치기

Why 의문사 문제의 경우, 일반의문문과 다르게 부정어의 의미를 그대로 살려서 문제를 풀어야 한다. 왜냐하면, '~했던 이유'와 '~하지 않았던 이유'는 다르기 때문이다. 아래 대화를 통해 그 차이를 확인해 보자.

Q. Why didn't you ride your bicycle to work today? 오늘은 왜 자전거를 타고 출근하지 않았나요?

A. It is supposed to rain today. 오늘 비가 온다고 해서요.

Q. Why did you ride your bicycle to work today? 오늘은 왜 자전거를 타고 출근하셨나요?

A. It is supposed to be sunny today. 오늘 날이 맑다고 해서요.

전략 3　**질문의 의미를 정확히 파악한다.**

영어와 우리말의 표현에 차이가 있기 때문에 질문을 직역하게 되면 의미를 정확하게 이해하지 못하는 경우가 있다. 이러한 경우 질문에 사용된 단어들이 어떤 의미로 사용되는 것인지 정확하게 파악하고 그에 알맞은 답변을 찾는 것이 중요하다.

예제 ①

🔊 00-06

Mark your answer on your answer sheet.　　　(A)　　　(B)　　　(C)

What should I do with this contract?

(A) Use this button to adjust the contrast.

(B) I'll take care of it.

(C) Yes, it should be.

이 계약서를 어떻게 처리해야 할까요?

(A) 명암을 조절하려면 이 단추를 이용하세요.

(B) 제가 처리할게요.

(C) 네, 그 것은 그래야만 해요.

정답 (B)

contract 계약서　adjust 조절하다, 조정하다　contrast 대조, 명암　take care of ~을 처리하다

예제 파헤치기

What should I do with this contract?는 직역하면 '이 계약서를 가지고 제가 어떤 일을 해야만 하나요?'이지만 실제로는 '이 계약서를 어떻게 처리해야 할까요?'라는 의미이다. 따라서 처리 방법을 제시한 보기 (B)가 정답이 된다.

예제 ②

🔊 00-07

Mark your answer on your answer sheet.　　(A)　　(B)　　(C)

What made you so late today?

(A) I've made up my mind.

(B) Something urgent came up this morning.

(C) The new supplier gave us a better rate.

오늘 왜 이렇게 늦으셨어요?

(A) 저는 결심했어요.

(B) 오늘 아침에 급한 일이 있었어요.

(C) 새로운 공급 업체가 더 나은 요금을 제시했어요.

정답 (B)

urgent 긴급한　supplier 공급 업체　rate 비용, 요금

예제 파헤치기

What made you so late today?는 직역하면 '어떤 상황이 오늘 당신을 이렇게 늦게 만들었나요?'라는 의미이지만, 의역하면 '오늘 왜 이렇게 늦으셨어요?'라는 질문이다. 따라서 지각한 이유를 밝힌 보기 (B)가 정답이다.

PART 3 고득점 전략

전략 1 바꾸어 쓰기(paraphrasing)에 익숙해진다.

대화문에서 들을 수 있는 정답의 단서는 보기에 그대로 반복되지 않고 paraphrasing되어 제시되는 경우가 많다. 그러므로 paraphrasing에 대한 개념을 가지고 있어야 파트 3에서 고득점을 받을 수 있다.

① 바꾸어 쓰기(paraphrasing) 유형

ⓐ단어를 다른 단어로 바꾸어 쓰는 경우, ⓑ어구를 단어로 바꾸어 쓰는 경우, ⓒ단어를 어구로 바꾸어 쓰는 경우, ⓓ문장을 다른 문장으로 바꾸어 쓰는 경우로 구분할 수 있다.

② 바꾸어 쓰기의 예

단어 → 단어	leave → departure
어구 → 단어	take one week off → vacation
단어 → 어구	delay → behind schedule
문장 → 문장	It seems to be down. → It is not working properly.

예제 ①-③   🔊 00-08

1. What problem does the woman mention?

   (A) A Web site is not working properly.
   (B) She could not reach a telephone operator.
   (C) Some flight information was not posted online.
   (D) She could not access the information hotline.

2. What is stated about the flight?

   (A) It is behind schedule.
   (B) It is fully booked.
   (C) It is now boarding passengers.
   (D) It can accept standby passengers.

3. From where did the flight leave?

   (A) London
   (B) New York
   (C) Denver
   (D) Chicago

W	I'd like to check the status of a flight. **¹ I looked online, but the Web site seems to be down right now.**
M	No problem. I can help you. What is the airline and the flight number?
W	Flight 763 on Eastern Airlines. **³ It had a 7:00 A.M. departure time from Chicago.**
M	Hold on a moment. Yes, okay **² There was a delay during the London layover**, so it left there thirty minutes past its 10:30 scheduled departure time. It's now expected to arrive at 7:30. Is there anything else I can help you with?

여 항공편 현황을 확인하고 싶습니다. 인터넷을 봤는데 웹사이트가 다운된 것 같네요.

남 네, 제가 도와드리겠습니다. 항공사와 항공편 번호가 어떻게 되나요?

여 Eastern 항공사 763편입니다. 오전 7시에 시카고에서 출발했습니다.

남 잠시 기다려 주세요. 네, 런던을 경유하면서 지연되었군요. 10시 30분이었던 출발 시간에서 30분 경과하여 출발했습니다. 7시 30분에 도착할 것으로 예상됩니다. 제가 더 도와 드릴 것은 없을까요?

status 상황 layover 경유, 단기 체류 departure time 출발시간

1. 여자가 언급한 문제는 무엇인가?
   (A) 웹사이트가 제대로 작동되지 않는다.
   (B) 전화 교환원과 연결이 되지 않는다.
   (C) 비행 정보가 인터넷에 게시되었다.
   (D) 상담 전화에 접속할 수 없다.

2. 비행기에 대해 언급된 것은 무엇인가?
   (A) 지연되었다.
   (B) 모두 예약되었다.
   (C) 승객들을 탑승시키고 있다.
   (D) 공석 대기 승객을 받을 수 있다.

3. 비행기는 어디에서 출발했는가?
   (A) 런던
   (B) 뉴욕
   (C) 덴버
   (D) 시카고

정답 1. (A)   2. (A)   3. (D)

예제 파헤치기

1 여자의 첫 번째 대사 **¹ I looked online, but the Web site seems to be down right now.** (인터넷을 봤는데 웹사이트가 다운된 것 같네요.)에서 정답은 (A)임을 알 수 있다. 여기에서 대화의 'seems to be down'이라는 표현은 정답에서 'not working properly'로 바꾸어 쓰였다.

2 남자의 마지막 대사 **² There was a delay during the London layover** (런던을 경유하면서 지연되었군요.)를 통해 (A)가 정답임을 알 수 있다. 대화의 'There was a delay'라는 표현이 정답에서는 'behind schedule'로 바꾸어 쓰였다.

3 여자의 두 번째 대사 **³ It had a 7:00 A.M. departure time from Chicago.** (오전 7시에 시카고에서 출발했습니다.)에서 'from Chicago'라는 부분에 유의하면 정답은 (D)임을 알 수 있다. 대화문의 leave가 (D)에서는 departure로 바꾸어 표현되었다.

문제를 정확히 이해해야 하는 문제들이 있다.

질문의 주어와 목적어가 무엇인지 정확히 파악해야 한다. 문제 자체는 쉬운데 문제를 잘못 이해해서 정답을 놓치는 경우가 의외로 많다. 아래와 같은 예를 통해 자세히 알아보자.

| 예시 질문 1 | Who is the man talking to?

이 질문은 '말하고 있는 남자는 누구인가?'라는 문제가 아니라 '남자는 누구에게 말하고 있는가?'라는 질문이다. 즉, 여자의 신분을 묻는 문제이다.

| 예시 질문 2 | What is the man told to do?

'남자는 (과거에) 무엇을 하겠다고 말했는가?'가 아니라 'What does the woman tell the man to do? (여자는 남자에게 무엇을 하라고 말하는가?)'라는 뜻의 질문이다. 이러한 질문의 경우, 여자가 남자에게 지시하는 내용을 찾아야 하므로 여자의 대사에 집중해야 정답을 찾을 수 있다.

"told" 자리에 다양한 표현들이 나올 수 있다.

What is the man **told** to do?	남자는 무엇을 하라는 말을 듣는가?
What is the man **asked** to do?	남자는 무엇을 하라는 부탁을 받는가?
What is the man **instructed** to do?	남자는 무엇을 하라는 지시를 받는가?
What is the man **invited** to do?	남자는 무엇을 하라는 요청을 받는가?
What is the man **advised** to do?	남자는 무엇을 하라는 충고를 듣는가?
What is the man **encouraged** to do?	남자는 무엇을 하라는 권고를 받는가?

→ 위 질문들은 모두 "여자의 대사"에 집중해서 "여자가 남자에게 말한/부탁한/지시한/요청한/충고한/권고한" 행위를 찾아야 하는 문제들이다.

예제 ①-③
🔊 00-09

1. Who is the woman talking to?

   (A) A tenant
   (B) A landlord
   (C) An investment banker
   (D) A real estate agent

2. What is the woman's concern?

   (A) The duration of routine building maintenance
   (B) The closure of a building entrance
   (C) The price of a property
   (D) The location of an apartment building

3. What will the speakers probably do next?

   (A) Order some construction materials
   (B) Go to a furniture store
   (C) See some units
   (D) Conduct a building inspection

W Hello. I came to see David Wilson. My name is Linda Smith.

M Hello, Ms. Smith. I'm David. It's nice to meet you. **1, 3-1 I found three apartments I thought we could look at today. 3-2 It should take less than one hour.** Do you have time?

W **2-1 Yes, but I want to make sure that they all have three bedrooms and cost under eight hundred dollars.**

M **2-2 Actually, I found two that are in your requested price range, and the other is $830, but it's a specially discounted price from $1,300.** It's a really good deal. I think you'll like it.

여 안녕하세요. David Wilson 씨를 만나러 왔는데요. 저는 Linda Smith입니다.

남 안녕하세요. Smith 씨. 제가 David입니다. 만나서 반갑습니다. 제가 세 개의 아파트를 찾았는데 오늘 둘러볼 수 있을 거 같은데요. 1시간이 채 안 걸릴 것 같은데, 시간 있으신가요?

여 네, 그런데 우선 모두 방이 세 개이고 가격이 800달러 미만인지 맞는지 확인하고 싶어요.

남 사실, 두 개는 요청하신 가격대에 있고, 나머지 한 개는 830달러이기는 하지만, 1,300달러에서 특별 할인된 거예요. 정말 괜찮은 매물이에요. 마음에 드실 거예요.

less than ~보다 미만인 make sure 확실히 하다 price range 가격 범위 good deal 괜찮은 매물, 저렴한 가격

1. 여자는 누구에게 이야기하고 있는가?
   (A) 임차인
   (B) 임대인
   (C) 투자은행 직원
   (D) 부동산 중개사

2. 여자의 걱정거리는 무엇인가?
   (A) 정기적인 건물 유지 보수 기간
   (B) 건물 입구의 폐쇄
   (C) 부동산의 가격
   (D) 아파트 건물의 위치

3. 화자들은 다음에 무엇을 할 것 같은가?
   (A) 건축 자재를 주문한다.
   (B) 가구점으로 간다.
   (C) 아파트를 보러 간다.
   (D) 건물 점검을 한다.

정답 1. (D)   2. (C)   3. (C)

1 이 질문은 '지금 이야기하고 있는 여자는 누구인가?'가 아니라 '여자는 누구에게 이야기하고 있는가?' 이다. 즉, 남자의 신분, 직업을 찾아야 한다. 남자의 첫 번째 대사에서 ¹ **I found three apartments I thought we could look at today.** (제가 세 개의 아파트를 찾았는데 오늘 둘러볼 수 있을 것 같아요.) 라고 했으므로 (D)가 정답이 된다.

질문이 'Who is the woman? (여자는 누구인가?)'이라면 보기 (A)가 정답이 된다. 하지만, 1번 질문은 여자가 이야기하고 있는 대상을 묻는 문제이므로 정답이 될 수 없다. (B)는 보기 (A)에 사용된 'tenant(임차인)'와 의미적 관련성이 높은 단어 'landlord(임대인)'을 이용해서 만든 오답이다. (C)는 대화에서 언급된 apartment와 의미적 관련성이 높은 단어 'investment banker(투자은행 직원)'을 이용해서 만든 오답이다.

2 걱정거리를 묻는 질문은 부정적인 내용이므로 대화상에서 부정어 주변의 내용에 집중하면 된다. 이 문제의 첫 번째 단서는 여자의 두 번째 대사 ²⁻¹ **Yes, but I want to make sure that they all have three bedrooms and cost under eight hundred dollars.**에서 'but' 뒤의 내용에 있고, 두 번째 단서는 남자의 마지막 대사 ²⁻² **Actually, I found two that are in your requested price range, and the other is $830, but it's a specially discounted price from $1,300.** 의 'Actually' 뒤에 있다. 부정어 뒤의 내용이 모두 가격에 관한 내용이므로 (C)가 정답이다.

보기 (A), (B), 그리고 (D)는 각각 대화문에 사용된 apartment와 의미적 관련성이 높은 단어들인 'building maintenance / building entrance / apartment building'을 이용해서 만든 오답이다.

3 남자의 첫 번째 대사 ³⁻¹ **I found three apartments I thought we could look at today.** 에서 오늘 볼 수 있다고 말한 뒤 ³⁻² **It should take less than one hour. Do you have time?** (1시간이 채 안 걸릴 것 같은데, 시간 있으신가요?)라고 했으므로 정답은 (C)가 된다.

보기 (A), (B), 그리고 (D) 모두 대화문에 사용된 apartment와 의미적 관련성이 높은 단어 'construction materials / furniture / building inspection'을 이용해서 만든 오답이다.

PART 4 고득점 전략

전략 1 화자와 청자/청중을 구분해야 한다.

❶ 문제가 화자의 직업/신분을 묻는 문제인지, 청자/청중의 직업/신분을 묻는 문제인지를 정확하게 파악할 수 있어야 한다.

❷ "Who is the speaker? / Who is speaking?"으로 화자의 신분을 물을 때에는 일반적으로 초반부에서 직접 본인의 신분을 밝히거나 단적인 단서가 언급된다. 하지만, "Who most likely is the speaker?"처럼 "most likely"가 있는 경우에는 담화에서 언급되는 직업과 관련된 키워드에 집중하여 정답을 유추해서 풀어야 할 확률이 높다.

❸ 지문 초반부에서 화자가 직접 본인 또는 청자/청중의 신분을 밝히는 경우에는 세 문제를 순서대로 풀면 된다. 하지만, 초반부에 단서가 주어지지 않을 때도 있는데, 이러한 경우에는 신분 관련 문제의 정답 단서를 찾는 것을 멈추고 바로 다음 문제들로 넘어 가야 한다. 그리고 나서 담화가 끝난 후에 이해한 내용을 바탕으로 신분 관련 문제의 정답을 유추해야 한다.

❹ 화자의 신분을 묻는 질문보다 청자/청중을 묻는 경우가 더 많다.

청자/청중을 묻는 질문

Who are the listeners?	청자들은 누구인가?
Who is the audience?	청중은 누구인가?
Who is the talk for?	이 담화는 누구를 위한 것인가?
Who is the speaker addressing?	화자는 누구에게 이야기하는가?
Who is the speaker talking to?	화자는 누구에게 말하고 있는가?
Who is the speaker calling?	화자는 누구에게 전화를 하고 있는가?
Who is being addressed?	누가 이 이야기를 듣고 있는가?

→ Who is the speaker addressing?이라는 질문의 의미는 '말하고 있는 화자는 누구인가?'가 아니고 '화자는 누구에게 말하고 있는가?'이다. 즉, 청중의 신분을 묻는 질문이다.

1. Who most likely is the speaker addressing?

    (A) Tour guides
    (B) Scientists
    (C) Professors
    (D) Tourists

2. What is the speaker mainly discussing?

    (A) Wildlife
    (B) A suspension bridge
    (C) The scenery
    (D) An historical event

3. What will the listeners most likely do next?

    (A) Learn about the architecture of a building
    (B) Ask questions about a cruise ship
    (C) Discuss the benefits of a business trip
    (D) Hear about past events in the area

스크립트 및 해석

W   Welcome to the *Black Rover*. **¹ We hope you enjoy your cruise today. ² We're on the historic Hood River, which starts in the Red Forest and runs through Serbia and Romania before spilling into the Black Sea.** The Hood is the third longest river in Europe. It was once a major trade route as well as a main border for the Roman Empire. Our first stop is the Silver Gate, which is the deep, narrow valley that creates the border between Serbia and Romania. **³ There, we'll learn more about the history of the area.**

여   *Black Rover*에 오신 것을 환영합니다. 즐거운 유람선 여행이 되시기를 바랍니다. 현재 저희는 역사적으로 중요한 Hood 강 위에 있습니다. 이 강은 Red Forest에서 시작하여 세르비아와 루마니아를 거쳐 흑해로 유입됩니다. Hood 강은 유럽에서 세 번째로 긴 강입니다. 한때는 무역의 중심로이기도 했으며 로마 제국의 주요 경계이기도 했습니다. 저희의 첫 번째 목적지는 세르비아와 루마니아의 경계를 구분하는 협곡인 Silver Gate입니다. 그곳에서 도착하면 그 지역의 역사에 대해 조금 더 알아 보도록 하겠습니다.

cruise 유람선 여행   historic 역사적으로 중요한   spilling into 유입되다   trade route 무역의 중심로
border 경계, 국경   valley 계곡, 협곡

1. 화자는 누구에게 이야기하고 있는가?
   (A) 여행 가이드
   (B) 과학자
   (C) 교수
   (D) 관광객

3. 청중은 다음에 무엇을 할 것 같은가?
   (A) 건물의 건축 양식에 대해 배운다
   (B) 유람선에 대해 물어본다
   (C) 출장의 이점에 대해 이야기한다.
   (D) 이 지역의 과거 사건에 대해 듣는다.

2. 화자는 무엇에 관해 이야기하고 있는가?
   (A) 야생동물
   (B) 현수교
   (C) 경치
   (D) 역사적 사건

정답 **1.** (D) **2.** (C) **3.** (D)

⚡ 예제 파헤치기

1 청중을 묻는 질문의 단적인 단서는 담화 초반부에 일반적으로 등장한다. 담화의 두 번째 문장 **¹ We hope you enjoy your cruise today.** 에서 청중이 관광객임을 알 수 있으므로 (D)가 정답이다.

화자를 묻는 질문이 아니므로 보기 (A)는 오답이며, (B)와 (C)의 경우, 담화에 언급되었던 표현인 'historic / history'때문에 '과학자', '교수'가 연상될 수는 있지만 청중은 관광객이므로 둘 다 오답이다.

2 주제를 묻는 질문이므로 담화의 초반부에 집중한다. **² We're on the historic Hood River, which starts in the Red Forest and runs through Serbia and Romania before spilling into the Black Sea.** (현재 저희는 역사적인 Hood 강 위에 있습니다. 이 강은 Red Forest에서 시작하여 세르비아와 루마니아를 거쳐 흑해로 유입됩니다.)에서 강을 묘사하고 있으므로 정답은 (C)이다.

담화에서 강이 언급되었기는 하지만 'wildlife(야생동물)'는 언급되지 않았으므로 보기 (A)는 정답이 될 수 없고, 'bridge(다리)'도 언급되지 않았으므로 (B) 또한 정답이 될 수 없다. 담화 후반부에서 There, we'll learn more about the history of the area. (그곳에 도착하면 그 지역의 역사에 대해 조금 더 알아보도록 하겠습니다.)라고 했지만 이것이 현재 화자가 이야기하고 있는 주된 주제는 아니므로 (D)는 정답이 될 수 없다.

3 다음에 할 일을 묻는 질문은 담화의 가장 마지막 부분에 집중한다. **³ There, we'll learn more about the history of the area.** (그곳에 도착하면 그 지역의 역사에 대해 조금 더 알아 보도록 하겠습니다.)에서 미래 조동사 will을 이용해 다음에 하게 될 행동을 언급했으므로 (D)가 정답이다. 'learn more about the history'가 'Hear about the past events'로 paraphrasing되었다.

(A)는 담화에 언급된 'learn about'을 반복해서 만든 오답이며, (B)는 cruise를 반복한 오답이다. (C)는 cruise와 의미적으로 관련성이 높은 trip을 이용해서 만든 오답이다.

문제에 있는 특정 표현은 반드시 잡아야 한다.

❶ 문제에 특정 인물, 사물, 시간, 장소, 숫자 표현이 사용되었을 경우에는 해당 표현에 집중하면 서 담화를 듣고 정답의 단서를 찾아야 한다. 특히 시간이나 장소를 나타내는 단어들은 문장의 맨 앞이나 끝에 등장한다.

❷ 특정 인물이 언급되었을 경우에는 해당 인물이 화자인지, 청자인지, 아니면 또 다른 제 3의 인 물인지 정확히 구분해야 한다. 제 3의 인물이 언급될 경우에는 해당 인물의 앞이나 뒤에 그 사 람의 직위나 직책을 알 수 있는 내용이 언급된다.

❸ 문제에 특정 시간 표현이 언급되었을 때에는 paraphrasing에 주의해야 한다. 특히, 요일을 나타내는 표현의 경우 표현을 바꾸어 정답을 만드는 경우가 많다. 월요일부터 금요일은 '주중' 이라는 표현으로 (Monday, Tuesday, Wednesday, Thursday, Friday → weekdays), 토요일과 일요일은 '주말'이라는 표현으로 (Saturday, Sunday → weekend) 바뀐다.

❹ 문제와 보기를 빨리 읽다 보면 비슷한 철자의 시간 표현 때문에 실수하는 경우가 있다. 그뿐만 아니라 문제와 보기를 정확히 읽었더라도 담화를 들을 때 발음이 비슷한 숫자 표현 때문에 실 수하는 경우도 있으므로 주의해야 한다.

철자가 비슷한 시간 표현	Tuesday – Thursday	June – July
발음이 비슷한 숫자 표현	fourteen (14) – forty (40) sixteen (16) – sixty (60) eighteen (18) – eighty (80)	fifteen (15) – fifty (50) seventeen (17) – seventy (70) nineteen (19) – ninety (90)

예제 ①-③
🔊 00-11

1. Who most likely is the speaker?

   (A) An electricity provider

   (B) A news reporter

   (C) A radio listener

   (D) A government official

2. What is expected to happen over the weekend?

   (A) Temperatures will remain low.

   (B) People will stay indoors.

   (C) An energy conservation list will be announced.

   (D) The government will temporarily cut off electricity.

3. What can be found on the Web site?

   (A) News updates

   (B) Changes in the weather

   (C) Tips on how to conserve energy

   (D) New energy usage policies

M ¹ **For tonight's main news story**, the unusually cold weather over the past few weeks is causing people to significantly increase their energy usage. Electric companies are reporting record-high energy usage. Tonight, government officials are asking residents to limit their use of energy. ² **The unusually low temperatures are expected to continue throughout the weekend**, and residents are being asked only to use essential electrical appliances in order to prevent localized power failures. To help with this effort, our viewers can log on to ³ **our Web site at www.nationalnews.com to find a list of ways to conserve electricity**.

남 오늘밤 뉴스를 알려 드리겠습니다. 지난 몇 주 동안 계속된 유난히 추운 날씨로 인해 사람들의 에너지 사용이 크게 늘어났습니다. 전기 회사가 보고한 바에 따르면 기록적인 에너지 사용률을 보이고 있다고 합니다. 오늘밤, 정부 관계자는 시민들에게 에너지 사용을 자제해 줄 것을 요청할 것입니다. 이 예외적인 추운 날씨는 주말에도 계속될 것으로 예상되며, 시민들은 정전 사태를 방지하기 위해 기본적인 전자 제품만 사용해 주시기 바랍니다. 이러한 노력에 동참하시려는 분들은 저희 웹사이트 www.nationalnews.com 에 접속하셔서 전기 절약과 관련된 방법이 작성되어 있는 목록을 찾아 보시기 바랍니다.

significantly increase 상당히 증가하다   use of energy 에너지 사용   government official 정부 관계자
limit 제한하다, 한정하다   conserve 보존하다   prevent a power failure 정전 사태를 방지하다

1. 화자는 누구일 것 같은가?
   (A) 전기 공급 업체
   (B) 뉴스 기자
   (C) 라디오 청취자
   (D) 정부 공무원

3. 웹사이트에서 무엇을 확인할 수 있는가?
   (A) 최신 뉴스
   (B) 날씨 변화
   (C) 에너지 절약 방법
   (C) 새로운 에너지 사용 정책

2. 주말 동안 어떤 일이 일어날 것으로 예상되는가?
   (A) 추운 날씨가 계속 될 것이다.
   (B) 사람들이 실내에 있을 것이다.
   (C) 에너지 절약과 관련된 목록이 발표될 것이다.
   (D) 정부가 임시적으로 전력을 차단할 것이다.

정답 **1.** (B)   **2.** (A)   **3.** (C)

⚡ 예제 파헤치기

1 화자의 직업을 묻는 문제이므로 일단 담화의 초반부에 집중한다 **¹ For tonight's main news story** (오늘밤 뉴스를 알려 드리겠습니다.)라고 말하고 있고 문장의 구조와 지문 전체의 분위기를 통해 화자는 뉴스 기자임을 유추할 수 있다.

담화에 언급된 표현들인 'energy / electric / electrical / power / electricity'에서 'electricity provider'가 연상될 수는 있지만 화자는 기자이므로 (A)는 오답이다. (C)는 '화자는 누구에게 말하고 있는 가?'로 문제를 잘못 이해했을 경우 실수를 유도하는 오답 보기이다. (D)는 지문에 언급된 'government official'을 반복해서 만든 오답이다.

---

2 'weekend(주말)'라는 특정 시간 표현이 문제에 언급되었으므로 주말 동안 일어날 일에 대한 내용을 정답의 단서로 잡아야 한다. 담화의 중반부에서 **² The unusually low temperatures are expected to continue throughout the weekend** (이 예외적인 추운 날씨는 주말에도 계속될 것으로 예상되며)라고 했으므로 보기 (A)가 정답이다. 담화의 continue가 보기에서는 remain으로 표현되었다.

(B)는 담화에 언급된 'the unusually cold weather / the unusually low temperatures'에서 연상될 수 있는 'stay indoors'를 이용해서 만든 오답이다. 주말 동안 실내에 머무른다는 내용은 직접적으로 언급되지 않았으므로 정답이 될 수 없다. 'Tonight, government officials are asking residents to limit their use of energy. (오늘밤, 정부 관계자는 시민들에게 에너지 사용을 자제해 줄 것을 요청할 것입니다.)'에서 tonight이라는 특정 시간 표현이 있지만, 질문에서 요구하는 정보는 'weekend(주말)'와 관련된 내용이므로 보기 (C)는 정답이 될 수 없다. 'in order to prevent localized power failures. (정전 사태를 방지하기 위해서)' 'only use essential electrical appliances (기본적인 전자 제품만 사용해 주시기 바랍니다.)'라고 요청을 하는 것이지 전력을 차단하는 것은 아니므로 (D) 또한 정답이 될 수 없다.

---

3 Web site라는 특정 장소 표현이 문제에 언급되었으므로 웹사이트가 언급된 부분에서 정답의 단서를 찾아야 한다. 담화 후반부의 **³ our viewers can log on to our Web site at www.nationalnews.com to find a list of ways to conserve electricity** (저희 웹사이트 www.nationalnews.com에 접속하셔서 전기 절약과 관련된 방법이 작성되어 있는 목록을 찾아 보시기 바랍니다)에서 에너지를 절약할 수 있는 방법에 대해 언급하고 있으므로 정답은 (C)이다.

(A)는 담화 초반부에 언급된 news를 반복해서 만든 오답인데, '웹사이트에 최신 뉴스가 있다'라는 내용은 언급되지 않았다. (B)는 담화 초반부에 언급된 weather를 반복해서 만든 오답이다. '주말까지 추운 날씨가 계속 이어진다'라는 정보만 있을 뿐, 담화에 날씨 변화에 대한 내용은 없다. 전기 회사가 보고한 자료에서는 'energy usage'에 관한 내용을 찾을 수 있겠지만 웹사이트에서 찾을 수 있는 내용은 아니므로 (D) 또한 정답이 될 수 없다.

PART 1
사진 묘사

LC

Unit 01 1인 사진

1인 사진 문제 뽀개기

☑ **대부분의 보기들이 사진에 등장하는 인물의 동작, 자세, 또는 옷차림 등을 묘사한다.**

특히 시선이나 손동작과 관련된 동작을 묘사하는 보기들이 자주 등장한다.

☑ **주로 현재진행형(be + -ing) 시제가 사용된 보기들이 제시된다.**

동작뿐만 아니라 상태도 현재진행형 시제로 묘사할 수 있으며, 동작을 현재진행형 시제로 묘사할 경우에는 동작의 진행 상태, 즉 완료되지 않은 상황을 묘사한다. 상태를 현재진행형 시제로 묘사할 경우에는 특정 기간 동안만 유지되는, 일시적인 모습을 묘사한다.

☑ **목적어에 따라 정·오답이 갈린다.**

사진에 등장한 사람의 동작과 무관한 동사, 또는 동작과 무관한 대상 명사(목적어)를 사용해서 주로 오답을 만들기 때문에 '동사(구) + 목적어' 부분에 집중해야 한다. 사진 속 인물의 동작을 적절히 묘사할지라도 동작의 대상이 되는 목적어가 잘못 사용되면 오답이다.

☑ **사물이나 배경을 묘사한 진술도 정답이 될 수 있다.**

사진의 초점은 사람에 맞춰져 있지만 주변 사물이나 배경을 묘사하는 보기가 정답이 될 수도 있다. 따라서 항상 주변 사물 및 배경을 묘사하는 보기에도 주의를 기울이면서 오답 소거법을 통해 정답을 찾도록 한다.

☑ **불확실하거나 애매모호한 진술들을 이용한 오답들이 있다.**

사진에 없는 사람이나 사물을 이용한 보기는 오답이며, 주관적인 평가나 추측을 요하는 진술 역시 오답이다.

중요한 건 뭐다?

1인 사진에서 가장 중요한 것은 '동사(구)' 및 '동사(구) + 목적어' 듣기!

기출 변형 **1** 재료를 손질하고 있는 요리사 🔊 01-01

(A)   (B)   (C)   (D)

정답 뽑개기

오답	**(A)** A man is putting on a chef's hat. 동사 + 목적어: **putting on a chef's hat**	**put on**이라는 동사구가 사용되었으므로, 이 문장은 '남자가 현재 모자를 쓰고 있는 중이다'라는 의미인데, 사진에서 남자는 이미 모자를 착용하고 있으므로 (A)는 오답이다. *cf.* "A man is wearing a chef's hat."과 같은 보기는 정답이 될 수 있다.
	(B) A man is serving some customers. 동사 + 목적어: **serving some customers**	**serve**라는 동사는 식당이나 카페를 배경으로 하여, 직원이 한 사람 혹은 다수의 손님에게 응대하고 있는 장면이 나와야 한다. 하지만 사진에서 요리사 이외의 다른 사람은 보이지 않기 때문에 이 또한 오답이다.
	(C) A man is wiping a kitchen counter. 동사 + 목적어: **wiping a kitchen counter**	**wipe**는 보통 유리 혹은 테이블 등을 수건으로 닦는 행동을 묘사하는 동사로, 사진에서 kitchen counter(조리대)는 볼 수 있지만, 이를 닦는 모습은 없기 때문에 (C) 역시 정답이 될 수 없다.

(D) A man is cutting some meat.

동사 + 목적어: cutting some meat

cut이라는 동사는 보통 가위 혹은 칼을 가지고 무언가를 자르는 행위를 묘사할 때 사용되는데, 사진에서 요리사가 고기를 자르는 모습을 볼 수 있으므로 (D)가 정답이다.

스크립트 및 해석

(A) A man is putting on a chef's hat. 남자가 요리사 모자를 쓰고 있다.

(B) A man is serving some customers. 남자가 손님들을 응대하고 있다.

(C) A man is wiping a kitchen counter. 남자가 주방 카운터를 닦고 있다.

(D) A man is cutting some meat. 남자가 고기를 썰고 있다.

정답 (D)

어휘 **put on** ~을 입다, 착용하다 **hat** 모자 **serve** 봉사하다; 서빙하다 **customer** 고객, 손님 **wipe** 닦다 **kitchen counter** 주방 조리대

이 정도는 알아야지!

put on과 wear의 차이

put on은 지금 현재 옷 따위를 입으려고 하는 동작을 나타낼 때 사용되며, wear는 지금 현재 입고 있는 상태를 나타낼 때 사용한다.

동작	상태
He is **putting on** a coat. 그는 외투를 입고 있다. → 지금 현재 외투를 걸치려고 하고 있다.	He is **wearing** a coat. 그는 외투를 입고 있다. → 지금 현재 외투를 걸치고 있는 상태이다.

cf. put on이 'have + put on'과 같이 현재완료 시제로 사용되면, 이미 외투를 입고 있다는 의미이므로 '입고 있는 상태'를 나타낼 수 있다.

She **has put on** a coat. 그녀는 외투를 입고 있다. (상태)

(A)　　　(B)　　　(C)　　　(D)

정답 뽀개기

오답	**(A)** She is trying on some clothes. 동사 + 목적어: **trying on some clothes**	try on(입어 보다, 착용하다)은 옷을 입어보거나 장신구를 걸쳐 보는 동작을 묘사할 때 사용되는데, 이 사진에서는 쇼핑객이 옷을 보고만 있을 뿐, 입어 보고 있지는 않기 때문에 (A)는 정답이 될 수 없다.
정답	**(B)** **She is examining an item.** 동사 + 목적어: **examining an item**	examine은 '훑어보다'라는 의미로, 쇼핑객이 시장이나 가게에 서 물건을 살펴보는 행위를 설명할 때 사용할 수 있는 동사이다.
오답	**(C)** She is placing bags on the floor. 동사 + 목적어: **placing bags on the floor**	place라는 동사는 '(~에 물건을) 놓다'라는 의미인데, 이 사진에 서 쇼핑객은 모든 물건을 들고 있기 때문에 이 또한 오답이다.
오답	**(D)** She is putting an item onto a rack. 동사 + 목적어: **putting an item onto a rack**	put A onto B는 'A를 B에 놓다'라는 뜻인데, 이 문장에서는 onto 뒤에 rack(옷걸이)이 나왔으므로 '옷걸이에 상품을 걸고 있다'라는 의미가 된다. 따라서 사진을 적절하게 묘사한 문장이 될 수 없다. 참고로 'Some clothes are hanging on the racks.'와 같은 문장은 정답이 될 수 있다.

(A) She is trying on some clothes. 여자가 옷을 입어 보고 있다.

(B) She is examining an item. 여자가 물건을 살펴보고 있다.

(C) She is placing bags on the floor. 여자가 바닥에 가방을 놓고 있다.

(D) She is putting an item onto a rack. 여자가 옷걸이에 상품을 걸고 있다.

정답 (B)

어휘 **try on** ~을 입어 보다 **clothes** 옷, 의류 **examine** 검토하다, 검사하다 **place A onto B** A를 B에 놓다 **rack** 옷걸이

이 정도는 알아야지!

'~을 보다'라는 의미로 사용되는 동사

❶ look at

가장 일반적으로 '보다'라는 의미를 나타낸다.

A man is **looking at** a map. 한 남자가 지도를 보고 있다.

❷ examine

주로 '검사하다'라는 의미로 사용되지만, 제품이나 문서 따위가 이상이 없는지 살펴보는 경우에도 사용된다.

She is **examining** sunglasses. 그녀는 선글라스를 살펴보고 있다.

❸ review

어떤 대상을 자세히 살펴보거나 검토할 때 사용된다.

The woman is **reviewing** some documents. 여자가 문서를 검토하고 있다.

(A)　　(B)　　(C)　　(D)

정답 뽀개기

오답

(A) **A woman is watering with a garden hose.**

동사 + 전치사구:
watering with a garden hose

여기에서 water는 '~에 물을 주다'라는 의미의 동사이다. 동사 자체는 사진 속 인물의 동작을 설명하기에 적절한 표현이지만, 뒤따르는 with a garden hose라는 전치사구와 결합하면 '호스로 물을 주다'라는 의미가 되므로 (A)는 오답이다.

(B) **A woman is walking through a park.**

동사 + 전치사구:
walking through a park

walk라는 동사는 '걷다'라는 의미인데 사진에 걷고 있는 사람은 없으므로 오답이다. walk through a park이라는 표현은 '공원을 거닐다'라는 의미이다. 참고로 wade through라는 표현은 '~를 뚫고 헤치며 걷다'라는 뜻이다.

정답

(C) **A woman is using a watering can.**

동사 + 목적어: **using a watering can**

use라는 동사는 Part 1에서 가장 빈번하게 사용되는 동사 중 하나로, 이 문장의 경우 use 뒤에 목적어인 watering can이 와서 '물뿌리개를 사용하고 있다'라는 의미로 사진을 적절히 묘사하고 있으므로 (C)가 정답이다.

(D) A woman is spraying water onto her hair.

동사 + 목적어:
spraying water onto her hair

spray는 물을 직접 주는 경우가 아니라 분무기나 분사기를 통해 물을 뿌리는 경우에 사용되는 동사이다. 이 문장의 경우, spray가 onto her hair라는 표현과 결합하여 '머리에 물을 뿌리다'라는 의미가 되므로 이 또한 정답이 될 수 없다.

스크립트 및 해석

(A) A woman is watering with a garden hose. 여자가 정원용 호스로 물을 주고 있다.

(B) A woman is walking through a park. 여자가 공원을 걷고 있다.

(C) **A woman is using a watering can.** 여자가 물뿌리개를 사용하고 있다.

(D) A woman is spraying water onto her hair. 여자가 머리에 물을 뿌리고 있다.

정답 (C)

어휘 **water** 물; 물을 주다 **garden hose** 정원용 호스 **walk though** ~을 걸어서 통과하다, 걸어서 지나가다 **watering can** 물뿌리개 **spray** 뿌리다, 분사하다 **hair** 머리카락

이 정도는 알아야지!

use의 쓰임

use는 사람의 동작을 직접적으로 나타내지는 않지만, '~을 사용하고 있다'라는 식으로 인물의 동작을 간접적으로 묘사할 수 있다.

She is <u>copying</u> some documents. 그녀는 서류를 복사하고 있다.
= She is **using** a copy machine. 그녀는 복사기를 사용하고 있다.

A woman is <u>typing</u> on a keyboard. 여자가 키보드를 치고 있다.
= A woman is **using** a computer. 여자가 컴퓨터를 사용하고 있다.

A man is <u>taking</u> a picture of people. 여자가 사람들의 사진을 찍고 있다.
= A man is **using** a camera. 여자가 카메라를 사용하고 있다.

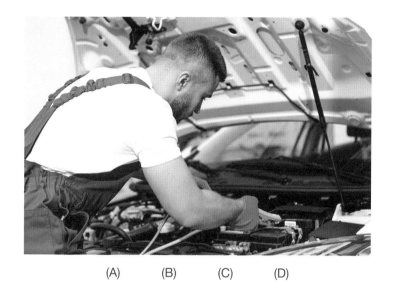

(A)　　　(B)　　　(C)　　　(D)

⚡ 정답 뽀개기

오답	**(A)** He is wearing safety goggles. 동사 + 목적어: **wearing safety goggles**

wear라는 동사는 이미 언급했듯이 '~을 착용하고 있다'라는 의미를 나타내는데, 뒤따르는 목적어인 safety goggles(보안경)는 사진에서 볼 수 없기 때문에 (A)는 오답이다.

(B) He is taking a tool out of his pocket.

동사 + 목적어:
taking a tool out of his pocket

take A out of B는 'B에서 A를 꺼내다'라는 의미로, 이 보기가 정답이 되기 위해서는 사진 속 작업 중인 남자가 자신의 주머니에서 도구를 꺼내고 있어야 한다.

정답 **(C)** He is working on a vehicle.

동사 + 목적어:
working on a vehicle

work on은 '~에 대한 작업[일]을 하다'라는 의미로, 여기에서는 vehicle과 함께 '차량과 관련된 작업을 하고 있다'는 의미를 나타낸다. 따라서 사진 속에서 엔진룸을 열고 작업하는 남자의 모습을 적절하게 설명하고 있으므로 (C)가 정답이다.

오답 **(D)** He is reaching for a tool.

동사 + 목적어: **reaching for a tool**

reach for라는 표현은 '~을 향해 손을 뻗다'라는 의미로, 물건을 집어 들려는 동작을 묘사할 때 사용된다. 사진에서 남자가 이미 도구를 들고 있으므로 (D) 역시 올바른 설명이 될 수 없다.

(A) He is wearing safety goggles. 남자가 보안경을 착용하고 있다.

(D) He is taking a tool out of his pocket. 남자가 주머니에서 도구를 꺼내고 있다.

(C) He is working on a vehicle. 남자가 차량 작업을 하고 있다.

(D) He is reaching for a tool. 남자가 도구를 잡으려고 손을 뻗고 있다.

정답 (C)

어휘 **safety goggles** 보안경 **take A out of B** A를 B에서 꺼내다 **vehicle** 차량 **reach for** ~을 잡으려고 손을 뻗다 **tool** 도구

 **이 정도는 알아야지!**

work on의 활용

work on은 보통 기계나 차량 등을 고치는 동작을 묘사할 때 사용되는 표현이다. 이 또한 간접적인 방식으로 인물의 동작을 표현할 수 있다.

The man is fixing a tire. 남자가 타이어를 고치고 있다.
= The man is **working** on a tire. 남자가 타이어와 관련된 작업을 하고 있다.

He is repairing a bicycle. 그는 자전거를 고치고 있다.
= He is **working** on a bicycle. 그는 자전거와 관련된 작업을 하고 있다.

기출 변형 5 지게차를 운전 중인 작업자 ◀ 01-05

(A)   (B)   (C)   (D)

정답

(A) **A man is operating a forklift.**

동사 + 목적어: operating a forklift

operate라는 동사는 '기계 등을 작동시키다'라는 의미이며, 목적어인 forklift는 지게차를 뜻한다. 따라서 지게차를 이용하여 물건을 싣고 있는 작업자의 모습을 정확히 묘사한 (A)가 정답이다.

오답

(B) **A man is entering a warehouse.**

동사 + 목적어:
entering a warehouse

enter라는 동사는 '~에 들어가다'라는 의미로, 어떤 인물이 공간이나 건물 안으로 들어가는 모습을 묘사할 때 주로 사용된다. 사진 속 배경이 warehouse(창고)로 보이기는 하지만, 남자가 그 안으로 들어가는 모습은 아니기 때문에 (B)는 정답이 될 수 없다.

(C) **A man is opening some boxes.**

동사 + 목적어:
opening some boxes

open이라는 동사는 밀봉된 박스 혹은 닫혀 있는 문을 여는 경우에 주로 사용된다. 사진 속에서 boxes(상자)는 보이지만, 남자가 이를 열고 있지는 않으므로 (C) 또한 오답이다.

(D) **A man is stacking items on shelves.**

동사 + 목적어:
stacking items on shelves

stack은 '~을 쌓다'라는 의미로, 사진 속 인물이 상자를 쌓고 있는 것은 사실이지만 '선반 위에(on shelves)' 쌓고 있지는 않기 때문에 이 역시 오답이다.

스크립트 및 해석

(A) **A man is operating a forklift.** 남자가 지게차를 작동시키고 있다.

(B) **A man is entering a warehouse.** 남자가 창고에 들어가고 있다.

(C) **A man is opening some boxes.** 남자가 상자를 열고 있다.

(D) **A man is stacking items on shelves.** 남자가 선반 위에 물건을 쌓고 있다.

정답 (A)

[어휘] **operate** 가동하다, 작동하다 **forklift** 지게차 **enter** 들어가다 **warehouse** 창고 **stack** 쌓다 **shelf** 선반

이 정도는 알아야지!

stack과 pile

동사 stack과 pile 모두 물건들을 쌓는 동작을 나타낸다

He is **stacking** some chairs. 그는 의자를 쌓고 있다.

The man is **piling** some documents on the desk. 남자가 책상 위에 서류들을 쌓고 있다.

(A)　　　(B)　　　(C)　　　(D)

정답 뽀개기

정답

(A) **She is carrying a shopping basket.**

동사 + 목적어:
carrying a shopping basket

carry는 '~을 들고 있다' 혹은 '~을 메고 있다'는 의미로 사용되는 동사이다. 따라서 사진 왼쪽에서 볼 수 있는 shopping basket(장바구니)과 어울려 '여자가 쇼핑 바구니를 들고 있다'고 묘사한 (A)가 가장 적절한 진술이다.

오답

(B) She is standing at a checkout counter.

동사 + 전치사구:
standing at a checkout counter

stand는 어떤 장소 및 위치에 서있다는 의미인데, 사진 속 인물이 checkout counter(계산대)에 서 있지는 않으므로 (B)는 올바른 설명이 될 수 없다.

(C) She is setting up a display of vegetables

동사 + 목적어: **setting up a display of vegetables**

set up은 '~을 정리해서 놓다'라는 의미로서 display와 어울려 사용되면 '~을 진열하다'라는 뜻이다. 따라서, 이는 점원이 상품들을 진열하는 모습을 설명할 때 사용될 수 있는 문장이므로 정답이 될 수 없다.

오답

(D) She is holding an item with both hands.

동사 + 목적어: **holding an item with both hands**

hold라는 동사는 '~을 잡다', 혹은 '~을 들고 있다'라는 의미인데, '두 손으로(with both hands)' 물건을 잡고 있다고 볼 수는 없기 때문에 (D) 또한 오답이다.

스크립트 및 해석

(A) **She is carrying a shopping basket.** 여자가 쇼핑 바구니를 들고 있다.

(B) **She is standing at a checkout counter.** 여자가 계산대에 서 있다.

(C) **She is setting up a display of vegetables.** 여자가 야채를 진열하고 있다.

(D) **She is holding an item with both hands.** 여자가 두 손으로 물건을 들고 있다.

정답 (A)

어휘 **carry** 들고 있다, 나르다 **shopping basket** 쇼핑 바구니 **checkout counter** 계산대 **set up a display of** ~을 진열하다

이 정도는 알아야지!

carry, move, hold

이들은 모두 인물이 어떤 물건을 들고 있는 모습을 설명할 때 사용되는 동사들이다. 예문을 통해 각각의 차이점을 알아보도록 하자.

❶ carry

무언가를 갖고 있거나 메고 이동하는 모습을 나타낸다.

He is **carrying** a backpack. 그는 가방을 메고 있다.

❷ move

물건들을 옮기고 있는 동작을 설명한다.

They are **moving** some furniture. 그들은 가구를 옮기고 있다.

❸ hold

물건을 들고 있는 모습을 묘사한다.

The woman is **holding** a book. 여자는 책을 들고 있다.

보다

looking at the computer monitor
컴퓨터 모니터를 보고 있다

watching a performance 공연을 보고 있다

checking a tire 타이어를 점검하고 있다

inspecting an item 물품을 살펴보고 있다

examining a document 서류를 검토하고 있다

studying a menu 메뉴를 살펴보고 있다

reviewing a document 문서를 검토하고 있다

gazing at the scenery 경치를 바라보고 있다

staring at a screen 화면을 응시하고 있다

glancing at a monitor 모니터를 보고 있다

admiring the paintings 그림을 감상하고 있다

말하다

giving/delivering a speech 연설을 하고 있다

talking on the phone 전화로 이야기하고 있다

using a public phone 공중전화를 사용하고 있다

speaking into a microphone 마이크에 대고 말하고 있다

작업 / 수리

working on an engine 엔진 작업을 하고 있다

fixing a bicycle 자전거를 고치고 있다

repairing a machine 기계를 수리하고 있다

adjusting a mirror 거울을 조정하고 있다

stacking cartons 상자를 쌓고 있다

piling boxes 상자를 쌓고 있다

운반

carrying some boxes 상자를 나르고 있다.

transporting cars 자동차를 운송하고 있다

moving a table 탁자를 옮기고 있다

pushing a wheelbarrow 외바퀴 손수레를 밀고 있다

pulling a cart 수레를 끌고 있다

hauling a suitcase 여행용 가방을 끌고 있다

wheeling a bicycle 자전거를 밀고 있다

자세 / 동작

pointing at a pencil 연필을 가리키고 있다

reaching for a phone 전화기를 향해 손을 뻗고 있다

stretching/extending one's arms 팔을 뻗고 있다

handing a person a folder 누군가에게 폴더를 건네고 있다

loading a cart 카트에 짐을 싣고 있다

unloading some items 물건을 내리고 있다

trying on a sweater 스웨터를 입어 보고 있는 중이다

taking off a hat 모자를 벗고 있는 중이다

removing a coat 코트를 벗고 있다

walking along a road 길을 따라 걷고 있다

strolling along a path 길을 따라 산책하고 있다

approaching a house 집 쪽으로 다가가고 있다

crossing a street 길을 건너고 있다

lying on the grass 잔디 위에 누워 있다

getting some rest 휴식을 취하고 있다

bending over a suitcase
여행용 가방 쪽으로 몸을 구부리고 있다

leaning against a wall 벽에 기대고 있다

kneeling on the ground 바닥에 무릎을 꿇고 있다

crouching down 웅크리고 앉아 있다

going up the stairs 계단을 올라가고 있다

boarding a plane 비행기에 탑승하고 있다

climbing up a ladder 사다리 위로 올라가고 있다

청소

throwing away some garbage 쓰레기를 버리고 있다

putting away some tools 도구를 치우고 있다

sweeping a street 길을 쓸고 있다

mopping a floor 바닥을 닦고 있다

wiping off a table 탁자를 닦고 있다

polishing a handrail 난간을 (윤이 나도록) 닦고 있다

rinsing a cup 컵을 물로 헹구고 있다

washing a road 도로를 물로 청소하고 있다

wearing a hat 모자를 쓰고 있다

putting on a jacket 재킷을 입고 있는 중이다

Part 1

Directions: For each question in this part, you will hear four statements about a picture in your test book. When you hear the statements, you must select the one statement that best describes what you see in the picture. Then find the number of the question on your answer sheet and mark your answer. The statements will not be printed in your test book and will be spoken only one time.

1

2

GO ON TO THE NEXT PAGE

3

4

5

6

정답 및 해설 p.322

2인 이상 사진

2인 이상 사진 문제 뽀개기

☑ **사진에 등장한 사람들의 공통된 동작이나 상태를 묘사하는 보기들이 많다.**

모든 인물들이 공통적인 모습을 보이는 경우에는 all, both, every 등으로 사진을 묘사하는 보기가 정답인 경우가 많으며, 그렇지 않은 경우에는 some, most of와 같은 표현을 이용한 보기가 정답일 가능성이 높다.

☑ **사진에 등장한 사람들의 개별 동작이나 상태를 묘사하는 정답도 존재한다.**

여러 등장 인물 중 한 사람 또는 일부 사람들의 모습을 묘사한 진술도 정답이 될 수 있다. 참고로 2인 이상 인물 사진에서 개별 인물의 동작이나 상태를 묘사할 경우에는 a man 등으로 인물을 묘사할 수도 있지만 'one of the + 복수명사' 형태로 대상을 묘사할 수도 있다. 이때 주어는 복수명사가 아니라 one이라는 점에 주의해야 한다.

☑ **특이한 모습이나 동작을 보이고 있는 사람에 주의한다.**

특이한 행동을 하고 있는 사람은 거의 항상 보기의 대상이 된다. 이러한 보기는 정답일 확률과 오답일 확률이 거의 반반이기 때문에 해당 인물의 모습을 자세히 관찰하는 것이 필요하다.

☑ **2인 이상 인물 사진 문제에서도 사물이나 배경을 묘사하는 보기가 정답일 수 있다.**

1인 사진에서와 마찬가지로 주변 사물이나 배경을 묘사한 보기가 정답일 수 있다. 이러한 점에 유의하면서 오답을 하나씩 소거해 가며 정답을 찾도록 한다.

중요한 건 뭐다?

2인 이상 사진에서 가장 중요한 것은 '주어 + 동사(구) + 목적어(명사)' 듣기!!

(A)　　　(B)　　　(C)　　　(D)

정답 뽑개기

정답

(A) **Pedestrians are crossing at a crosswalk.**

주어: **Pedestrians**
동사: **crossing at a crosswalk**

동사 cross는 '~을 건너가다'라는 의미로, 이 문장에서는 at a crosswalk와 어울려 '횡단보도를 건너다'라는 의미로 사용되었다. 따라서 횡단보도를 건너는 보행자들의 동작을 정확히 묘사한 (A)가 정답이다.

오답

(B) Some passengers are getting off a bus.

주어: **Some passengers**
동사: **getting off a bus**

get off라는 동사는 버스나 기차에서 하차하는 동작을 나타내지만, 사진에서 이러한 장면을 볼 수 없으므로 (B)는 오답이다.

(C) Lines are being painted on a road.

주어: **Lines**
동사: **being painted on a road**

being painted는 진행형과 수동태가 결합된 형태로서 '칠해지고 있다'는 의미로, '도로에(on a road)' 페인트칠하는 사람의 모습이 등장하는 사진 문제에서 정답이 될 수 있다.

(D) A road has been closed for construction.

주어: **A road**
동사: **has been closed for construction**

be closed for는 '~으로 인해 폐쇄되다'는 의미로서, 이 문장은 '공사(construction)로 인해 도로가 폐쇄되었다'는 의미가 되기 때문에 정답이 될 수 없다.

(A) Pedestrians are crossing at a crosswalk.
보행자들이 횡단보도를 건너고 있다.

(B) Some passengers are getting off a bus.
몇몇 승객들이 버스에서 내리고 있다.

(C) Lines are being painted on a road. 도로에 선을 그리고 있다.

(D) A road has been closed for construction. 도로가 공사 때문에 폐쇄되었다.

정답 (A)

어휘 pedestrian 보행자 cross 건너다, 횡단하다 crosswalk 횡단보도 passenger 승객 get off ~에서 내리다, 하차하다

construction 공사

이 정도는 알아야지!

주어가 사물인 현재진행 수동태와 현재완료 수동태의 쓰임

❶ 사물 주어 + be + being + p.p

동작이나 행위가 진행 중인 상황 (→ 주로 인물이 등장하는 사진을 묘사)

A car **is being washed**. 차가 세차되고 있다.

→ 주어가 사물이기는 하지만 세차 중인 사람이 존재하는 경우에 사용될 수 있는 문장이다.

Fruits **are being displayed**. 과일들이 진열되고 있다.

→ 문장에 사람이 등장하지는 않지만, 과일을 진열하고 있는 인물이 있는 경우에 사용될 수 있다.

❷ 사물 주어 + have/has + been + p.p

동작이나 행위가 완료된 상황 (→ 주로 인물이 등장하지 않는 사진을 묘사)

The table **has been set** for a meal. 식탁에 식사를 위한 준비가 되어있다.

→ 이미 누군가가 식사를 준비해 놓은 상황이다.

(A)　　　(B)　　　(C)　　　(D)

⚡ 정답 뽑개기

오답

(A) Trees line both sides of the path.

　주어: **Trees**
　동사: **line**

line both sides of the path는 '양쪽에 나무가 늘어서 있다'라는 의미인데, 사진에서는 길의 한 쪽만 보이기 때문에 (A)는 오답이다.

(B) Spectators are watching a cycling race.

　주어: **Spectators**
　동사: **watching**

사진 속 인물들은 '자전거 경주(a cycling race)'를 하고 있지도 않으며 이를 지켜보는 '관중들(spectators)'도 보이지 않기 때문에 (B)는 사진과 관련이 없는 내용이다.

(C) Branches are stretching over a stream.

　주어: **Branches**
　동사: **stretching**

stretching over a stream은 '개울가 위로 나뭇가지가 뻗어 있다'라는 의미인데, 사진에 개울은 보이지 않으므로 오답이다.

정답

(D) Some people are riding side by side.

　주어: **Some people**
　동사: **riding**

riding side by side라는 표현은 '서로 옆에서 나란히 (자전거를) 타고 있다'라는 의미로서, 사진 속 인물들의 행동을 적절히 묘사하고 있다.

(A) **Trees line both sides of the path.** 나무들이 길 양쪽에 늘어서 있다.

(B) **Spectators are watching a cycling race.** 관중들이 자전거 경주를 보고 있다.

(C) **Branches are stretching over a stream.** 나뭇가지가 개울 위로 뻗어 있다.

(D) **Some people are riding side by side.** 사람들이 나란히 자전거를 타고 있다.

정답 (D)

어휘 both 양쪽의 **path** 길 **spectator** 관중 **branch** 나뭇가지; 지사, 지점 **stretch** 뻗다 **stream** 개울, 냇가 **ride** 타다
side by side 나란히

이 정도는 알아야지!

stretch의 쓰임

❶ 사람 명사가 주어 자리에 오면 '팔이나 발을 쭉 뻗다'라는 의미를 나타낸다.

A man is **stretching** his arms. 한 남자가 팔을 뻗고 있다.

❷ 사물 명사가 주어 자리에 오고 전치사 over와 함께 사용되면 '어떤 사물 위로, 혹은 특정 방향으로 뻗어있다'라는 의미를 나타낸다.

Some branches **stretch** over an outdoor table. 몇몇 나뭇가지가 야외 테이블 위로 뻗어 있다.

기출 변형 3 함께 모니터를 보고 있는 사람들 ◀) 01-10

(A)   (B)   (C)   (D)

오답	**(A)** One man is pointing at a monitor. 주어: **One man** 동사: **pointing**	사진 속 인물들은 컴퓨터를 바라보고만 있을 뿐, '모니터를 가리키고(pointing at a monitor)' 있지는 않기 때문에 (A)는 정답이 될 수 없다.
정답	**(B)** Cables have been plugged into a computer. 주어: **Cables** 동사: **have been plugged**	have been plugged into a computer는 '컴퓨터에 연결이 되어 있다'는 의미로, 컴퓨터 본체에 키보드 선 등이 연결되어 있는 모습을 적절히 설명한 (B)가 정답이다.
오답	**(C)** One man is leaning against a wall. 주어: **One man** 동사: **leaning**	(C)의 leaning against a wall는 '벽에 기대고 있다'라는 의미인데, 사진 속에서 기대고 있는 사람은 벽이 아니라 다른 사람의 어깨에 기대고 있다. 따라서 (C)는 오답이다.
	(D) Some shelves have been filled with books. 주어: **Some shelves** 동사: **have been filled**	사진 뒤쪽의 선반에는 병으로 보이는 물체 이외에 다른 물건들이 보이지 않는다. 따라서 '선반에 책들이 가득하다'고 진술한 (D) 역시 올바른 설명이 될 수 없다.

스크립트 및 해석

(A) One man is pointing at a monitor. 한 남자가 모니터를 가리키고 있다.

(B) Cables have been plugged into a computer.
케이블이 컴퓨터에 연결되어 있다.

(C) One man is leaning against a wall. 한 남자가 벽에 기대고 있다.

(D) Some shelves have been filled with books. 책꽂이에 책들이 가득 차 있다.

정답 (B)

(어휘) **point at** ~을 가리키다 **plug** 플러그; 플러그를 꼽다 **lean against** ~에 기대다 **be filled with** ~으로 가득하다

이 정도는 알아야지!

lean against와 lean over의 차이점

lean against는 사람이 벽이나 문에 기대어 서있는 경우나 사물(사다리 등)이 벽에 기대어져 있는 경우에 사용되며, lean over는 테이블이나 책상에 손을 짚고 그 위로 몸을 구부리는 경우에 사용된다.

A woman is **leaning against** the door. → 벽에 몸을 기대어 서 있는 경우
She is **leaning over** the table. → 테이블 위에 몸을 두고 손으로 지탱하고 있는 경우

(A)　　　　(B)　　　　(C)　　　　(D)

⚡ 정답 뽀개기

정답

(A) A customer is paying for a purchase.

주어: **A customer**
동사: **paying for**

paying for a purchase는 '구매한 물건에 대한 값을 지불하다'라는 의미이다. 사진에서 고객으로 보이는 사람이 점원에게 신용 카드를 건네는 모습을 볼 수 있으므로 (A)가 사진을 가장 적절하게 묘사한 문장이다. 이처럼, 2인 이상 사진에서도 한 사람의 동작을 묘사하는 보기가 정답이 될 수 있다.

오답

(B) A shop assistant is placing items into bags.

주어: **A shop assistant**
동사: **placing**

placing items into bags는 '가방에 물건들을 넣다'는 의미이지만 사진에서 어느 누구도 가방에 물건을 넣고 있지는 않으므로 (B)는 오답이다.

(C) Some clothes are being put onto racks.

주어: **Some clothes**
동사: **being put**

being put onto racks는 '옷걸이에 옷이 걸리고 있다'는 뜻으로, 의류 매장 직원이 옷을 정리하는 상황에서 사용될 수 있는 표현이다.

(D) Merchandise is displayed in a window.

주어: **Merchandise**
동사: **displayed**

displayed in a window에서 window는 '진열창'을 의미하는데, 사진 속 제품들은 진열창이 아닌 옷걸이에 진열되어 있으므로 (D) 역시 정답이 될 수 없다.

(A) **A customer is paying for a purchase.**
고객이 구매한 물건에 대한 값을 지불하고 있다.

(B) **A shop assistant is placing items into bags.**
판매원이 가방 안에 물건을 넣고 있다.

(C) **Some clothes are being put onto racks.** 옷을 옷걸이에 걸고 있다.

(D) **Merchandise is displayed in a window.** 상품이 창문에 전시되어 있다.

정답 (A)

어휘 **pay for** ~에 대한 값을 치르다 **purchase** 구매하다; 구매(품) **assistant** 조수, 보조 **put** 놓다, 두다 **rack** 옷걸이 **merchandise** 상품

pay의 의미

pay는 보통 계산대에서 고객이 돈을 지불하는 장면에서 흔히 들을 수 있는 동사인데, 그 뒤에 이어지는 내용에 따라 다양한 의미를 나타낼 수 있다.

She is **paying** at a checkout counter. 여자가 계산대에서 지불하고 있다. → 자동사로 쓰이는 경우: 지불하다
She is **paying** the cashier. 여자가 계산원에게 지불하고 있다. → pay + 목적어: ~에게 돈을 지불하다
She is **paying** for a purchase. 여자가 구매한 물건에 대한 값을 지불하고 있다. → pay for ~에 대한 값을 지불하다

기본중기본
기출 변형 5 회의를 하는 사람들

01-12

(A)   (B)   (C)   (D)

오답

(A) One of the men is opening a laptop.

주어: **One of the men**
동사: **opening**

(A)는 '한 남자가 휴대용 컴퓨터를 열고 있다(opening a laptop)'고 설명하지만 사진 힌단의 노트북은 이미 열려 있으므로 이는 정답이 될 수 없다.

(B) A woman is looking at the whiteboard.

주어: **A woman**
동사: **looking at**

looking at the whiteboard는 '화이트보드를 보고 있다'는 동작을 묘사하는 표현인데, 사진 속 여성은 다른 방향을 보고 있으므로 (B)는 오답이다. 사진 속의 다른 참석자가 주어일 경우 (B)도 정답이 될 수 있다.

정답

(C) One of the men is delivering a presentation.

주어: **One of the men**
동사: **delivering**

deliver a presentation은 '발표를 하다'라는 의미이다. 사진에서 한 남자가 화이트보드 앞에서 발표를 하고 있으므로 (C)가 정답이다.

오답

(D) Some people have gathered for a meal.

주어: **Some people**
동사: **have gathered**

have gathered for a meal은 '식사를 위해 모였다'는 의미인데, 사진 속 사람들이 모여 있는 것은 사실이나 식사를 함께 하기 위해 모인 것은 아니므로 이 역시 정답이 될 수 없다.

스크립트 및 해석

(A) One of the men is opening a laptop.
남자들 중 한 명이 휴대용 컴퓨터를 열고 있다.

(B) A woman is looking at the whiteboard. 여자가 화이트보드를 보고 있다.

(C) One of the men is delivering a presentation.
남자들 중 한 명이 발표를 하고 있다.

(D) Some people have gathered for a meal. 사람들이 식사를 하기 위해 모여 있다.

정답 (C)

어휘 **laptop** 노트북 컴퓨터 **whiteboard** 화이트보드 **deliver a presentation** 발표를 하다 **gather** 모이다 **meal** 식사

이 정도는 알아야지!

현재진행과 현재완료의 차이

위 문제의 보기 (A)에서 확인할 수 있는 것처럼 현재진행과 현재완료를 혼동하면 정답을 놓치는 실수를 범하기 쉽다. 아래 예문을 통해 두 시제의 차이점을 다시 한 번 확인하도록 하자.

She **is opening** a laptop. (현재진행) → 지금 현재 노트북 컴퓨터를 열고 있는 상황

She **has opened** a laptop. (현재완료) → 이미 노트북을 열었기 때문에 지금 현재 노트북 컴퓨터가 열려 있는 상황

(A)   (B)   (C)   (D)

오답

(A) One man is climbing down a ladder.

주어: **One man**
동사: **climbing**

climbing down a ladder는 '사다리를 내려오다'라는 의미인데, 오른쪽 남성이 사다리를 내려오고 있다고 볼 수 없으므로 (A)는 정답이 될 수 없다.

정답

(B) One man is handing a bucket to the other man.

주어: **One man**
동사: **handing**

두 사람 중 한 사람이 '상대방에게 양동이를 건네 주는 (handing a bucket to the other man)' 장면을 정확히 묘사한 (B)가 정답이다.

오답

(C) Tiles are being installed on the roof of a building.

주어: **Tiles**
동사: **being installed**

주어진 문장은 '건물 지붕에서 타일이 설치되고 있다'는 의미인데, 지붕 위의 남자들이 타일을 설치하는지 아닌지를 정확히 알 수 없기 때문에 (C) 역시 오답이다. 사진에서 보여지는 행동에 초점을 맞춰야 한다.

(D) Tools have been piled on the roof.

주어: **Tools**
동사: **have been piled**

(D)는 현재완료를 이용하여 '지붕에 도구들이 (이미) 쌓여 있다' 라는 의미이다. 하지만 사진만으로는 지붕 위에 무엇이 쌓여 있는지는 알 수 없으므로 (D)는 정답이 될 수 없다.

스크립트 및 해석

(A) One man is climbing down a ladder. 한 남자가 사다리를 타고 내려오고 있다.

(B) **One man is handing a bucket to the other man.**
한 남자가 다른 남자에게 양동이를 건네고 있다.

(C) Tiles are being installed on the roof of a building.
건물의 지붕에 타일을 설치하고 있다.

(D) Tools have been piled on the roof. 도구들이 지붕에 쌓여 있다.

정답 (B)

어휘 **climb down** 내려가다 **ladder** 사다리 **hand** 건네주다 **bucket** 양동이 **install** 설치하다 **piled** 쌓여진

이 정도는 알아야지!

hand와 pass

한 사람이 다른 사람에게 어떤 물건을 건네는 상황을 묘사할 때 사용되는 hand와 pass의 쓰임에 대해 알아보자.

① **주어 + hand + 목적어 + to + 사람**
A man is **handing** a cup to a woman. 한 남자가 여자에게 컵을 건네고 있다.

② **주어 + pass + 목적어 + to + 사람**
One of the women is **passing** a book to another woman.
여자들 중 한 명이 다른 여자에게 책 한 권을 건네고 있다.

사무실

having a conversation 대화를 나누고 있다

distributing some books 책을 나눠 주고 있다

posting a notice 공지를 붙이고 있다

gathered around a table 탁자 주변에 모여 있다

facing each other 서로 마주하고 있다

giving/delivering a presentation 발표하고 있다

attending a presentation 발표에 참석하고 있다

greeting each other 인사하고 있다

shaking hands 악수하고 있다

passing around some documents
서류를 나눠 주고 있다

작업실

operating a machine 기계를 작동하고 있다

assembling some shelves 선반을 조립하고 있다

waiting on a bench 의자에서 기다리고 있다

seated in a waiting area 대기실에 앉아 있다

loading some luggage 짐을 싣고 있다

reaching for an item 물건을 항해 손을 뻗고 있다

taking an item from a shelf 선반에서 물건을 꺼내고 있다

도서관 / 연구실

checking out some books 책을 대출하고 있다

arranging books 책을 정리하고 있다

looking into a microscope 현미경을 들여다 보고 있다

using some equipment 장비를 사용하고 있다

정원

watering some plants 식물에 물을 주고 있다

planting some flowers 꽃을 심고 있다

trimming some bushes 관목을 다듬고 있다

cutting the grass 풀을 깎고 있다

mowing the lawn 잔디를 깎고 있다

식당

have gathered for a meal 식사를 위해 모였다

studying a menu 메뉴를 보고 있다

taking an order 주문을 받고 있다

preparing a meal 음식을 준비하고 있다

chopping some vegetables 채소를 썰고 있다

pouring a drink 음료를 붓고 있다

stirring coffee 커피를 젓고 있다

wiping off a table 식탁을 닦고 있다

be being cleared from a table 식탁에서 치워지고 있다

상점

shopping in a store 가게에서 쇼핑을 하고 있다

entering a building 건물에 들어가고 있다

waiting in line 줄을 서서 기다리고 있다

paying a cashier 계산원에게 돈을 지불하고 있다

paying for purchases 물건에 대한 돈을 지불하고 있다

paying at a cash register 계산대에서 계산을 하고 있다

도로 / 역 / 공항

waiting to cross a street 길을 건너기 위해 기다리고 있다

crossing a road 길을 건너고 있다

paving a highway 고속도로를 포장하고 있다

resurfacing a road 도로를 재포장하고 있다

boarding/getting on a train 기차에 타고 있다

exiting/disembarking/getting out of a bus
버스에서 내리고 있다

공연장

playing a musical instrument 악기를 연주하고 있다

performing outdoors 야외에서 공연하고 있다

clapping for the performers
공연자들에게 박수를 치고 있다

Part 1

Directions: For each question in this part, you will hear four statements about a picture in your test book. When you hear the statements, you must select the one statement that best describes what you see in the picture. Then find the number of the question on your answer sheet and mark your answer. The statements will not be printed in your test book and will be spoken only one time.

1

2

3

4

GO ON TO THE NEXT PAGE

5

6

정답 및 해설 p.324

NO TEST MATERIAL ON THIS PAGE

Unit 03 사물 및 풍경 사진

사물 및 풍경 사진 문제 뽀개기

☑ **사물 중심의 사진에서는 사진에 등장한 사물의 위치나 상태를 묘사하는 보기들이 대부분이다.**

사진에 등장하는 사물의 위치를 부정확하게 묘사하는 보기는 오답이므로 위치를 나타내는 전치사구를 정확히 들어야 한다.

☑ **사진에 등장하지 않는 대상을 이용한 오답들이 존재한다.**

사진에 없는 사물뿐만 아니라 보이지 않는 사람을 이용해 오답을 만들기도 한다. 따라서 사람을 대상으로 한 묘사는 보통 오답이다.

☑ **현재진행 수동태(be + being + 과거분사)를 이용한 보기들이 다수 존재한다.**

일반적으로 사물 중심의 사진에서는 사람의 동작이 없기 때문에 현재진행 수동태 (be + being + 동작동사의 과거분사)로 동작을 묘사한 보기는 오답이다.

cf. 상태 동사의 현재진행 수동태(be + being + 상태동사의 과거분사)는 일시적인 상태를 나타내기 때문에 사람의 동작이 보이지 않는 사진 문제에서도 정답이 될 수 있다.

예 Some products are being displayed.
(= Some products are displayed. 혹은 Some products are on display.)
→ 이들 세 문장 모두 물건들이 진열되어 있는 장면을 묘사할 수 있다.

☑ **상대적으로 어려운 단어들과 긴 문장들이 등장할 수 있다.**

사물 사진 문제의 경우, 평소에 사진 문제를 많이 풀어보지 않으면 생소하게 들릴 수 있는 단어들이 다수 등장한다. 따라서 다양한 사진들을 가능한 한 많이 접해 보고 기출 단어 위주로 어휘들을 학습해야 한다.

중요한 건 뭐다?

사물 및 풍경 사진에서 가장 중요한 것은 '주어 + 동사(구) + 목적어 + 전치사 + 명사' 듣기!!

(A)   (B)   (C)   (D)

⚡ 정답 뽑개기

오답

(A) A road leads to a forest.

주어: **A road**
동사: **leads**

주어진 문장은 '길이 숲으로 이어져 있다'라는 의미를 나타내는데, 사진에서 숲은 볼 수 있지만 도로가 숲으로 이어져 있는지는 확인할 수 없으므로 (A)는 정답이 될 수 없다.

(B) A car has been overturned on a road.

주어: **A car**
동사: **has been overturned**

has been overturned는 '전복된 상태'를 의미하는데, 도로에 뒤집혀 있는 차는 보이지 않으므로 (B)는 정답이 아니다.

(C) A tire is being replaced with a new one.

주어: **A tire**
동사: **being replaced**

(C)는 타이어가 교체되고 있다는 의미인데 사진의 차량에서 타이어가 교체되고 있지 않으므로 오답이다.

정답

(D) A vehicle is being towed by a truck.

주어: **A vehicle**
동사: **being towed**

being towed by a truck(트럭에 의해 견인되고 있다)이라는 표현으로 견인차에 의해 견인되고 있는 차량의 모습을 정확히 설명한 (D)가 정답이다.

(A) A road leads to a forest. 길은 숲 쪽으로 이어져 있다.

(D) A car has been overturned on a road. 차 한 대가 도로 위에서 전복되었다.

(C) A tire is being replaced with a new one. 타이어를 새것으로 교체하고 있다.

(D) A vehicle is being towed by a truck. 차량이 트럭에 의해 견인되고 있다.

정답 (D)

어휘 **road** 도로, 길 **lead to** ～으로 이어지다 **overturn** 뒤집다, 전복시키다 **replace A with B** A와 B를 교체하다 **tow** 견인하다

이 정도는 알아야지!

lead의 활용: 사물 주어 + **lead to** + 장소

길이나 도로가 특정 장소 및 건물까지 이어져 있는 모습을 나타낼 때 주로 사용된다.

A path **leads to** a building. 작은 길이 건물로 이어져있다.

기출 변형 2 자동차에 짐이 가득 실려 있는 모습   ◀) 01-16

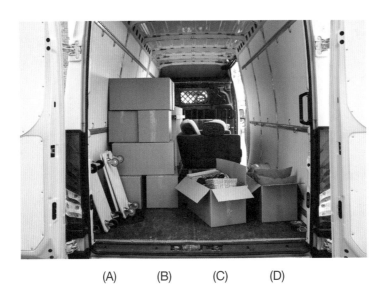

(A)   (B)   (C)   (D)

정답	**(A)** **Cartons are stacked on a truck.** 주어: **Cartons** 동사: **are stacked**	주어진 문장은 '트럭에 상자가 쌓여 있다'는 뜻이다. 이는 짐칸에 화물을 가득 실은 차량의 모습을 적절히 표현하고 있으므로 (A)가 정답이다.
오답	**(B)** Some boxes are being unloaded. 주어: **Some boxes** 동사: **being unloaded**	이 문장은 '상자들이 내려지고 있다'는 의미인데, 현재진행 시제가 사용되고 있으므로 (B)가 정답이 되기 위해서는 짐을 내리는 사람이나 기계의 모습이 보여야 한다. 하지만 사진에서 사람이나 기계가 물건을 내리는 모습은 찾아 볼 수 없다.
	(C) A vehicle is parked outside a building. 주어: **A vehicle** 동사: **is parked**	차가 주차되어 있는 상태(is parked)인지 정확히 알 수 없으며, 차량이 세워져 있는 곳이 건물의 밖인지(outside a building)는 건물 자체가 보이지 않기 때문에 알 수 없으므로 (C)는 정답이 될 수 없다.
	(D) Labels are being placed on the packages. 주어: **Labels** 동사: **being placed**	(D)는 '소포에 상표가 붙여지고 있다'는 의미이지만, 사진에서 사람이나 기계가 상표를 붙이고 있지는 않기 때문에 이 또한 오답이다.

스크립트 및 해석

(A) **Cartons are stacked on a truck.** 상자가 트럭에 쌓여 있다.

(B) Some boxes are being unloaded. 상자를 내리고 있는 중이다.

(C) A vehicle is parked outside a building. 차량이 건물 밖에 주차되어 있다.

(D) Labels are being placed on the packages. 상표를 상자에 부착하고 있다.

정답 (A)

어휘   **carton** 상자, 박스 **unload** (짐을) 내리다 **park** 주차하다 **label** 상표, 라벨 **package** 소포, 꾸러미

이 정도는 알아야지!

load와 unload의 활용

load: 짐을 싣다	**unload**: 짐을 내리다
The man is **loading** some boxes **onto** a truck. 한 남자가 트럭에 박스를 싣고 있다. → Some boxes are **being loaded onto** a truck. 　(수동태로 변환)	The man is **unloading** the luggage **from** a truck. 한 남자가 짐을 트럭에서 내리고 있다. → The luggage is **being unloaded from** a truck. 　(수동태로 변환)

(A)　　　(B)　　　(C)　　　(D)

⚡ 정답 뽀개기

정답	**(A) All of the chairs are unoccupied.** 주어: **All of the chairs** 동사: **are unoccupied**	사진 속 의자에 앉아 있는 사람은 찾아볼 수 없으므로 모든 의자가 '비어 있다(are unoccupied)'는 내용의 (A)가 정답이다.
오답	**(B) Flowers have been placed on some tables.** 주어: **Flowers** 동사: **have been placed**	꽃들이 '테이블 위에 놓여 있다(have been placed on some tables)'는 표현인데, 테이블 위에는 '꽃(flowers)'이 아니라 다른 물건이 놓여 있기 때문에 (B)는 오답이다. 주어를 잘못 듣거나 듣지 못하는 경우 (B)를 정답으로 고르는 실수를 범하기 쉽다.
	(C) A seating area is being cleaned. 주어: **A seating area** 동사: **being cleaned**	being cleaned는 현재진행 수동태로서 '청소되고 있다'는 의미인데, 사람이 테이블을 청소하거나 정리하고 있는 모습은 보이지 않으므로 정답이 아니다.
	(D) A patio overlooks the sea. 주어: **A patio** 동사: **overlooks**	테라스에서 '바다가 내려다 보인다(overlooks the sea)'라는 의미인데, 사진 속 장소는 바다가 아니라 도로 근처인 것으로 보인다. 따라서 이 역시 오답이다.

(A) **All of the chairs are unoccupied.** 의자가 모두 비어 있다.

(B) **Flowers have been placed on some tables.** 테이블 위에 꽃이 놓여 있다.

(C) **A seating area is being cleaned.** 좌석 구역을 청소하고 있다.

(D) **A patio overlooks the sea.** 테라스에서 바다가 내려다 보인다.

정답 (A)

어휘 **unoccupied** 비어 있는 **clean** 깨끗이 하다, 청소하다 **patio** 테라스

부정대명사의 활용: all과 some의 차이

❶ **all:** 전부

All of the chairs are occupied. 모든 의자에 사람들이 앉아 있다.

→ 사진에 보이는 모든 좌석이 전부 사람들로 가득 차 있을 경우에 사용할 수 있다.

❷ **some:** 일부

Some of the chairs are occupied. 몇몇 자리에 사람들이 앉아 있다.

→ 사진에서 어떤 좌석은 차있고 일부 좌석은 비어 있는 경우에 사용할 수 있다.

기본중기본
기출 변형 4 비행기가 활주로에 대기 중인 모습
🔊 01-18

(A)   (B)   (C)   (D)

오답	(A) An aircraft is landing on a runway. 주어: **An aircraft** 동사: **landing**	landing on a runway는 '(비행기 등이) 착륙하고 있다'라는 의미로, (A)는 비행기가 활수로로 내려 있는 모습의 사진 문제가 등장하는 경우에 정답이 될 수 있다.
정답	(B) **A vehicle is parked in front of an airplane.** 주어: **A vehicle** 동사: **is parked**	(B)는 차량 한 대가 '비행기 앞에 서 있다(is parked in front of an airplane)'라는 표현으로 사진과 일치한다. 사진 속 중심 사물이 비행기이기는 하지만, 비행기 주변에서 볼 수 있는 차량, 사람들도 정답의 주어가 될 수 있다.
오답	(C) An engine is undergoing maintenance. 주어: **An engine** 동사: **undergoing**	undergoing maintenance는 '~을 검사하고 있다'라는 의미이다. 따라서 (C)는 엔진을 검사하고 있다는 뜻인데, 이것이 정답이 되기 위해서는 정비사 등이 비행기의 '엔진(an engine)'을 열고 안을 들여다보는 사진이 등장해야 한다.
	(D) Luggage has been piled on the ground. 주어: **Luggage** 동사: **has been piled**	(D)는 짐들이 '땅 위에 짐들이 놓여 있다(has been piled on the ground'라는 표현인데, 사진에서는 짐들이 컨베이어 벨트 위에 있기 때문에 이는 정답이 될 수 없다.

스크립트 및 해석

(A) An aircraft is landing on a runway. 항공기가 활주로에 착륙하고 있다.

(B) **A vehicle is parked in front of an airplane.** 차량이 비행기 앞에 서 있다.

(C) An engine is undergoing maintenance. 엔진이 정비되고 있다.

(D) Luggage has been piled on the ground. 수하물이 땅에 쌓여 있다.

정답 (B)

어휘 **land on** ~에 착륙하다, 상륙하다 **runway** 활주로 **undergo** 겪다, 경험하다 **maintenance** 유지, 관리 **luggage** 수화물

이 정도는 알아야지!

동사 undergo의 활용

❶ 주어(사람) + **undergo**: 주어인 '사람'이 검사 또는 수술을 받다

A woman is **undergoing** a checkup. 한 여성이 검사를 받고 있다.

❷ 주어(사물) + **undergo**: 주어인 '사물'이 점검을 받다

Some units are **undergoing** maintenance. 몇몇 기기들이 점검을 받고 있다.

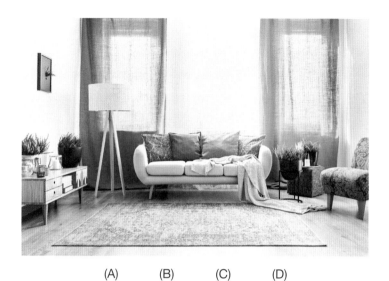

(A)　　　(B)　　　(C)　　　(D)

정답 뽀개기

정답

(A) **A rug has been spread out on the floor.**

주어: **A rug**
동사: **has been spread out**

has been spread out on the floor는 '바닥에 깔려 있다'라는 의미인데, 사진에서 양탄자가 바닥에 깔려 있으므로 (A)가 정답이다.

오답

(B) **A lamp is positioned between two chairs.**

주어: **A lamp**
동사: **is positioned**

(B)는 전등이 '두 개의 의자 사이에 있다(is positioned between two chairs)'라는 의미를 나타내지만, 사진에서 전등은 벽과 소파 사이에 위치해 있으므로 이는 오답이다.

(C) Some cushions are being arranged on a sofa.

주어: **Some cushions**
동사: **being arranged**

앞서 배웠듯이 being arranged on a sofa(소파 위에 쿠션이 놓여지고 있다)와 같은 수동태와 진행형 시제가 같이 사용된 문장은 사진에 그 행동을 하는 사람이 있어야 정답이 될 수 있다. 사진에서 쿠션을 놓고 있는 사람의 모습은 보이지 않으므로 (C)는 오답이다. 참고로, 'is/are being displayed'라는 표현은 사람이 없어도 사용될 수 있는 수동태진행형 표현이다.

(D) Potted plants have been placed on a window ledge.

주어: **Potted plants**
동사: **have been placed**

화분들이 '창턱에 놓여 있다(have been placed on a window ledge)'는 표현인데, 사진에서 화분들은 창턱이 아니라 테이블 및 바닥 위에 놓여 있다. 따라서 (D) 역시 올바른 설명이 될 수 없다.

(A) A rug has been spread out on the floor. 바닥에 깔개를 깔아 놓았다.

(D) A lamp is positioned between two chairs.
전등은 두 개의 의자 사이에 놓여 있다.

(C) Some cushions are being arranged on a sofa. 소파 위에 쿠션을 놓고 있다.

(D) Potted plants have been placed on a window ledge.
화분에 심은 식물이 창문 선반 위에 놓여 있다.

정답 (A)

어휘 **rug** 깔개, 양탄자 **spread out** 펼치다 **position** 위치시키다 **cushion** 쿠션 **pot** 화분; 화분에 심다 **ledge** (창문 등의) 선반

이 정도는 알아야지!

rug와 carpet의 차이

rug와 carpet은 동일한 의미로 사용되는 경우도 있지만, 보통 rug는 바닥 전체가 아니라 바다의 일부를 덮는 깔개 및 천 등을 의미하는 경우가 많고 carpet은 바닥 전체를 덮는 깔개나 천을 의미하는 경우가 많다.

기출 변형 6 자동차들이 통행 중인 교량
🔊 01-20

(A)   (B)   (C)   (D)

정답 뽀개기

오답

(A) Boats are passing underneath a bridge.

주어: **Boats**
동사: **passing**

주어진 문장은 배들이 '다리 아래로 지나간다는(passing underneath a bridge)' 의미인데, 사진에서 다리 아래를 통과하는 배는 찾아볼 수 없다.

(B) A road is undergoing construction.

주어: **A road**
동사: **undergoing**

(B)는 도로가 현재 '공사 중(undergoing construction)'이라는 표현인데, 현재 다리 위 도로에는 차량들이 통행하고 있으므로 공사 중인 것은 아니다. 따라서 이 또한 오답이다.

(C) Buildings are reflected on the water's surface.

주어: **Buildings**
동사: **are reflected**

사진 뒤쪽에 많은 건물들이 보이기는 하나, 건물들이 '물 위에 비춰지고 있는(are reflected on the water's surface)' 것은 아니기 때문에 (C) 또한 오답이다.

정답

(D) Vehicles are moving in opposite directions.

주어: **Vehicles**
동사: **moving**

교량의 중앙선을 기준으로 '차량들(vehicles)'이 '서로 반대 방향으로 이동하는(moving in opposite directions)' 모습을 적절히 설명한 (D)가 정답이다.

스크립트 및 해석

(A) Boats are passing underneath a bridge. 보트가 다리 밑을 지나고 있다.

(B) A road is undergoing construction. 도로 공사가 진행 중이다.

(C) Buildings are reflected on the water's surface. 건물은 수면에 비춰지고 있다.

(D) Vehicles are moving in opposite directions. 차량이 반대 방향으로 움직이고 있다.

정답 (D)

어휘 **underneath** ~의 아래로 **undergo construction** 공사를 하다 **reflect** 비추다, 반사하다 **surface** 표면 **opposite** 반대의
direction 방향; 지시

이 정도는 알아야지!

be reflected의 활용

reflect는 '비추다' 혹은 '반사시키다'는 의미를 나타내는 동사로 Part 1에서 상당히 많이 출제되었던 표현이다.
be reflected의 형식이 사용된 문장은 어떤 물체나 형상이 물 위에 반사되어 있는 사진이 등장하는 경우에만 정답이
될 수 있다.

Some of the buildings **are reflected** in the water. 몇몇 건물들이 물에 비춰지고 있다.

사물 묘사

be placed 놓여져 있다

be positioned between ~사이에 위치하고 있다

be laid out in front of a table 탁자 앞에 깔려 있다

be set on a table 식탁에 차려져 있다

be on display (= be being displayed
= be displayed) 진열되어 있다

be exhibited 전시되어 있다

be arranged 정렬되어 있다

be organized 정돈되어 있다

be lined on both sides of a street
도로의 양쪽에 줄지어 있다

be set up 준비되어 있다

be installed 설치되어 있다

be stored 저장되어 있다

be stocked 채워져 있다

be stacked 쌓여져 있다

be piled 쌓여져 있다

be parked in a row 일렬로 주차되어 있다

be tied up at 장소에 묶여 있다

be docked 정박해 있다

be raked into piles 갈퀴로 모아서 쌓아 올려져 있다

be posted on a board 게시판에 게시되어 있다

be attached to 부착되어 있다

be hanging from the ceiling 천장에 매달려 있다

be hung next to a window 창문 옆에 걸려 있다

be suspended above a table 탁자 위에 매달려 있다

be mounted on a wall 벽에 걸려 있다

be locked to a post 기둥에 고정되어 있다

be secured to a post 기둥에 고정되어 있다

be empty/vacant/unoccupied 비어 있다

be full of 가득 차 있다

be filled with 채워져 있다

be left open 열려 있다

be surrounded by ~로 둘러 쌓여 있다

be propped/leaning against 기대어 놓여져 있다

stopped at an intersection 교차로에 정차하고 있다

be being towed 견인 되고 있다

taking off from a runway 활주로에서 이륙하고 있다

landing at an airport 공항에 착륙하고 있다

Cars are traveling. 자동차들이 이동하고 있다.

passing underneath a bridge 다리 아래로 지나가다

passing through a gate 문을 지나가고 있다

배경 및 풍경 묘사

A footbridge spans the water.
도보교가 물을 가로지르고 있다.

A footbridge extends across the river.
도보교가 물 위에 뻗어 있다.

A row of trees lines the street. 나무가 길에 늘어서 있다.

A path leads to a building. 길이 건물로 이어져 있다.

A trail goes through a forest.
오솔길이 숲을 통과해서 나 있다.

A trail runs through a forest.
오솔길이 숲을 통과해서 나 있다.

A trail winds through the woods.
오솔길이 숲을 통과해서 굽어져 나 있다.

A wall borders the road. 벽이 길에 접해 있다.

A building overlooks the river.
건물이 강을 내려다 보고 있다.

A path surrounds/encircles/encloses the lake.
길이 호수를 둘러싸고 있다.

floating on the water 물 위에 떠있다

go over the water 물 위에 놓여져 있다 / 물위로 넘어가다

be deserted 비어 있다

be scattered 흩어져 있다

be reflected in the water 물에 비쳐지고 있다

be shaded by a tree 나무가 그늘을 드리우고 있다

casting shadows 그림자를 드리우고 있다

Part 1

Directions: For each question in this part, you will hear four statements about a picture in your test book. When you hear the statements, you must select the one statement that best describes what you see in the picture. Then find the number of the question on your answer sheet and mark your answer. The statements will not be printed in your test book and will be spoken only one time.

1

2

GO ON TO THE NEXT PAGE

3

4

5

6

정답 및 해설 p.326

PART 2
질의-응답

LC

Unit 01 의문사를 사용한 질문 유형

1 Who로 시작하는 의문문

Who로 시작하는 의문문은 행위의 주체 혹은 대상을 묻는 의문문이다.

A 풀이 요령

❶ 명사나 대명사를 이용한 보기는 정답일 가능성이 높다.

이름, 직업이나 직위, 회사명, 부서명, 단체명 등으로 답한 보기는 정답일 가능성이 높다.

someone, anyone, no one, everyone, 그리고 부정대명사 one을 이용한 보기 역시 정답일 확률이 크다.

❷ 되묻는 질문 형식의 보기도 정답이 될 수 있다.

아래와 같이 평서문이 아닌 의문문 형식의 보기도 정답이 될 수 있다.

Q Who informed the staff members of the policy? 누가 직원들에게 정책을 알렸나요?

A Weren't you going to do that? 당신이 하려고 하지 않았나요?

A Weren't you supposed to do that? 당신이 하기로 되어 있지 않았나요?

❸ 우회적인 정답은 항상 정답의 가능성이 있다.

직접적인 답변이 아닌, 간접적 혹은 우회적인 답변도 정답이 될 수 있다.

Q Who's organizing the workshop? 누가 워크샵을 준비하고 있나요?

A It was cancelled. 취소되었어요.

→ 답변에 인물 정보가 없어서 오답처럼 느껴지지만, '워크샵이 취소되어 현재 그 행사를 준비하는 사람이 없다'는 뜻을 우회적으로 나타내고 있다.

B 오답 유형

❶ 격을 이용한 오답

주격, 소유격, 목적격을 이용한 오답이 등장할 수 있다.

Q Who is the woman sitting next to your boss? 당신의 상사 옆에 앉아있는 여자는 누구죠?

A It is Kevin's. 그것은 Kevin의 것이에요.

→ 주격으로 대답해야 하는데 엉뚱하게도 소유격으로 답하고 있다.

❷ 대명사를 이용한 오답

엉뚱한 대명사나 가리키는 대상이 모호한 대명사를 이용한 오답이 등장할 수 있다.

Q Who sent us these packages? 누가 우리에게 이 소포를 보냈나요?

A He will make it to the meeting. 그는 회의에 참석할 거예요.

→ he라는 인칭대명사가 있어서 정답처럼 느껴지지만, he가 가리키는 대상이 불분명하고 그 내용도 질문과 관련성이 없다.

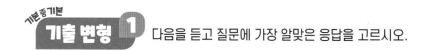

기출 변형 **1** 다음을 듣고 질문에 가장 알맞은 응답을 고르시오.　◀) 02-01

Mark your answer on your answer sheet.　(A)　　(B)　　(C)

문제 분석

유형 파악	내용 파악
의문사 Who	핵심 동사 organizing (+ 핵심 명사 meeting) → Who organizing (meeting)? 누가 (총회를) 준비하나요?

⚡ 정답 뽑개기

정답	**(C) I think it's Mr. Fernandez.**	Who's responsible for organizing the annual meeting this year?(올해 연례 총회는 누가 준비하나요?)라는 인물을 묻는 질문에 'Fernandez 씨인 것 같아요.'라며 구체적인 담당자 이름을 밝히고 있다.
오답	**(A) At the convention center.** **(B) He responded immediately.**	(A)는 질문의 the annual meeting과 의미상 관련성이 높은 행사 장소 표현을 이용해서 만든 오답이고, (B)는 질문의 responsible과 발음이 유사한 responded를 이용해서 만든 오답이다.

스크립트 및 해석

Who's responsible for organizing the annual meeting this year? 올해 연례 총회는 누가 준비하나요?

(A) At the convention center. 컨벤션 센터에서요.

(B) He responded immediately. 그는 즉시 응답했어요.

(C) I think it's Mr. Fernandez. Fernandez 씨인 것 같아요.

정답 (C)

어휘　**responsible** ~을 책임지고 있는　**organize** 조직하다　**annual** 연례의　**respond** 응답하다　**immediately** 즉시

이 정도는 알아야지!

It's Mr. Fernandez.와 같이 단문으로 응답할 수도 있지만, 이 문제의 정답처럼 I believe [think, guess] it's Mr. Fernandez.와 같은 복문으로도 응답할 수 있다.

Mark your answer on your answer sheet.　　(A)　　　(B)　　　(C)

문제 분석 ○○○○○○○○○○○○○○○○○

유형 파악	내용 파악
의문사 Who	핵심 동사 donated (+ 핵심 명사 books) → Who donated (books)? 누가 (책을) 기증했나요?

⚡ 정답 뽀개기

정답	(B) Probably SPH Publishing.	Who donated some books to the library?(누가 도서관에 책을 기증했나요?)라고 책을 기증한 인물을 묻는 질문에 '아마도 SPH 출판사일 거예요.'라며 기증한 회사의 이름을 적절히 밝히고 있다.
오답	(A) They will book a large meeting room. (C) There are many books.	(A)는 질문에 있는 book을 반복 사용해서 만든 오답으로, 질문의 book은 '책'이라는 뜻의 명사로 쓰인 반면 보기에서는 '예약하다'라는 뜻의 동사로 사용되었다. (C) 역시 book을 반복 사용하고 질문에서 사용된 library와 의미상 관련성이 높은 many books를 이용해 만든 오답이다.

스크립트 및 해석

Who donated some books to the library? 누가 도서관에 책을 기증했나요?

(A) They will book a large meeting room. 그들은 큰 회의실을 예약할 거예요.

(B) Probably SPH Publishing. 아마도 SPH 출판사일 거예요.

(C) There are many books. 많은 책이 있어요.

정답 (B)

어휘 **donate** 기부하다, 기증하다　**publishing** 출판사, 출판사업

① '잘 모르겠다'는 표현으로 답하는 경우

질문에서 요구하는 정보를 알려줄 수 없을 때 '잘 모르겠다'는 식의 대답이 가능하다. 그래서 IDK(I don't know.) 형식의 보기는 항상 정답의 가능성이 높다. 하지만 최근에는 'I don't know.' 보다 'It hasn't been decided yet.(아직 정해지지 않았어요.)'과 같이 '잘 모르겠다'는 의미를 내포하고 있는 표현이 정답으로 등장하는 경우가 많아지고 있다. 위 문제의 경우 'Why don't you ask Peter?(Peter에게 물어보는 게 어때요?)'와 같은 보기가 정답으로 출제될 수 있다.

② 사람명사로 답하지 않는 경우

일반적으로 의문사 who로 시작하는 질문의 정답은 사람명사가 포함된 보기이다. 하지만 이 문제에서 볼 수 있는 것처럼 단체명이나 회사명을 밝힌 보기도 정답일 수 있으므로 주의해야 한다.

2 Where로 시작하는 의문문

Where는 장소를 물을 때 사용되는 의문사이다.

A 풀이 요령

① 전치사, 부사 그리고 특정 동사를 이용한 보기가 정답이다.

위치를 나타내는 전치사, 부사, 혹은 특성 의미의 동사가 늘어있는 보기는 정답일 가능성이 높다.

The folder on the bottom shelf. 아래쪽 선반에 있는 폴더에요.

It's right over there. 바로 저쪽에 있습니다.

Check under the desk. 책상 밑을 확인하세요.

Go to the clothing store upstairs. 위층에 있는 옷가게로 가세요.

Try the store next to this building. 이 건물 옆에 있는 가게에 가 보세요.

② 방향을 나타내는 표현이 들어 있는 보기도 정답의 가능성이 높다.

방향을 알려 주는 보기도 자주 등장한다. 이들 역시 간접적으로 장소를 알려 주고 있으므로 정답이 될 수 있다.

Go straight ahead. 곧장 앞으로 가세요.

Keep going. 계속 가세요.

③ 간접적인 방식으로 장소나 존재 유무를 밝히는 보기도 정답이 될 수 있다.

Q Where did you put the stapler? 스테이플러를 어디에 두셨나요?

A Mr. Smith borrowed it yesterday. Smith 씨가 어제 빌려 가셨어요.

→ 사람명사를 이용해 간접적으로 장소를 알려주고 있으므로 정답이 될 수 있다.

④ 우회적인 보기는 항상 정답의 가능성이 높다.

Q Where is the recently released smartphone? 최근에 출시된 스마트폰은 어디에 있나요?

A It's all sold out. 다 팔렸어요.

Q Where can we hold the training workshop? 교육 워크숍은 어디에서 개최할 수 있나요?

A I think we should choose a date first. 날짜를 먼저 정하는 것이 좋을 것 같아요.

기출 변형 ① 다음을 듣고 질문에 가장 알맞은 응답을 고르시오.

◀) 02-03

Mark your answer on your answer sheet.　　(A)　　　(B)　　　(C)

문제 분석

유형 파악	내용 파악
의문사 Where	핵심 동사 put (+ 핵심 명사 list) → Where put (list)? 어디에 (명단을) 두었나요?

⚡ 정답 뽀개기

정답	(A) In the bottom drawer.	Where did you put the list of our clients?(고객 명단은 어디에 두었나요?)라는 장소를 묻는 질문에 '맨 아래 서랍에요.'라고 직접적으로 명단이 있는 장소를 밝히고 있다.
오답	(B) We replaced it with the new one. (C) Yes, you can put it in the box.	(B)는 replaced와 발음이 유사한 place(장소)를 이용해서 만든 오답이다. 질문의 시제가 과거라는 점을 고려하면 질문자는 현재 고객 명단을 가지고 있지 않다는 점을 알 수 있기 때문에 '그 목록을 상자에 넣으시면 돼요.'라는 의미의 (C) 또한 정답이 될 수 없다. 일반적으로 의문사 의문문에는 Yes/No로 응답하지 않는다는 점을 통해서도 (C)가 오답임을 다시 한 번 확인할 수 있다.

스크립트 및 해석

Where did you put the list of our clients? 고객 명단은 어디에 두었나요?

(A) In the bottom drawer. 맨 아래 서랍에요.

(B) We replaced it with the new one. 새것으로 교체했어요.

(C) Yes, you can put it in the box. 네, 상자에 넣으시면 돼요.

정답 (A)

어휘 **list** 목록 **client** 고객, 의뢰인 **replace** 교체하다

Mark your answer on your answer sheet.   (A)   (B)   (C)

문제 분석

유형 파악	내용 파악
의문사 Where	핵심 동사 return (+ 핵심 명사 books) → Where return (books)? 어디에 (책을) 반납해야 하나요?

⚡ 정답 뽀개기

정답	(C) Please give them to the librarian.	Where should I return the books that I read?(읽은 책은 어디에 반납해야 하나요?)라고 장소를 묻는 질문에 '사서에게 주시면 돼요.'라고 적절히 응답하고 있다.
오답	(A) In the late evening. (B) She'll return his call.	(A)는 의문사 where과 when의 발음이 유사하다는 점을 이용한 오답이다. 이 문제에서 의문사를 when으로 잘못 들은 경우 선택하기 쉬운 함정이다. (B)는 질문의 return을 반복 사용해서 만든 오답이다.

스크립트 및 해석

Where should I return the books that I read? 읽은 책은 어디에 반납해야 하나요?

(A) In the late evening. 늦은 저녁에요.

(B) She'll return his call. 그녀는 그에게 회신 전화를 할 거예요.

(C) Please give them to the librarian. 사서에게 주시면 돼요.

정답 (C)

어휘 **return** 반납하다 **librarian** 사서

이 정도는 알아야지!

일반적으로 where 의문사 문제의 정답에는 직접적인 장소를 나타내는 전치사구나 부사가 포함되어 있다. 하지만 이처럼 사람명사가 포함된 전치사구를 이용하여 간접적으로 장소를 알려주는 보기도 정답이 될 수 있다.

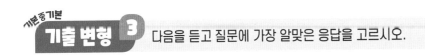

Mark your answer on your answer sheet.　(A)　(B)　(C)

문제 분석 ○○○○○○○○○○○○○○○○○○

유형 파악	내용 파악
의문사 Where	핵심 동사 be held (+ 핵심 명사 conference) → Where be held (conference)? 어디에서 (학회가) 열리나요?

⚡ 정답 뽀개기

정답	**(C) At the Fanta Hotel.**	**Where is this year's conference going to be held?** (올해 학회는 어디서 열리나요?)라고 장소를 묻는 질문에 'Fanta 호텔에서요.'라고 직접적인 장소를 언급하고 있다.
오답	(A) To register for the conference. (B) It is held every year.	(A)는 질문에 나온 conference를 반복해서 만든 오답이며, (B)는 질문에 있는 held를 반복 사용해서 만든 오답이다.

스크립트 및 해석

Where is this year's conference going to be held? 올해 학회는 어디서 열리나요?

(A) To register for the conference. 학회에 등록하기 위해서요.

(B) It is held every year. 매년 열려요.

(C) At the Fanta Hotel. Fanta 호텔에서요.

정답 (C)

어휘 **conference** 회의 **register** 등록하다 **hold** 개최하다

Mark your answer on your answer sheet.　　(A)　　　(B)　　　(C)

문제 분석

유형 파악	내용 파악
의문사 Where	핵심 동사 is (+ 핵심 명사 library) → Where is (library)? (도서관은) 어디에 있나요?

⚡ 정답 뽀개기

정답	(B) Two blocks away from here.	Where is the nearest library?(가장 가까운 도서관은 어디죠?)라고 장소를 묻는 질문에 '여기에서 두 블록 떨어져 있어요.'라고 위치를 알려 주고 있는 (B)가 정답이다.
오답	(A) 60 kilometers per hour. (C) It has a new wing.	(A)는 질문에 있는 nearest와 의미적으로 관련성이 높은 거리를 의미하는 표현인 sixty kilometers를 이용해서 만든 오답이다. (C)는 질문의 library와 관련이 있는 'wing(부속건물)'을 사용하여 만든 오답이다.

스크립트 및 해석

Where is the nearest library? 가장 가까운 도서관은 어디죠?

(A) 60 kilometers per hour. 시속 60km요.

(B) Two blocks away from here. 여기에서 두 블록 떨어져 있어요.

(C) It has a new wing. 부속 건물이 새로 생겼어요.

정답 (B)

어휘　**nearest** 가장 가까운　**wing** 부속 건물

3 When으로 시작하는 의문문

When은 시간을 물을 때 사용되는 의문사이다.

A 풀이 요령

❶ 부사, 전치사, 접속사를 이용한 보기가 정답이다.

특정 시각이나 시간 등을 나타내는 적절한 표현이 들어 있는 보기는 정답이다.

Two days ago. 이틀 전이오.

At three o'clock. 3시에요.

As soon as the president comes back. 사장님께서 돌아오시자마자요.

After they finish the project. 그들이 프로젝트를 마친 후에요.

❷ 부정어가 포함된 시간을 나타내는 부사구에 주의한다.

not until, no later than과 같이 부정어가 포함된 시간 표현들을 이용한 답변도 정답이 될 수 있다.

Not until next week. 다음 주나 되어야 해요.

Not for another hour. 아직 한 시간은 있어야 해요.

No later than Saturday. 늦어도 토요일까지요.

❸ 다른 시제를 이용한 보기도 정답이 되는 경우가 있다.

일반적으로 질문의 시제와 다른 시제로 답하면 오답일 가능성이 높지만, 상황에 따라 적절한 내용이라면 정답이 될 수 있다.

Q When will the products be delivered? 제품은 언제 배송되나요?

A Actually, they were sent two days ago. 사실은 이틀 전에 발송됐어요.

❹ 우회적인 보기는 항상 정답의 가능성이 있다.

우회적인 답변이나 즉답을 피하는 답변들도 정답이 될 수 있다.

Q When will the copier be fixed? 복사기는 언제 수리되나요?

A Olivia already ordered a new one online. Olivia가 이미 온라인으로 새 것을 주문했어요.

➔ 새 복사기를 주문해 두었기 때문에 수리할 필요가 없다는 뜻을 간접적으로 나타내고 있다.

B 오답 유형

❶ 기간 정보를 이용한 오답

Q When is the deadline for the project? 프로젝트 마감일이 언제입니까?

A For five days. 5일 동안이에요.

➔ for는 기간을 나타낼 때 사용되는 전치사이다. 이는 how long으로 시작하는 의문문 문제의 정답이 될 수는 있지만, when으로 시작하는 의문문에 적절한 응답은 아니다.

cf. Not for another hour와 같이 기간을 나타내는 표현과 부정어가 동시에 사용되는 경우에는 When 의문사 문제의 정답이 될 수 있다. 이는 시점을 강조하는 표현이다.

❷ 엉뚱한 주어로 시작하는 오답

Q When did you start working as an accountant? 언제부터 회계사 일을 시작했나요?

A Construction started about five years ago. 공사는 약 5년 전에 시작되었어요.

→ 일을 시작한 시점을 묻는 질문에 공사가 시작된 시점을 언급하고 있으므로 정답이 될 수 없다.

다음을 듣고 질문에 가장 알맞은 응답을 고르시오.　　◀) 02-07

Mark your answer on your answer sheet.　(A)　　(B)　　(C)

문제 분석

유형 파악	내용 파악
의문사 When	핵심 동사 made (+ 핵심 명사 announcement) → When (announcement) made? (발표는) 언제 나오나요?

⚡ 정답 뽀개기

정답	**(C) After the final decision is made.**	When will the company announcement be made?(회사 발표는 언제 나오나요?)라는 시점을 묻는 질문에 '최종 결정 후에요.' 라며 적절하게 발표 시점을 알려 주고 있다. 시간의 의미를 나타내는 전치사 in, on, at 혹은 접속사 after, before, as soon as 등이 포함된 보기가 정답일 확률이 높다.
오답	(A) Sarah did. (B) At the Royal Opera House.	(A)의 경우, 시제는 일치하지만 시점 정보가 없기 때문에 정답이 될 수 없다. 인물 정보가 강조되고 있으므로 who로 시작하는 질문에 적절한 응답이다. (B)는 의문사 where와 when의 발음이 유사하다는 점을 이용한 오답으로, 의문사를 where로 잘못 들은 경우 선택할 수 있는 함정이다.

When will the company announcement be made? 회사 발표는 언제 나오나요?

(A) Sarah did. Sarah가 했어요.

(B) At the Royal Opera House. Royal Opera House에서요.

(C) After the final decision is made. 최종 결정 후에요.

정답 (C)

어휘 　announcement 발표　decision 결정

기출 변형 2 다음을 듣고 질문에 가장 알맞은 응답을 고르시오.　🔊 02-08

Mark your answer on your answer sheet.　(A)　　(B)　　(C)

문제 분석

유형 파악	내용 파악
의문사 When	핵심 동사 prepare (+ 핵심 명사 presentation) → When prepare (presentation)? (발표) 준비는 언제 할까요?

⚡ 정답 뽀개기

정답	(C) What time are you free today?	When should we prepare for the presentation?(발표 준비는 언제 할까요?)이라고 시점을 묻는 질문에 '오늘 몇 시에 시간 있으세요?'라고 대답함으로써 '시간을 알려 주면 그때 하겠다'는 의미를 전하고 있다.
오답	(A) In the meeting room upstairs. (B) We represent our company.	(A)는 의문사 when을 where로 잘못 들었을 때 선택하기 쉬운 오답이다. (B)는 질문에서 사용된 presentation과 발음이 유사한 represent를 이용해서 만든 오답이다.

When should we prepare for the presentation? 발표 준비는 언제 할까요?

(A) In the meeting room upstairs. 위층 회의실에서요.

(B) We represent our company. 우리는 회사를 대표해요.

(C) What time are you free today? 오늘 몇 시에 시간 있으세요?

정답 (C)

어휘 **prepare** 준비하다 **presentation** 발표 **represent** 대표하다

이 정도는 알아야지!

의문사 where가 비미국식으로 발음될 때, 즉 영국식이나 호주식 등으로 발음 될 때에는 끝소리에 해당하는 /r/ 발음이 생략되거나 약해지기 때문에 의문사 when과의 발음 구분이 더욱 어려울 수 있다.

기본중기본 **기출 변형** 3 다음을 듣고 질문에 가장 알맞은 응답을 고르시오.　　🔊 02-09

Mark your answer on your answer sheet.　　(A)　　(B)　　(C)

문제 분석

유형 파악	내용 파악
의문사 When	핵심 동사 reopen (+ 핵심 명사 shopping mall) → When (shopping mall) reopen? (쇼핑몰은) 언제 다시 문을 여나요?

⚡ 정답 뽀개기

정답		
정답	(A) In two days.	When will the new shopping mall reopen?(새 쇼핑몰은 언제 다시 문을 여나요?)이라고 시점을 묻는 질문에 '이틀 후에요.'라고 적절히 응답하고 있다.

오답	(B) Let's go shopping today. (C) Last Tuesday.

(B)는 질문에 사용된 shopping을 반복해서 만든 오답이다. 질문은 미래의 일을 묻고 있으므로 과거시제로 답한 (C)는 정답이 될 수 없다. when 의문사 유형에서는 현재, 과거, 미래 시점 구분이 매우 중요하다.

스크립트 및 해석

When will the new shopping mall reopen? 새 쇼핑몰은 언제 다시 문을 여나요?

(A) In two days. 이틀 후에요.

(B) Let's go shopping today. 오늘 쇼핑하러 가죠.

(C) Last Tuesday. 지난 화요일에요.

정답 (A)

어휘 **reopen** (상점 등이) 다시 문을 열다, 재개하다 **last** 지난

 다음을 듣고 질문에 가장 알맞은 응답을 고르시오. ◀ 02-10

Mark your answer on your answer sheet. (A) (B) (C)

문제 분석

유형 파악	내용 파악
의문사 When	핵심 동사 is due (+ 핵심 명사 report) → When is (report) due? (보고서는) 언제까지인가요?

정답 뽀개기

정답	(A) By the end of the day.	When is the monthly report due?(월간 보고서는 언제까지 제출해야 하나요?)라고 제출해야 하는 시점을 묻는 질문에 '오늘까지요.'라고 응답하여 정확한 날짜를 알려 주고 있다.
오답	(B) That's more than expected. (C) It is due to depart at 6:00.	(B)는 질문에 있는 due(마감)와 의미적으로 관련성이 있는 more than expected(예상보다 빨리)라는 표현을 이용해서 만든 오답이다. (C)는 질문에 사용된 due를 반복한 오답이다.

When is the monthly report due? 월간 보고서는 언제까지 제출해야 하나요?

(A) By the end of the day. 오늘까지요.

(B) That's more than expected. 기대 이상이에요.

(C) It is due to depart at 6:00. 6시에 출발할 예정이에요.

정답 (A)

어휘 **expected** 예상되는 **due to** ~하기로 되어 있는, 예정된 **depart** 떠나다, 출발하다

4 Why로 시작하는 의문문

Why로 시작하는 의문문은 이유나 원인을 묻는 의문문이다. 하지만 Why don't we [you, I]로 시작하는 의문문은 제안의 의미를 나타낸다.

A 풀이 요령

❶ 전치사를 이용한 보기는 정답일 가능성이 높다.

원인이나 이유를 나타내는 전치사가 포함된 답변은 정답일 가능성이 높다.

Due to the bad weather conditions. 악천후 때문에요.

Because of the power cut. 정전 때문에요.

For a business trip. 출장 때문에요.

❷ 접속사를 이용한 정답도 가능하다.

원인이나 이유를 나타내는 접속사가 포함된 답변 역시 정답일 가능성이 높다.

Q Why are the employees working overtime? 직원들은 왜 야근을 하나요?

A So that they can meet the deadline. 마감일을 맞추기 위해서요.

cf. 위 질문의 경우, They can meet the deadline.과 같이 접속사가 생략될 수도 있다.

❸ 해결책을 제시하는 보기도 정답이 될 수 있다.

이유를 언급하는 표현이 아닌 적절한 해결책을 언급하는 표현이 정답으로 나올 수도 있다.

Q Why are there so many boxes in the lobby? 로비에 왜 이렇게 상자가 많이 있죠?

A I'll ask James to throw them away. James에게 그것들을 버리라고 부탁할게요.

❹ 수락이나 거절의 의미를 나타내는 보기가 정답이 되는 경우도 있다.

'~할까요'라는 의미로 Why don't you[we]로 시작하는 질문에는 수락이나 거절의 의미를 나타내는 답변이 이어져야 한다.

Q Why don't we have a meeting this afternoon? 오늘 오후에 회의를 하는 것이 어떨까요?

A That's fine with me. 저는 좋아요.

B 오답 유형

Because로 시작하는 오답

Q Why did Mark miss the staff meeting? Mark는 왜 직원 회의에 참석하지 않았나요?

A Because I will prepare for the farewell party. 왜냐하면 저는 송별회를 위한 준비를 할 것이기 때문이죠.

→ 위 예시처럼 접속사 because로 시작한 문장이 항상 why 의문문의 정답이 되는 것은 아니다. 이유를 나타내는 접속사 뒤에 나오는 문장의 내용이 적절해야만 정답이 될 수 있다.

기출 변형 1 다음을 듣고 질문에 가장 알맞은 응답을 고르시오. ◀) 02-11

Mark your answer on your answer sheet. (A) (B) (C)

문제 분석

유형 파악	내용 파악
의문사 **Why don't we**	핵심 동사 go out (+ 핵심 명사 dinner) → Why don't we go out (dinner)? 밖에서 (식사를) 하는 것이 어때요?

⚡ 정답 뽑개기

정답	(C) Sorry. I have a meeting with a client.	Why don't we go out for dinner tonight?(오늘 저녁에 외식할까요?)라는 제안의 질문에 'Sorry. I have a meeting with a client.'라는 거절의 표현과 거절의 이유를 밝히고 있다.

| 오답 | (A) Because the diners were out.
(B) It was very delicious. | (A)는 이유를 묻는 의문사 why와 잘 어울리는 단어인 because를 이용해서 만든 오답이다. 제안 질문에 어울리지 않는 답변으로서, 질문에서 사용된 dinner와 발음이 유사한 diner를 이용해서 만든 오답이기도 하다. (B)는 질문에 있는 dinner와 의미상 관련이 높은 delicious를 이용해서 만든 오답이다. |

스크립트 및 해석

Why don't we go out for dinner tonight? 오늘 저녁에 외식할까요?

(A) Because the diners were out. 손님들이 나갔기 때문이에요.

(B) It was very delicious. 아주 맛있었어요.

(C) Sorry. I have a meeting with a client. 죄송해요, 고객과의 회의가 있어서요.

정답 (C)

어휘 diner 식사하는 손님 delicious 맛있는

기출 변형 2 다음을 듣고 질문에 가장 알맞은 응답을 고르시오. ◀) 02-12

Mark your answer on your answer sheet.   (A)   (B)   (C)

문제 분석

유형 파악	내용 파악
의문사 Why	핵심 동사 weren't (+ 핵심 명사 training session) → Why weren't (training session)? 왜 (교육 과정에) 불참했나요?

정답	(B) It wasn't actually compulsory.	Why weren't you at the leadership training session last night?(왜 어젯밤 리더십 교육 과정에 불참했나요?)라고 불참 이유를 묻는 질문에 '(교육 과정은) 사실 강제적인 것은 아니었어요.', 즉 강제적이 아니었기 때문에 참석하지 않았다는 이유를 밝히고 있다. 이처럼 이유를 나타내는 접속사 because는 정답에서 생략되는 경우가 많다.
오답	(A) Yes, I was a trainer. (C) That sounds good to me.	(A)는 질문에서 사용된 training과 발음이 유사한 trainer를 이용해서 만든 오답이다. 보기 (C)는 이유를 묻는 의문문이 아니라 why don't로 시작하는 제안을 나타내는 의문문에 적합한 대답이다.

스크립트 및 해석

Why weren't you at the leadership training session last night? 왜 어젯밤 리더십 교육 과정에 불참했나요?

(A) Yes, I was a trainer. 네, 저는 트레이너였어요.

(B) It wasn't actually compulsory. 사실 의무적인 것은 아니었어요.

(C) That sounds good to me. 그거 좋겠네요.

정답 (B)

어휘 **leadership** 지도력 **training session** 교육 과정 **compulsory** 의무적인, 강제적인

이 정도는 알아야지!

의문사 Why로 시작하여 이유를 묻는 질문에는 Yes/No 식의 응답이 어울릴 수 없다. 하지만 Why don't we [you] ~? 형식으로 제안을 나타내는 의문문에는 Yes/No 방식의 답변이 이어질 수 있다.

5 How로 시작하는 의문문

How로 시작하는 의문문은 방법이나 수단, 상태, 혹은 의견 등을 묻는 의문문이다. 반면 How about으로 시작하는 의문문은 제안의 의미를 나타내며, 「How + 형용사/부사」 형태로 시작하는 의문문은 수량, 가격, 시간, 빈도 등 How 다음에 오는 단어에 따라 다양한 내용을 물을 수 있다.

Ⓐ 풀이 요령

❶ 상태, 의견 등을 언급하는 보기를 우선적으로 고려한다.

Q How was your business trip? 출장은 어땠어요?

A It was successful. 성공적이었어요.

Q How was the lecture? 강의는 어땠어요?

A It was interesting. 재미있었어요.

Q How was the meeting? 회의는 어땠어요?

A It was productive. 생산적이었어요.

Q How do you like the new system? 새 시스템은 어떻습니까?

A It is efficient. 효율적입니다.

❷ How 다음에 형용사/부사가 오는 경우, 수량, 가격, 시간, 빈도 등을 언급하는 보기가 정답이다.

Q How many copies do you need? 몇 부 필요하세요?

A 10 will be enough. 10부면 충분할 거예요. (수량)

Q How much will it cost? 비용이 얼마나 들까요?

A About 15 dollars a box. 한 상자에 15달러 정도요. (가격)

Q How long will it take to get to the office? 사무실까지 얼마나 걸릴까요?

A Approximately 30 minutes by subway. 지하철로 약 30분 정도요. (시간)

Q How often do you travel to Boston? 얼마나 자주 보스턴으로 출장을 가세요?

A Once a month. 한 달에 한 번이요. (빈도)

❸ How long으로 시작하는 시간과 관련된 질문의 경우, How 다음에 오는 동사에 따라서 정답이 결정될 수 있기 때문에 이 부분을 잘 구분하여 들어야 한다.

Q How long is the presentation going to last? 프레젠테이션이 얼마나 걸릴까요?

A At least an hour. 적어도 한 시간이요.

→ 'How long + is/are'의 형태에서는 기간을 나타내는 단어가 오거나 'for +기간' 형태로 응답한다.

Q How long has the store been open? 그 상점은 문을 연지 얼마나 오래되었나요?

A Since last month. 지난달 이후로요.

➡ 'How long + has/have'의 형태에서는 현재완료 시제가 사용되었기 때문에 'since +과거시점'이나 'for +기간' 형태로 응답한다.

❹ How about으로 제안을 나타내는 의문문이 등장하면 거절이나 수락의 의미를 나타내는 보기를 찾는다.

Q How about taking a break? 쉬는 것이 어떨까요?

A That sounds good. 좋아요.

Ⓑ 오답 유형

조동사를 이용한 오답

Q How would you like your coffee, sir? 커피를 어떻게 해 드릴까요?

A I'd like that. Thanks. 그게 좋겠네요. 고마워요.

➡ how를 듣지 못하고 조동사 would로 시작하는 질문으로 잘못 들었다면, 수락/거절을 묻는 유형으로 착각하여 예시의 답변을 정답으로 고르는 실수를 할 수 있다. 하지만 이 질문은 how로 시작해 커피를 마시는 방식을 묻고 있으므로, with sugar and cream, please. (설탕과 크림을 넣어주세요.)와 같은 응답이 이어져야 한다.

기출 변형 ① 다음을 듣고 질문에 가장 알맞은 응답을 고르시오. 🔊 02-13

Mark your answer on your answer sheet. (A) (B) (C)

문제 분석

유형 파악	내용 파악
의문사 How	핵심 동사 go (+ 핵심 명사 presentation) → How go (presentation)? (발표는) 어땠어요?

⚡ 정답 뽑아내기

정답	**(B) It couldn't have been better.**	How did the interactive presentation go yesterday? (어제 대화형 발표는 어땠어요?)라고 묻는 질문에 '최고였어요.'라며 발표에 대한 자신의 느낌을 말하고 있으므로 적절한 대답이다.
오답	(A) Five times a month. (C) At the intersection.	(A)는 how often으로 시작하는, 빈도나 횟수 등을 묻는 질문에 적합한 응답이며, (C)는 질문에서 사용된 interactive와 발음이 유사한 intersection을 이용해 만든 오답이다.

스크립트 및 해석

How did the interactive presentation go yesterday? 어제 대화형 발표는 어땠어요?

(A) Five times a month. 한 달에 다섯 번이오.

(B) It couldn't have been better. 최고였어요.

(C) At the intersection. 교차로에서요.

정답 (B)

> 어휘 **interactive** 상호적인, 상호작용을 하는; 대화형의 **intersection** 교차로

기출 변형 ② 다음을 듣고 질문에 가장 알맞은 응답을 고르시오. 🔊 02-14

Mark your answer on your answer sheet. (A)   (B)   (C)

문제 분석

유형 파악	내용 파악
의문사 How much	핵심 동사 repaired (+ 핵심 명사 car) → How much (car) repaired? (자동차) 수리 비용이 얼마나 들까요?

⚡ 정답 뽀개기

정답	(C) It comes to 40 dollars.	How much will it cost to have my car repaired?(제 차를 수리하는 데 비용이 얼마나 들까요?)라고 차량의 수리 비용을 묻는 질문에 '40 달러예요.'라며 구체적인 수리비를 밝히고 있다.
오답	(A) Fifty boxes in total. (B) By credit card.	(A)는 숫자를 이용해 만든 오답인데, 여기에 언급된 숫자는 가격이 아닌 개수를 나타낸다. (B)는 금액이 아니라 지불 수단을 묻는, how 로 시작하는 질문에 어울리는 응답이다.

스크립트 및 해석

How much will it cost to have my car repaired? 제 차를 수리하는 데 비용이 얼마나 들까요?

(A) Fifty boxes in total. 모두 50박스예요.

(B) By credit card. 신용 카드로요.

(C) It comes to 40 dollars. 40달러예요.

정답 (C)

어휘 **cost** 비용이 들다 **repair** 수리하다

기출 변형 ③ 다음을 듣고 질문에 가장 알맞은 응답을 고르시오. ◀)) 02-15

Mark your answer on your answer sheet.　　(A)　　(B)　　(C)

문제 분석

유형 파악	내용 파악
의문사 How about	핵심 동사 having (+ 핵심 명사 lunch) → How about having (lunch)? (점심을) 먹는 것이 어떨까요?

정답	(B) Yes, let's try something new.	How about having lunch before the meeting?(회의 전에 점심을 먹는 건 어떨까요?)이라는 제안에 '네, 새로운 음식을 먹어 보죠.'라며 수락의 의미를 나타내고 있다.
오답	(A) To meet the deadline. (C) It is about the new dishes.	(A)는 질문에서 사용된 meeting의 meet를 이용해 만든 오답이며, (C)는 질문의 about을 반복 사용해서 만든 오답이죠.

스크립트 및 해석

How about having lunch before the meeting? 회의 전에 점심을 먹는 건 어떨까요?

(A) To meet the deadline. 기한을 맞추기 위해서요.

(B) Yes, let's try something new. 네, 새로운 음식을 먹어 보죠.

(C) It is about the new dishes. 새로운 요리에 관한 것이에요.

정답 (B)

어휘 **deadline** 마감일, 마감 시간 **dish** 요리; 접시

기출 변형 4 다음을 듣고 질문에 가장 알맞은 응답을 고르시오. ◀） 02-16

Mark your answer on your answer sheet. (A) (B) (C)

문제 분석 ○

유형 파악	내용 파악
의문사 How often (횟수)	핵심 동사 changed (+ 핵심 명사 cartridge) → How often (cartridge) changed? (카트리지는) 얼마나 자주 교체되죠?

정답	(A) Once a month.	How often is the ink cartridge changed?(잉크 카트리지는 얼마나 자주 교체되죠?)라고 횟수를 묻는 질문에 대해 횟수를 나타내는 표현인 once를 사용해서 '한 달에 한 번이오'라며 적절히 응답하고 있다.
오답	(B) It changed a lot. (C) By returning it to the store.	(B)는 질문에 있는 changed를 반복해서 만든 오답이며, (C)는 질문에 언급된 ink cartridge와 의미적으로 관련성이 있는 return(반품하다), store(상점)를 이용해서 만든 오답이다.

스크립트 및 해석

How often is the ink cartridge changed? 잉크 카트리지는 얼마나 자주 교체되죠?

(A) Once a month. 한 달에 한 번이오.

(B) It changed a lot. 많이 변했어요.

(C) By returning it to the store. 매장으로 반송하여 주세요.

정답 (A)

어휘 cartridge 용기 return 돌려보내다, 반납/반품/반송하다

기출 변형 5 다음을 듣고 질문에 가장 알맞은 응답을 고르시오. ◀ 02-17

Mark your answer on your answer sheet. (A) (B) (C)

문제 분석

유형 파악	내용 파악
의문사 How	핵심 동사 go (+ 핵심 명사 presentation) → How (presentation) go? (발표는) 어떻게 진행되었나요?

정답	(C) Actually, I had a meeting with a client.	How did Mr. Dwain's presentation go?(Dwain 씨의 발표는 어떻게 진행되었나요?)라는 질문에 대해 '사실 저는 고객과 회의를 했어요.'라고 우회적으로 답하고 있다. 이는 회의에 참석하느라 잘 모르겠다는 의미이다.
오답	(A) He represented our organization. (B) It wasn't until last Friday.	(A)는 질문에 사용된 presentation과 발음이 유사한 단어인 represented를 이용한 오답이며, (B)는 시점을 강조하는 내용이므로 'When 의문사'에 대한 응답으로 적절한 보기이다.

스크립트 및 해석

How did Mr. Dwain's presentation go? Dwain 씨의 발표는 어떻게 진행되었나요?

(A) He represented our organization. 우리 단체를 대표했어요.

(B) It wasn't until last Friday. 지난주 금요일이 되어서야 비로소 그랬어요.

(C) Actually, I had a meeting with a client. 사실 저는 고객과 회의를 했어요.

정답 (C)

어휘 **represent** 대표하다 **organization** 조직, 단체

6 What으로 시작하는 의문문

What으로 시작하는 의문문은 다양한 내용을 물을 수 있기 때문에 What 다음에 나오는 말을 잘 들어야 정답을 찾을 수 있다. What 다음에 들리는 명사, 형용사, 그리고 동사구가 정답의 단서가 되는 경우가 많다.

A 풀이 요령

❶ What 다음의 명사를 놓치지 않고 듣는다.

Q What topic will you be covering today? 오늘 어떤 주제를 다루시나요?

A I will discuss investments. 투자에 대해 논의할 거예요.

Q What time are you getting off today? 오늘 언제 퇴근하세요?

A At about 7 P.M. 오후 7시 쯤에요.

❷ Be동사 다음에 나오는 명사나 형용사가 정답의 단서이다.

Q What is the reason for Henry's absence? Henry가 결석한 이유는 뭔가요?

A He caught a cold. 그는 감기에 걸렸어요.

Q What is the charge for sending this letter to Chicago? 이 편지를 시카고로 보내는 비용은 얼마죠?

A That depends on how soon you want it to arrive. 얼마나 빨리 도착하기를 원하시는지에 따라 다르죠.

Q What is the best way to get to the train station? 기차역으로 가는 제일 좋은 방법은 무엇인가요?

A I'd take the bus. 저라면 버스를 타겠어요.

Q What is the wrong with this printer? 프린터에 무슨 문제가 있나요?

A It won't turn on. 켜지지가 않아요.

❸ What과 like가 같이 사용되는 경우에는 상태나 모습들을 묘사한 보기를 찾도록 한다.

Q What is the weather like? 날씨가 어떤가요?

A It's sunny today. 오늘은 화창해요.

Q What is your boss like? 상사는 어떤 분이신가요?

A He is very kind and well mannered. 친절하시고 정중하세요.

Q What does your boss look like? 상사의 외모는 어떤가요?

A He is tall and good looking. 키가 크고 잘생기셨어요.

❹ 원인이나 이유를 언급하는 보기도 정답이 될 수 있다.

Q What took you so long? 왜 이렇게 오래 걸렸나요?

A I was stuck in traffic. 길이 막혔어요.

Q What made you so late today? 오늘 왜 이렇게 늦었어요?

A I missed the bus. 버스를 놓쳤어요.

❺ What kind [type, sort] of로 시작하는 의문문은 종류를 묻는 질문이다.

Q What kind of table would you like for your new house? 새 집에 어떤 탁자를 원하시나요?

A I'd like to buy a round one. 원형 탁자를 사고 싶어요.

❻ What do you think 등으로 시작하는 의문문은 의견을 묻는 질문이다.

Q What did you think of Mr. Anderson's presentation? Anderson 씨의 발표는 어땠나요?

A It was informative. 유익했어요.

기출 변형 ① 다음을 듣고 질문에 가장 알맞은 응답을 고르시오.

🔊 02-18

Mark your answer on your answer sheet.　　(A)　　(B)　　(C)

문제 분석

유형 파악	내용 파악
의문사 What	핵심 동사 is (+ 핵심 명사 price) → What is price? 가격이 얼마예요?

⚡ 정답 뽀개기

정답	(C) It's under $50.	What is the price of this dress?(이 드레스의 가격은 얼마예요?)라고 가격을 묻는 질문에 '50달러 이하예요.'라고 구체적인 숫자로 가격을 밝히고 있다.
오답	(A) Would you like to deliver an address? (B) The cost of living is very high.	(A)는 질문에서 사용된 dress와 발음이 유사한 address를 이용해서 만든 오답이고, (B)는 질문의 price와 의미상 관련성이 높은 cost를 이용해서 만든 오답이다.

스크립트 및 해석

What is the price of this dress? 이 드레스의 가격은 얼마예요?

(A) Would you like to deliver an address? 연설하기를 원하세요?

(B) The cost of living is very high. 생활비가 많이 들어요.

(C) It's under $50. 50달러 이하예요.

정답 (C)

어휘　**deliver an address** 연설하다　**cost of living** 생활비, 생계비

Mark your answer on your answer sheet.　　(A)　　(B)　　(C)

문제 분석

유형 파악	내용 파악
의문사 What	핵심 동사 changed → What (is going to be) changed? 무엇이 변경되나요?

⚡ 정답 뽑개기

정답	(B) Nothing much.	What is going to be changed in our department?(우리 부서에서는 무엇이 변경되나요?)라고 묻는 질문에 '별거 없어요.'라고 대답함으로써 변경되는 부분이 많지 않다는 점을 적절히 밝히고 있다.
오답	(A) It changes every hour. (C) Your department is over there.	(A)는 질문에서 사용된 change를 반복 사용해서, (C)는 department를 반복 사용해서 만든 오답이다.

스크립트 및 해석

What is going to be changed in our department? 우리 부서에서는 무엇이 변경되나요?

(A) It changes every hour. 매시간 변경돼요.

(B) Nothing much. 별거 없어요.

(C) Your department is over there. 당신의 부서는 저쪽에 있어요.

정답 (B)

어휘　change 변경하다, 바꾸다　department 부서

Mark your answer on your answer sheet.　　(A)　　(B)　　(C)

문제 분석

유형 파악　　　　　　　　　　　　**내용 파악**

의문사 What　　핵심 동사 take (+ 핵심 명사 measures)
　　　　　　→ What (measures) (can we) take? 어떤 조치들을 취할 수 있나요?

⚡ 정답 뽀개기

정답	**(A) Let's consult with a specialist.**	What other measures can we take to prevent data losses?(데이터 손실을 방지하기 위해 취할 수 있는 다른 방법에는 어떤 것이 있나요?)라고 묻는 질문에 '(잘 모르겠으니), 전문가와 상의해 보아요.'라고 적절히 응답하고 있다. 참고로, 'consult/check with + 사람명사' 형식의 답변은 IDK(= I don't know.) 정답 유형의 표현들 중 하나이다.
오답	(B) We are majoring in computer science. (C) Most of the losses were because of viruses.	(B)는 질문에 있는 measure와 발음이 유사한 단어인 majoring을, 그리고 data와 의미적으로 관련성이 있는 computer science를 이용해서 만든 오답이다. (C)는 losses를 반복하였다.

스크립트 및 해석

What other measures can we take to prevent data losses?
데이터 손실을 방지하기 위해 다른 어떤 조치들을 취할 수 있나요?

(A) Let's consult with a specialist. 전문가와 상의해 보아요.

(B) We are majoring in computer science. 저희는 컴퓨터 공학을 전공하고 있어요.

(C) Most of the losses were because of viruses. 손실의 대부분은 바이러스 때문이에요.

정답 (A)

어휘 **measures** 방안, 방법, 조치 **prevent** 방지하다, 막다 **consult** 상의하다, 참고하다 **major** 전공하다 **loss** 손실

7 Which로 시작하는 의문문

Which로 시작하는 의문문은 선택할 수 있는 대상이 정해져 있는 경우에 사용되는 의문문이다.

Ⓐ 풀이 요령

❶ The one을 이용해 직접적으로 어떤 대상을 가리키는 보기가 정답이다.

부정대명사 one이 들어 있는 보기는 정답일 가능성이 높다.

Q Which room will the meeting be taking place in? 회의는 어느 회의실에서 열리나요?

A The one on your left. 왼쪽에 있는 회의실에서요.

Q Which smartphone is yours? 어느 스마트폰이 당신 것이죠?

A The one with the plastic cover. 플라스틱 덮개가 있는 것이오.

❷ 우회적인 답변은 항상 정답의 가능성이 있다.

선택할 수 있는 대상이 없는 경우에 이어질 수 있는 답변들도 존재한다.

Q Which of you can work late tomorrow night? 내일 밤 늦게까지 일할 수 있는 사람은 누구인가요?

A None of us, but I think Isabella can. 저희는 아무도 안 되는데, Isabella는 가능할 거예요.

Q Which side of the street is the library on? 길의 어느 쪽에 도서관이 있나요?

A I'm afraid you're looking in the wrong place. 잘못된 장소에서 찾고 계신 것 같네요.

 다음을 듣고 질문에 가장 알맞은 응답을 고르시오. 🔊 02-21

Mark your answer on your answer sheet.　　(A)　　　(B)　　　(C)

문제 분석

유형 파악	내용 파악
의문사 Which	핵심 동사 buy (+ 핵심 명사 file cabinet) → Which (file cabinet) buy? 어떤 (파일 캐비닛을) 구입하실 건가요?

정답	(B) Whichever is cheaper.	Which file cabinet do you want to buy for your office? (사무실용으로 어떤 파일 캐비닛을 구입하고 싶으신가요?)라고 선택을 요구하는 질문에 대해 '더 저렴한 것'이라는 선택 대상을 밝히고 있다.
오답	(A) They should be filed alphabetically. (C) At the local tourist office.	(A)는 질문의 file을 반복해서 만든 오답으로, 질문이 What should I do with these documents?(이 서류들을 어떻게 해야 할까요?)인 경우에 정답이 될 수 있는 답변이다. (C)는 질문의 office를 반복해 만든 오답으로, 전치사구를 이용해 장소에 관한 정보를 말하고 있으므로 적절하지 않은 대답이다.

스크립트 및 해석

Which file cabinet do you want to buy for your office? 사무실용으로 어떤 파일 캐비닛을 구입하고 싶으신가요?

(A) They should be filed alphabetically. 그것들은 알파벳순으로 보관해야 해요.

(B) Whichever is cheaper. 더 저렴한 것으로요.

(C) At the local tourist office. 지역 관광 안내소에서요.

정답 (B)

어휘   cabinet 캐비닛   file 철하다, 보관하다   alphabetically 알파벳 순서로   tourist office 관광 안내소

기출 변형 2   다음을 듣고 질문에 가장 알맞은 응답을 고르시오.   ◀» 02-22

Mark your answer on your answer sheet.   (A)   (B)   (C)

문제 분석

유형 파악	내용 파악
의문사 Which	핵심 동사 given (+ 핵심 명사 employee, award) → Which (employee, award) given? 어떤 (직원이) 상을 받게 되나요?

정답	(C) Ms. Chan in the Accounting Department.	Which employee should be given the employee of the year award?(올해의 직원상은 어느 직원이 받게 되나요?)라는 질문에 '회계부의 Chan 씨'라는 수상 예정자의 이름을 직접적으로 밝히고 있다.
오답	(A) A bonus will be given. (B) He is one of the employees.	(A)는 질문에서 사용된 given을 반복해서 만든 오답이고, (B)는 질문의 employee를 반복 사용해서 만든 오답이다.

스크립트 및 해석

Which employee should be given the employee of the year award?
올해의 직원상은 어느 직원이 받게 되나요?

(A) A bonus will be given. 보너스가 지급될 거예요.

(B) He is one of the employees. 그는 직원 중 한 명이에요.

(C) Ms. Chan in the Accounting Department. 경리부의 Chan 씨요.

정답 (C)

어휘 **award** 상 **Accounting Department** 회계부, 경리부

기출 변형 3 다음을 듣고 질문에 가장 알맞은 응답을 고르시오. ◉ 02-23

Mark your answer on your answer sheet.   (A)   (B)   (C)

문제 분석

유형 파악	내용 파악
의문사 Which	핵심 동사 is organizing (+ 핵심 명사 employee) → Which (employee) is organizing? 어느 (직원이) 주관하죠?

정답	(B) Mr. Benitez did it last year.	Which employee is organizing the seventh annual health convention this year?(올해는 일곱 번째 연례 보건 컨벤션을 어느 직원이 주관하죠?)라고 행사를 주관하고 있는 사람을 묻는 질문이다. 'Benitez가 작년에 했어요.'라고 작년에 담당했던 사람의 이름을 언급하면서 올해도 같은 사람이 담당할 것이라고 우회적으로 답하고 있다.
오답	(A) A regular health checkup is needed. (C) It will also need to be organized.	(A)는 질문에 있는 health를 반복한 오답이며, (C)는 organizing과 발음이 유사한 organized를 이용해서 만든 오답이다.

스크립트 및 해석

Which employee is organizing the seventh annual health convention this year?

올해는 일곱 번째 연례 보건 컨벤션을 어느 직원이 주관하죠?

(A) A regular health checkup is needed. 정기 건강 검진이 필요해요.

(B) Mr. Benitez did it last year. Benitez 씨가 작년에 했어요.

(C) It will also need to be organized. 이것 또한 정리될 필요가 있을 것 같아요.

정답 (B)

(어휘) **organize** 조직하다, 준비하다 **regular** 정기적인 **health checkup** 건강 검진

02-24

Part 2

Directions: You will hear a question or statement and three responses spoken in English. They will not be printed in your test book and will be spoken only one time. Select the best response to the question or statement and mark the letter (A), (B), or (C) on your answer sheet.

1. Mark your answer on your answer sheet.

2. Mark your answer on your answer sheet.

3. Mark your answer on your answer sheet.

4. Mark your answer on your answer sheet.

5. Mark your answer on your answer sheet.

6. Mark your answer on your answer sheet.

7. Mark your answer on your answer sheet.

8. Mark your answer on your answer sheet.

9. Mark your answer on your answer sheet.

10. Mark your answer on your answer sheet.

11. Mark your answer on your answer sheet.

12. Mark your answer on your answer sheet.

13. Mark your answer on your answer sheet.

14. Mark your answer on your answer sheet.

15. Mark your answer on your answer sheet.

16. Mark your answer on your answer sheet.

17. Mark your answer on your answer sheet.

18. Mark your answer on your answer sheet.

19. Mark your answer on your answer sheet.

20. Mark your answer on your answer sheet.

21. Mark your answer on your answer sheet.

22. Mark your answer on your answer sheet.

23. Mark your answer on your answer sheet.

24. Mark your answer on your answer sheet.

25. Mark your answer on your answer sheet.

정답 및 해설 p.329

NO TEST MATERIAL ON THIS PAGE

Unit 02 의문사를 사용하지 않은 질문 유형

1 간접의문문

간접의문문은 하나의 의문문 안에 또 다른 의문문이 포함되어 있는 형태이다.

A 풀이 요령

❶ Yes/No로 응답이 가능하다.

의문사 의문문은 일반적으로 Yes/No로 응답할 수 없다. 그런데 간접의문문의 경우 초점이 의문사에 있기는 하지만 조동사로 시작하기 때문에 Yes/No로 응답이 가능하다.

Q Did she say where the meeting will be held? 그녀가 회의는 어디서 열리는지 말했나요?

A No, she didn't. 아니요, 안 했어요.

Q Do you know who is in charge of this project? 이 프로젝트의 책임자가 누구인지 아시나요?

A Yes. Carl is leading it. 네. Carl이 진행하고 있어요.

❷ 의문문 중간의 의문사를 놓치지 않고 듣는다.

간접의문문의 의문사가 요구하는 정보를 포함하고 있는 답변은 정답일 가능성이 높다.

Q Did you hear who is going to give a presentation? 누가 발표를 할 것인지 들으셨나요?

A Mr. Carpenter is preparing for it. Carpenter 씨가 준비하고 있어요.

Q Did Jane say when the meeting will be held? Jane이 회의가 언제 열리는지 말했나요?

A It will start at 3 o'clock this afternoon. 오후 3시에 시작할 거예요.

❸ 의문사 대신 that, if, whether가 포함된 간접의문문에서는 주어 다음에 나오는 동사를 유의해서 듣는다.

Q Could you tell me whether I can see the director now?
지금 이사님을 만날 수 있는지 알려 주시겠어요?

A He is in a board meeting. 이사님께서는 이사회 회의에 참석 중이세요.

 **다음을 듣고 질문에 가장 알맞은 응답을 고르시오.** 🔊 02-25

Mark your answer on your answer sheet.　　(A)　　　(B)　　　(C)

문제 분석

유형 파악	내용 파악
간접의문문 [Did the manager say who ~?]	핵심 동사 meet (+ 핵심 명사 client) → Did the manager say who meet (client)? 누가 (고객을) 만날 예정인가요?

⚡ 정답 뽀개기

정답	(C) I thought you were supposed to.	Did the manager say who is going to meet the client at the train station?(기차역에서 누가 고객을 만날 예정인지 부 장님께서 말씀하셨나요?)이라고 간접적으로 인물 정보를 묻는 질문 에 '저는 당신이 하기로 되어 있었다고 생각했어요.'라며 우회적인 방식으로 해당 인물이 '상대방'임을 밝히고 있다.
오답	(A) At 9 o'clock. (B) I applied for a managerial position.	(A)는 질문에 사용된 meet과 의미상 관련성이 높은 시간 표현을 이 용해서 만든 오답이고, (B)는 질문에서 사용된 manager와 발음이 유사한 managerial을 이용해서 만든 오답이다.

스크립트 및 해석

Did the manager say who is going to meet the client at the train station?
기차역에서 누가 고객을 만날 예정인지 부장님께서 말씀하셨나요?

(A) At 9 o'clock. 9시에요.

(B) I applied for a managerial position. 관리직에 지원했어요.

(C) I thought you were supposed to. 저는 당신이 하기로 되어 있었다고 생각했어요.

정답 (C)

어휘 **apply** 지원하다　**managerial** 경영의, 관리의

Mark your answer on your answer sheet. (A)   (B)   (C)

문제 분석

유형 파악	내용 파악
간접의문문 [Could you tell me when ~?]	핵심 동사 done (+ 핵심 명사 construction) → Could you tell me when done (construction)? (공사가) 언제 끝날까요?

⚡ 정답 뽀개기

정답	(C) Let me check with the supervisor	Could you tell me when the construction will be done? (공사가 언제 끝날지 말씀해 주실 수 있나요?)이라고 간접적으로 공사의 완료 시점을 묻는 질문에 '(잘 모르니) 감독관에게 확인해 볼게요.'라고 우회적인 'IDK(= I don't know.) 형식'으로 적절히 응답하고 있다.
오답	(A) Yes, two or three times. (B) At a restaurant downtown.	(A)의 경우, 조동사 could로 시작하는 질문에 Yes/No의 응답이 이어질 수 있지만, 전혀 관련이 없는 횟수 정보를 언급하고 있으므로 이는 오답이다. (B)는 의문사 where과 when의 발음이 유사하다는 점을 이용한 오답으로, 의문사를 where로 잘못 들었다면 (B)를 선택할 수 밖에 없다.

스크립트 및 해석

Could you tell me when the construction will be done? 공사가 언제 끝날지 말씀해 주실 수 있나요?

(A) Yes, two or three times. 네, 두세 번이오.

(B) At a restaurant downtown. 시내에 있는 식당에서요.

(C) Let me check with the supervisor. 감독관에게 확인해 볼게요.

정답 (C)

어휘 **construction** 건설, 공사 **supervisor** 관리자, 감독관

2 부정의문문과 부가의문문

부정의문문은 의문문에 not과 같은 부정어가 포함되어 있는 의문문을 말하며, 부가의문문은 평서문의 끝에 의문문 형식을 덧붙인 문장을 뜻한다. 이 두 의문문은 주로 상대방으로부터 어떠한 사실이나 의견을 확인하기 위해 사용된다는 점에서 공통점을 갖는다.

A 풀이 요령

❶ 부정의문문과 부가의문문은 무조건 긍정문인 것처럼 해석한다.

Q Aren't you tired? 피곤하신가요?

A Yes, I'm tired. 네, 피곤해요.

→ Are you tired?라는 질문을 받았을 때와 답변이 달라지는 점은 없다.

Q You are tired, aren't you? 피곤하시죠, 그렇지 않나요?

A No, I'm not tired. 아니요, 피곤하지 않아요.

→ You aren't tired, are you?라는 질문을 받았을 때와 답변이 달라지는 점은 없다.

❷ 부가의문문은 사실 여부 등을 확인하고자 할 때 사용된다. 이때, 앞의 내용이 긍정이면 부정으로, 부정이면 긍정으로 묻는다.

You haven't seen the annual sales report, have you? 연간 판매 보고서 못 보셨죠, 그렇죠?

You have seen the annual sales report, haven't you? 연간 판매 보고서 보셨죠, 그렇지 않나요?

❸ 부정의문문은 제안을 하거나 상대방의 동의를 구하기 위해 사용될 수도 있다.

Don't you think this table is too big for our office?
이 테이블이 우리 사무실에서 사용하기에는 너무 큰 것 같다고 생각하시죠? (동의)

Aren't you joining us for dinner? 저녁 식사 같이 하는 게 어때요? (제안)

❹ "~ right?"을 문장의 맨 끝에 사용하거나 "Don't you think~?"로 시작되는 문장도 일종의 부가의문문으로 볼 수 있다.

You ordered more ink cartridges for the printer, right? 복사기에 사용할 잉크카트리지를 사셨죠, 맞죠?

Don't you think we really need to buy some more office supplies?
사무용품을 더 사야 할 것 같지 않나요?

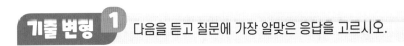

기출 변형 1 다음을 듣고 질문에 가장 알맞은 응답을 고르시오. 🔊 02-27

Mark your answer on your answer sheet. (A) (B) (C)

문제 분석 ○○○○○○○○○○○○○○○○○○○○○○

유형 파악	내용 파악
부정의문문 [be동사 + not]	핵심 동사 arrive (+ 핵심 명사 table) → Isn't arrive (table)? 오늘 (테이블이) 도착하나요?

⚡ 정답 뽀개기

정답	(C) They said it'll be shipped tomorrow.	Isn't the office table supposed to arrive today?(오늘 사무실 테이블이 도착하기로 되어 있지 않나요?)라고 배송 확인을 요구하는 질문에 '내일 배송된다고 말했어요.'라고 배송과 관련된 정확한 정보를 안내하고 있다.
오답	(A) At the new furniture store. (B) It will be disposed of.	(A)는 질문에서 사용된 office table과 의미상 관련성이 높은 furniture를 이용해 만든 오답이고, (B)는 질문에 사용된 supposed와 발음이 유사한 disposed를 이용해 만든 오답이다.

스크립트 및 해석

Isn't the office table supposed to arrive today? 오늘 사무실 테이블이 도착하기로 되어 있지 않나요?

(A) At the new furniture store. 새로 생긴 가구점에서요.

(B) It will be disposed of. 폐기될 거예요.

(C) They said it'll be shipped tomorrow. 내일 배송된다고 말했어요.

정답 (C)

어휘 **be supposed to** ~하기로 되어 있다 **dispose of** 폐기하다

기출 변형 2 다음을 듣고 질문에 가장 알맞은 응답을 고르시오. 🔊 02-28

Mark your answer on your answer sheet.   (A)   (B)   (C)

문제 분석

유형 파악	내용 파악
부가 의문문 [조동사 have + not]	핵심 동사 revised (+ 핵심 명사 report) → Hasn't revised (report), has she? (보고서를) 수정하지 않았죠, 그렇죠?

⚡ 정답 뽑개기

정답	**(B) She didn't have enough time.**	Sophia hasn't revised the annual sales report, has she?(Sophia는 연례 판매 보고서를 수정하지 않았어요, 그렇죠?) 라고 확인을 요구하는 질문에 '그녀는 시간이 부족했어요. (그래서 수정하지 못했어요)'라고 적절히 응답하고 있다.
오답	(A) No, it shouldn't take much longer. (C) It's a user's manual for employees.	(A)는 질문의 revised the annual sales report라는 표현에서 연상할 수 있는 it shouldn't take much longer(수정하는 데 시간이 오래 걸리지 않을 거예요)라는 어구를 이용해 만든 오답이고, (C)는 질문에서 사용된 annual과 발음이 유사한 manual를 이용해서 만든 오답이다.

스크립트 및 해석

Sophia hasn't revised the annual sales report, has she?
Sophia는 연례 판매 보고서를 수정하지 않았어요, 그렇죠?

(A) No, it shouldn't take much longer. 아니요, 오래 걸리지 않을 거예요.

(B) She didn't have enough time. 그녀는 시간이 부족했어요.

(C) It's a user's manual for employees. 직원용 사용설명서예요.

정답 (B)

어휘 **revise** 수정하다 **annual** 연례의 **user's manual** 사용설명서

부정의문문 및 부가의문문은 확인이 필요할 때와 문제점을 알리기 위한 목적으로 사용될 수 있다.

❶ 확인이 필요한 경우

Have로 시작하는 현재완료 시제의 의문문은 무엇인가 확인하려는 질문인 경우가 많다. 이러한 경우 확인과 관련된 표현이 들어 있는 보기가 정답이다.

Q Have you received my e-mail? 제 이메일을 받았나요?

A I have had no time to check. 그것을 확인할 시간이 없었어요.

❷ 문제점을 알리는 경우

예제의 경우와 같이 현재의 문제를 알리는 의문문도 현재완료 시제를 이용해 나타낼 수 있다. 이때에는 해결책을 제시하는 보기가 정답이다.

Q You haven't seen the contract, have you? 계약서를 못 보셨죠, 그렇죠?

A Mr. Robinson has it. Robinson 씨가 가지고 있어요.

다음을 듣고 질문에 가장 알맞은 응답을 고르시오.   ◀)) 02-29

Mark your answer on your answer sheet.   (A)   (B)   (C)

문제 분석

유형 파악	내용 파악
부가 의문문 [did + not]	핵심 동사 submitted (+ 핵심 명사 report) → submitted (report), didn't you? (보고서를) 제출했어요, 그렇지 않나요?

정답	
(C) The deadline has been extended.	You submitted your expense report, didn't you?(지출 보고서를 제출했어요, 그렇지 않나요?)라고 확인을 요구하는 질문이다. 이에 대해 '마감일이 연장되었어요'라고 우회적으로 답하고 있는 (C)가 정답이다. 이는 마감일이 연장되어서 아직 제출하지 않았다는 의미이다.

(A) I reported it immediately.

(B) No, it is less expensive.

(A)는 질문의 report와 발음이 비슷한 reported를 이용해서 만든 오답이며, (B)는 expense와 발음이 유사한 expensive를 이용한 오답이다.

스크립트 및 해석

You submitted your expense report, didn't you? 지출 보고서를 제출했어요, 그렇지 않나요?

(A) I reported it immediately. 즉시 신고했어요.

(B) No, it is less expensive. 아니요. 덜 비싸요.

(C) The deadline has been extended. 마감일이 연장되었어요.

정답 (C)

어휘 **submit** 제출하다 **expense report** 지출, 보고서, 경비 보고서 **immediately** 즉시 **less** 더 적게, 덜하게 **expensive** 비싼

deadline 마감일 **extend** 연장하다

기출 변형 4 다음을 듣고 질문에 가장 알맞은 응답을 고르시오. 02-30

Mark your answer on your answer sheet.   (A)   (B)   (C)

문제 분석

유형 파악	내용 파악
부가 의문문 [be동사 + not]	핵심 동사 give (+ 핵심 명사 tour) → give (a tour) aren't you? (견학시켜) 주실 거예요, 그렇지 않나요?

정답 뽀개기

정답 (C) Actually, that is today.

You are going to give Mr. Lancaster a tour of the plant tomorrow, aren't you?(내일 Lancaster 씨에게 우리 공장을 견학시켜 주실 거예요, 그렇지 않나요?)라고 확인을 요구하는 질문에 '사실 오늘이에요.'라고 정보를 수정하면서 질문의 내용을 확인시켜 주고 있다.

(A) He is satisfied with the package.

(B) I will take him to a fine restaurant.

(A)는 질문과 상황적으로 연관성이 있는 satisfied를 이용하여 '(견학이) 만족스럽다'라는 의미가 연상될 수 있도록 한 오답이다.

(B)는 질문에 사용된 give(주다)와 의미상 관련성이 있는 take(취하다, 받다)를 이용해서 만든 오답이다.

스크립트 및 해석

You are going to give Mr. Lancaster a tour of the plant tomorrow, aren't you?

당신은 내일 Lancaster 씨에게 우리 공장을 견학시켜 주실 거예요, 그렇지 않나요?

(A) He is satisfied with the package. 그는 우리의 소포에 만족하고 있어요.

(B) I will take him to a fine restaurant. 제가 그를 좋은 식당에 데리고 갈게요.

(C) Actually, that is today. 사실, 오늘이에요.

정답 (C)

어휘 **plant** 공장 **satisfied** 만족하는 **package** 소포

 **기출 변형 5** 다음을 듣고 질문에 가장 알맞은 응답을 고르시오. 🔊 02-31

Mark your answer on your answer sheet.　　(A)　　(B)　　(C)

문제 분석

유형 파악	내용 파악
부가 의문문 [be동사]	핵심 동사 is supposed to give (+ 핵심 명사 Dr. Watson, the keymote speech) → (Dr. Watson) is supposed to give (the keynote speech), isn't he? 　(Watson 박사님께서) (기조연설을) 하시기로 되어 있어요, 그렇지 않나요?

정답	(C) Dr. Robert is going to do it.	Dr. Watson is supposed to give the keynote speech for this year's conference, isn't he?(Watson 박사님께서 올해 학회 기조연설을 하시기로 되어 있죠)라고 확인을 요구하는 질문에 '(Watson 박사님께서 하시는 것이 아니라) Robert 박사님께서 하실 거예요.'라고 변경된 연설자의 정보를 알려 주고 있다.
오답	(A) He is making a note of error messages. (B) Speak into a microphone.	(A)는 질문에 언급된 keynote와 발음이 비슷한 note를 이용한 오답이다. (B)는 keynote speech와 의미상 연관된 speak를 이용해서 만든 오답이다.

스크립트 및 해석

Dr. Watson is supposed to give the keynote speech for this year's conference, isn't he?
Watson 박사님께서 올해 학회의 기조연설을 하시기로 되어 있죠, 그렇지 않나요?

(A) He is making a note of error messages. 오류 메시지들을 적고 있어요.

(B) Speak into a microphone. 마이크에 대고 말씀해 주세요.

(C) Dr. Robert is going to do it. Robert 박사님께서 하실 거예요.

정답 (C)

어휘 **is supposed to** ~하기로 되어 있다 **keynote speech** 기조연설

기출 변형 6 다음을 듣고 질문에 가장 알맞은 응답을 고르시오. ◀) 02-32

Mark your answer on your answer sheet. (A) (B) (C)

문제 분석

유형 파악	내용 파악
부정의문문 [be동사 + not]	핵심 동사 delivered (+ 핵심 명사 speakers) → Hasn't (speakers) delivered? (스피커가) 배송되지 않았나요?

정답	(A) It has just arrived.	Hasn't the shipment of computer speakers been delivered yet?(컴퓨터 스피커는 아직 배송되지 않았나요?)이라고 확인을 요구하는 질문에 '방금 도착했어요.'라고 배송되었음을 확인해 주고 있다.
오답	(B) Don't forget to ship them. (C) The shipping costs are higher than expected.	(B)와 (C) 모두 질문에 언급된 shipment에서 ship을 반복하여 만든 오답이다. 특히 (C)의 경우 배송하다(deliver)와 연관이 있는 배송비(shipping cost)를 이용하여 오답을 고르도록 유도하고 있다.

스크립트 및 해석

Hasn't the shipment of computer speakers been delivered yet? 컴퓨터 스피커 배송이 아직 안 됐나요?

(A) **It has just arrived.** 방금 도착했어요.

(B) **Don't forget to ship them.** 배송하는 것을 잊지 마세요.

(C) **The shipping costs are higher than expected.** 배송비가 생각보다 더 비싸요.

정답 (A)

어휘 **shipment** 수송, 수송품 **deliver** 배달하다 **arrive** 도착하다 **shipping cost** 배송비

3 선택의문문

선택의문문은 보통 두 가지 이상의 선택 사항 중에서 하나를 선택할 것을 요구하는 질문이다. 하나를 선택한 답변도 정답이 될 수 있지만, 모두를 선택하거나 하나도 선택하지 않는 답변도 정답이 될 수 있다는 점에 유의하도록 한다.

A 풀이 요령

❶ 선택 사항 중 어느 한 쪽을 선택한 것이 정답이다.

A Which table do you prefer? 어느 테이블을 더 선호하시나요?

Q I want the bigger one. 더 큰 것을 원해요.

I'll go with the smaller one. 더 작은 것으로 할게요.

I like the green one better. 녹색인 것이 더 좋아요.

This afternoon will be fine. 오늘 오후가 좋겠어요.

Friday is best for me. 금요일이 저한테는 가장 좋아요.

❷ 모두를 선택하거나 모두를 거절하는 답변도 정답이 될 수 있다.

A Would you like a cup of coffee or tea? 커피와 차 중에서 어떤 것을 원하세요?

Q I like both. 둘 다 좋아요. / Neither. Thanks. 둘 다 싫어요.

❸ 어느 것이든 상관 없다는 식의 답변이나 상대방에게 결정을 미루는 답변도 가능하다.

I don't care. 상관없어요.	Whatever you prefer. 당신이 선호하는 것으로 해요.
It doesn't matter. 문제되지 않아요.	Whichever you like. 당신이 좋아하는 것으로 해요.
It's up to you. 당신이 결정해요.	Either one is fine. 어느 것이든 괜찮아요.
It depends on + 명사. ~에 따라 달라요.	

기출 변형 **1** 다음을 듣고 질문에 가장 알맞은 응답을 고르시오. ◀) 02-33

Mark your answer on your answer sheet. (A)　　(B)　　(C)

문제 분석

유형 파악	내용 파악
선택의문문	핵심 동사 have (+ 핵심 명사 paper copies or electronic documents) → have (paper copies or electronic documents)? (종이 사본이나 전자 문서 중) 어떤 것을 원하세요?

정답	(C) Either is fine with me.	Would you rather have paper copies or electronic documents?(종이 사본이나 전자 문서 중 어떤 것을 원하세요?) 라고 선택을 요구하는 질문에 하나를 특정하는 대신 '어느 쪽이든 괜찮아요.'라고 우회적인 방식으로 적절히 응답하고 있다.
오답	(A) I'd like to have it repaired. (B) It is due to a paper jam.	(A)는 질문에서 사용된 would you rather와 유사한 의미를 나타내는 I'd like to를 이용하고 질문에 있는 have를 반복해서 만든 오답이다. (B)는 질문의 paper를 반복 사용해서 만든 오답이다.

스크립트 및 해석

Would you rather have paper copies or electronic documents?
종이 사본이나 전자 문서 중 어떤 것을 원하세요?

(A) I'd like to have it repaired. 수리를 받고 싶어요.

(B) It is due to a paper jam. 종이가 걸리기 때문이에요.

(C) Either is fine with me. 어느 쪽이든 괜찮아요.

정답 (C)

어휘 **electronic** 전자의 **due to** ~ 때문에 **paper jam** 종이 걸림

기출 변형 2 다음을 듣고 질문에 가장 알맞은 응답을 고르시오. 🔊 02-34

Mark your answer on your answer sheet. (A) (B) (C)

문제 분석

유형 파악	내용 파악
선택의문문	핵심 동사 take, continue (+ 핵심 명사 break, discussion) → take (a break) or continue (our discussion)? 잠시 쉬고 싶으신가요, 아니면 논의를 계속하시겠어요?

정답	(B) Whichever you prefer.	Do you want to take a break now or continue our discussion?(지금 잠시 쉬고 싶으신가요, 아니면 논의를 계속하시겠어요?)이라고 휴식과 논의 중 하나를 선택하라고 요구하는 질문에 대해 어느 하나를 선택하지는 않았지만 '당신이 원하시는 대로 할게요.'라며 상대방의 의사에 따르겠다는 의미를 전달하고 있다.
오답	(A) Yes, it was broken. (C) I had to get some rest.	(A)는 질문에서 사용된 break와 어근이 같은 broken을 이용해서 만든 오답이다. (C)는 '휴식을 취하다'의 또 다른 표현 get some rest를 사용하여 같은 의미를 지니지만, 'had to'라는 과거시제를 넣어서 오답으로 만들고 있다.

스크립트 및 해석

Do you want to take a break now or continue our discussion?
지금 잠시 쉬고 싶으신가요, 아니면 논의를 계속하시겠어요?

(A) Yes, it was broken. 네, 고장 났어요.

(B) Whichever you prefer. 당신이 원하시는 대로 할게요.

(C) I had to get some rest. 약간의 휴식을 취해야 했어요.

정답 (B)

어휘 take a break 휴식을 취하다 discussion 논의 broken 고장 난

기출 변형 3 다음을 듣고 질문에 가장 알맞은 응답을 고르시오. 02-35

Mark your answer on your answer sheet.   (A)   (B)   (C)

문제 분석

유형 파악	내용 파악
선택의문문	핵심 동사 order, wait (+ 핵심 명사 Evelyn) → order or wait (Evelyn)? 주문할까요, 아니면 (Evelyn을) 기다릴까요?

정답	(B) She is coming in a minute.	Should we order now or wait until Evelyn comes?(지금 주문할까요, 아니면 Evelyn이 올 때까지 기다릴까요?)라는 선택을 요구하는 질문에 '그녀는 곧 도착할 거예요. (그러니, 우리 기다려요)' 라고 적절하게 응답하고 있다.
오답	(A) It hasn't arrived yet. (C) They are in order.	(A)는 질문에 나온 order(주문)와 관련이 있는 arrived를 이용해서 만든 오답이며, (C)는 order를 반복해서 만든 오답이다.

스크립트 및 해석

Should we order now or wait until Evelyn comes? 지금 주문할까요, 아니면 Evelyn이 올 때까지 기다릴까요?

(A) It hasn't arrived yet. 아직 도착하지 않았어요.

(B) She is coming in a minute. 그녀는 곧 올 거예요.

(C) They are in order. 순서대로 되어 있어요.

정답 (B)

어휘 **arrive** 도착하다 **in order** 순서대로

기본종기본
기출 변형 4 다음을 듣고 질문에 가장 알맞은 응답을 고르시오. ◀》 02-36

Mark your answer on your answer sheet. (A) (B) (C)

문제 분석

유형 파악	내용 파악
선택의문문	핵심 동사 delivered, take (+ 핵심 명사 tables) → (tables) delivered or take? (탁자들을) 배송할까요, 아니면 가져가실 건가요?

⚡ 정답 뽀개기

정답	(B) Please have them delivered.	Would you like these tables to be delivered, or do you want to take them with you now?(이 탁자들을 배달해 드릴까요, 아니면 지금 가지고 가시겠어요?)라며 선택을 요구한 질문에 대해 '배달해 주세요.'라고 직접적으로 응답하고 있다.
오답	(A) I prefer them. (C) I'd rather go now.	(A)와 (C)는 각각 선택할 때 자주 쓰는 표현 중 하나인 prefer(선호하다)와 rather(차라리)를 이용해서 만든 오답이다. (C)의 경우 질문에 등장한 now를 반복해서 만든 오답이기도 하다.

스크립트 및 해석

Would you like these tables to be delivered, or do you want to take them with you now?
이 탁자들을 배달해 드릴까요, 아니면 지금 가지고 가시겠어요?

(A) I prefer them. 저는 그것들이 더 좋아요.

(B) Please have them delivered. 배달해 주세요.

(C) I'd rather go now. 지금 가는 게 낫겠어요.

정답 (B)

어휘 deliver 배달하다 prefer 선호하다 rather 차라리

4 조동사로 시작하는 의문문

조동사 Will/Would, Can/Could, May/Might, Shall/Should, Must로 시작하는 의문문 다음에는 일반적으로 수락 및 거절을 나타내는 답변이 이어진다. 따라서 자주 등장하는 수락 및 거절의 표현들을 익혀 두면 정답을 찾을 때 도움이 된다.

🅐 풀이 요령

❶ 조동사로 시작하는 의문문을 통해 확인을 요구하는 경우도 있을 수 있다.

　Q Will I get reimbursed for my travel expenses? 출장비 환급을 받게 되나요?

　A Yes, up to two hundred dollars. 네, 200 달러까지만요.

❷ 각 조동사의 고유한 의미에 유의해야 하는 경우도 있다.

ⓐ 의지: **Will / Would**

Q Will Mr. Gray accept our suggestion? Gray 씨가 우리의 제안을 받아들일까요?

A Actually, I don't think so. 사실, 저는 그렇게 생각하지 않아요.

ⓑ 능력: **Can / Could**

Q Can he finish the project by himself? 그가 혼자서 프로젝트를 끝낼 수 있을까요?

A He said he almost finished it. 거의 다 끝났다고 했어요.

ⓒ 허가: **May / Might**

Q May I borrow your printer card? 당신의 프린터 카드를 빌릴 수 있을까요?

A Yes, of course. 네, 물론이죠.

ⓓ 의무: **Shall / Should**

Q Should I submit the report online? 보고서를 온라인으로 제출해야 하나요?

A Yes, by the end of the day. 오늘까지 제출하셔야 해요.

❸ 수락의 의미를 나타내는 표현들을 알고 있어야 한다.

Yes, please. 네, 그렇게 해 주세요.	Okay. 좋아요.
Sure. 물론이죠.	Certainly. 물론이죠.
No problem. 문제 될 것 없어요.	No, not at all. 전혀요.
Go ahead. 하셔도 돼요.	If you don't mind. 꺼리지 않는다면요.
It's my pleasure. 제가 좋아서 한 걸요.	I'd appreciate that. 감사합니다.
That's a good idea. 좋은 생각이네요.	That sounds like a great idea. 좋은 생각이네요.
That would be nice. 그럼 좋겠네요.	I'd be glad/happy to. 기꺼이 해 드릴게요.
I'd love to. 기꺼이 해 드릴게요.	I think we'd better. 그렇게 하는 것이 낫겠어요.
I'll do that right away. 지금 당장 할게요.	
I'll be able to do that in about an hour. 한 시간 정도 후에 할 수 있을 거예요.	

❹ 거절의 의미를 나타내는 표현들도 알아야 한다.

Thanks anyway. 어쨌든 고마워요.	I don't think so. 저는 그렇게 생각하지 않아요.
I'm afraid I can't. 할 수 없을 것 같아요.	I can manage. 제가 처리할 수 있어요.
I can take care of it. 제가 처리할 수 있어요.	I can handle it. 제가 처리할 수 있어요.
I have other plans. 다른 계획이 있어요.	I'm very busy. 너무 바빠요.
Let me think about it. 생각해 볼게요.	I'll consider it. 고려해 볼게요.
That's okay. I'll do it later. 괜찮아요. 제가 나중에 할게요.	
Thanks, but I'm not interested. 고맙지만, 저는 관심 없어요.	

Mark your answer on your answer sheet.　　(A)　　　(B)　　　(C)

문제 분석

유형 파악	내용 파악
Can 조동사 - 수락/거절	핵심 동사 get (+ 핵심 명사 list) → Can I get (list)? (목록을) 받을 수 있을까요?

⚡ 정답 뽀개기

| 정답 | (C) Yes, someone on the staff will send it to you. | Can I get a list of the books that I have checked out?(제가 대출한 책들의 목록을 받을 수 있을까요?)이라고 요청하는 질문에 '네, 직원이 보내드릴 거예요.'라는 수락의 의미로 답변하고 있다. |
| 오답 | (A) I'll be out on the patio.
(B) She is getting better. | (A)는 질문의 out을 반복 사용해서 만든 오답이며, (B)는 질문의 get과 어근이 같은 getting을 이용해 만든 오답이다. |

스크립트 및 해석

Can I get a list of the books that I have checked out? 제가 대출한 책들의 목록을 받을 수 있을까요?

(A) I'll be out on the patio. 테라스로 나갈게요.

(B) She is getting better. 그녀는 점점 나아지고 있어요.

(C) Yes, someone on the staff will send it to you. 네, 직원이 보내드릴 거예요.

정답 (C)

어휘 **check out** 대출하다 **patio** 파티오, 테라스 **staff** 직원

Mark your answer on your answer sheet.　(A)　　(B)　　(C)

문제 분석 ○○○○○○○○○○○○○○○○○○○○○○○○○○○

유형 파악	내용 파악
Will 조동사 - 확인	핵심 동사 close (+ 핵심 명사 post office, 6:00 P.M.) → Will (post office) close (6:00 P.M.)? (우체국이 6시에) 문을 닫나요?

⚡ 정답 뽀개기

정답	(C) The hours are from 9:00 to 6:00.	Will the post office close at 6:00 P.M. today?(오늘 오후 6시에 우체국이 문을 닫나요?)라고 폐장 시간을 확인하려는 질문에 '영업 시간은 9시부터 6시예요.'라고 말함으로써 간접적으로 문 닫는 시간을 알려 주고 있다.
오답	(A) Post it at 5:00 P.M. (B) It is very close.	(A)는 시간 표현을 이용해서 만든 오답이고, (B)는 질문의 close를 반복해서 만든 오답이다. 질문에서 close는 '닫다'라는 뜻의 동사로 사용되었고 (B)에서는 '가까운'이라는 형용사로 사용되었다.

스크립트 및 해석

Will the post office close at 6:00 P.M. today? 오늘 오후 6시에 우체국이 문을 닫나요?

(A) Post it at 5:00 P.M. 오후 5시에 게시하세요.

(B) It is very close. 매우 가까워요.

(C) The hours are from 9:00 to 6:00. 영업 시간은 9시부터 6시예요.

정답 (C)

어휘 post office 우체국 post 게시하다 close 가까운 office hours 영업 시간

Mark your answer on your answer sheet.　　(A)　　(B)　　(C)

문제 분석

유형 파악	내용 파악
Would 조동사 - 허락	핵심 동사 turned off (+ 핵심 명사 air conditioner) → Would (you) mind if turned off (air conditioner)? (에어컨을) 끄는 것을 꺼리시나요?

⚡ 정답 뽀개기

정답	(B) No, not at all.	Would you mind if I turned off the air conditioner? (에어컨 끄는 것을 꺼리시나요?)라는 허락을 구하는 질문에 '아니요, 전혀 꺼리지 않아요.'라며 허락의 의사를 내비치고 있다.
오답	(A) I wouldn't mind switching it 　　with hers. (C) They had to take turns.	(A)는 질문에서 사용된 wouldn't mind를, (C)는 turn을 반복 사 용해서 만든 오답이다.

스크립트 및 해석

Would you mind if I turned off the air conditioner? 에어컨 끄는 것을 꺼리시나요?

(A) I wouldn't mind switching it with hers. 그녀의 것과 바꿔도 상관없어요.

(B) No, not at all. 아니요, 전혀 꺼리지 않아요.

(C) They had to take turns. 교대로 해야 했어요.

정답 (B)

어휘 **mind** 꺼리다　**turn off** 끄다　**take turns** 교대로 하다

'Would you mind' / 'Do you mind'로 시작하는 의문문

mind는 '꺼리다'라는 부정적인 의미를 나타내기 때문에 응답에 주의해야 한다. 즉 mind가 들어간 의문문의 경우, 일반적인 수락 및 거절의 표현은 상반된 의미를 나타낸다. 아래 질문에 대한 답을 살펴보자.

Q Would you mind sending the report? 보고서 보내는 것을 꺼리시나요?

❶ 수락하는 경우

   A No, I wouldn't mind. 아니요, 꺼리지 않아요. / No, not at all. 아니요, 전혀 꺼리지 않아요.
      Sure, no problem. 물론이죠, 문제없어요. / Of course not. 물론 꺼리지 않죠.

❷ 거절하는 경우

   A Yes, I would. 네, 꺼려요.

기출 변형 ❹ 다음을 듣고 질문에 가장 알맞은 응답을 고르시오. ◀) 02-40

Mark your answer on your answer sheet.   (A)   (B)   (C)

문제 분석

유형 파악	내용 파악
Should 조동사 - 제안	핵심 동사 edit (+ 핵심 명사 company e-newsletter) → Should edit (company e-newsletter)? (전자 사보를) 수정할까요?

⚡ 정답 뽀개기

| 정답 | (A) That's not necessary. | Should we edit the company e-newsletter?(전자 사보를 수정할까요?)라는 제안에 '수정할 필요가 없어요.'라며 적절한 방식으로 거부 의사를 밝히고 있다. |

(B)는 질문에서 사용된 letter와 발음이 유사한 단어인 ladder를 이용해 만든 오답이고, (C)는 질문의 e-newsletter와 발음이 겹치는 new라는 단어를 이용해서 만든 오답이다.

스크립트 및 해석

Should we edit the company e-newsletter? 전자 사보를 수정할까요?

(A) That's not necessary. 그럴 필요는 없어요.

(B) I'll get a ladder for you. 사다리를 가져다 줄게요.

(C) Try the new one. 새로운 것을 시도해 보세요.

정답 (A)

어휘   **edit** 편집하다   **company e-newsletter** 전자 사보   **necessary** 필요한   **ladder** 사다리

기본중기본

기출 변형 5   다음을 듣고 질문에 가장 알맞은 응답을 고르시오.

🔊 02-41

Mark your answer on your answer sheet.   (A)   (B)   (C)

문제 분석

유형 파악	내용 파악
Will 조동사 - 수락/거절	핵심 동사 give (+ 핵심 명사 a call) → Will you give (a call)? 전화해 주시겠어요?

⚡ 정답 뽀개기

정답   (A) Sure, I will do that now.

Will you give a call to the office supply store?(사무용품점에 전화해 주시겠어요?)라고 부탁하는 질문에 '그럼요, 제가 지금 할게요.'라는 수락 표현으로 적절히 응답하고 있다.

오답

(B) No, she hasn't decided yet.

(C) Yes, I provided baked goods.

'Will you ~?' 형식의 질문에 Yes/No로 답할 수 있기 때문에 (B)와 (C) 모두 적절한 형태이기는 하지만, 두 보기 모두 질무과 상관 없는 내용들이다. (C)의 경우 질문에 사용된 동사 give와 의미상 연관이 있는 provide를, 그리고 질무의 store와 관련성이 있는 baked goods를 이용해서 만든 오답이기도 하다.

스크립트 및 해석

Will you give a call to the office supply store? 사무용품점에 전화해 주시겠어요?

(A) Sure, I will do that now. 그럼요, 제가 지금 할게요.

(B) No, she hasn't decided yet. 아니요, 그녀는 아직 결정하지 않았어요.

(C) Yes, I provided baked goods. 네, 제과를 제공했어요.

정답 (A)

어휘 | supply 용품 decide 결정하다 provide 제공하다 baked goods 제과

기출 변형 6 다음을 듣고 질문에 가장 알맞은 응답을 고르시오. ◀)) 02-42

Mark your answer on your answer sheet. (A) (B) (C)

문제 분석 ○ ○ ○ ○ ○ ○ ○ ○ ○ ○ ○ ○ ○ ○ ○ ○

유형 파악	내용 파악
Would 조동사 - 수락/거절	핵심 동사 try (+ 핵심 명사 sandwich) → Would you try (sandwich)? (샌드위치를) 시식해 보시겠어요?

정답	(B) Are there any onions on it?	Would you care to try a sample of our new chicken sandwich?(새로 나온 치킨 샌드위치 샘플을 한 번 드셔 보시겠어요?)라고 수락/거절을 요구하는 질문에 대해 '양파가 들어가 있나요? (만약, 양파가 들어가 있으면 거절할게요.)'라고 경우에 따른 수락/거절의 의미를 담고 있는 적절한 응답이다. 이와 같이 상대방의 제안에 수락하기는 하지만, 'Yes, but ~', 'Yes, but only if ~', 'It depends on ~'등의 표현을 이용하여 조건을 달아 대답하는 경우가 있다.
오답	(A) That's a good point. (C) I never knew that.	(A)는 질문에 있는 chicken sandwich와 의미적으로 연관이 있는 good(음식 맛을 나타낼 때 쓸 수 있는 표현)을 이용해서 만든 오답이다. (C)는 질문에 사용된 new와 발음이 동일한 knew를 이용해서 만든 오답이다.

스크립트 및 해석

Would you care to try a sample of our new chicken sandwich?
새로 나온 치킨 샌드위치 샘플을 한 번 시식해 보시겠어요?

(A) That's a good point. 좋은 지적이에요.

(B) Are there any onions on it? 안에 양파가 들어가 있나요?

(C) I never knew that. 전혀 몰랐어요.

정답 (B)

어휘 **Would you care to ~?** ~해 보시겠어요? **point** 요점, 가장 중요한 것 **onion** 양파

Mark your answer on your answer sheet.　　(A)　　(B)　　(C)

문제 분석 ○○○○○○○○○○○○○○○○○○○○○○○○○○

유형 파악	내용 파악
Can 조동사 **- 수락/거절**	핵심 동사 give (+ 핵심 명사 a ride) → Can give (a ride)? 태워다 줄 수 있나요?

⚡ 정답 뽀개기

정답	**(A) It'd be my pleasure.**	Can you give me a ride to the airport?(공항까지 태워다 주실 수 있나요?)라는 부탁에 대한 대답으로 '기꺼이 해 드릴게요.'라며 수락하고 있다.
오답	(B) You need an arrival card. (C) I'll take it back.	(B)는 질문에 있는 airport와 의미적으로 관련성이 높은 arrival card(입국신고서)를 이용해서 만든 오답이며, (C)는 질문에 있는 give와 관련이 있는 take를 이용한 오답이다.

스크립트 및 해석

Can you give me a ride to the airport? 공항까지 태워다 주실 수 있나요?

(A) It'd be my pleasure. 기꺼이 해 드릴게요.

(B) You need an arrival card. 당신은 입국신고서가 필요해요.

(C) I'll take it back. 제가 취소할게요.

정답 (A)

어휘 **give ~ a ride** (사람을 차로) 태워 주다　**arrival card** 입국신고서

5 Be / Do / Have로 시작하는 의문문

Be, Do/Does, Have/Has 동사로 시작하는 의문문은 일반적으로 어떠한 사실을 확인하기 위해 사용되는 의문문이다. 하지만 예외적으로 수락이나 거절의 답변을 필요로 하는 경우도 있다.

Ⓐ 풀이 요령

❶ 확인 여부를 밝히는 답변을 선택한다.

Be동사로 시작하는 의문문에 대해서는 상태에 관해서 '~이다, ~이 아니다'로, Do/Does로 시작하는 의문문에 대해서는 행위에 관해서 '~한다, ~하지 않는다'로 응답하는 경우가 많다. Have/Has로 시작하는 의문문은 행위의 완료 및 경험과 관련하여 '~해 본 적 있다, ~해 본 적 없다'와 같은 응답이 이어지는 경우가 많다.

Q Is Cathy still in the office? Cathy가 아직 사무실에 있나요?

A Yes, she is working on the report. 네, 보고서를 작성하고 있어요.

Q Did Linda call Mr. Emerson yesterday? 어제 Linda가 Emerson 씨에게 전화를 했나요?

A No, she had a meeting with a client all day. 아니요, 그녀는 하루 종일 고객과의 회의가 있었어요.

Q Have you visited Ms. Anderson's office? Anderson 씨의 사무실을 방문해 본 적이 있나요?

A Yes, actually, I go there every month. 네, 사실은, 매달 방문해요.

❷ 수락이나 거절의 답변이 이어져야 하는 경우도 있다.

수락 및 거절의 답변을 요구하는 경우는 제한적이다. 아래에 나열된 유형들만 알아두도록 하자.

ⓐ Be동사로 시작하는 의문문

Q Is it okay if I contact you by e-mail? 이메일로 연락 드려도 괜찮을까요?

(= Would it be okay if I contacted you by e-mail?)

A Sure, whenever you need my help. 물론이죠, 도움이 필요할 때면 언제라도 연락주세요.

ⓑ Do/Does로 시작하는 의문문

Q Do you want to go to the movies on Friday evening? 금요일 저녁에 영화 보러 갈래요?

(= Would you like to go to the movies on Friday evening?)

A Sorry. I'll be out of town. 죄송하지만 저는 시외에 있을 것 같아요.

Q Do you want me to get you anything at the grocery store? 식료품점에서 뭐 사다 드릴까요?

(= Would you like me to get you anything at the grocery store?)

A I'm okay. Thanks. 괜찮아요, 고마워요.

Mark your answer on your answer sheet.　　(A)　　(B)　　(C)

문제 분석 ○

유형 파악	내용 파악
Do - 확인	핵심 동사 find interesting (+ 핵심 명사 movie) → find (movie) interesting? (영화가) 재미있었나요?

정답 뽀개기

정답	**(B) I thoroughly enjoyed it.**	Did you find the movie we saw last night interesting? (우리가 어젯밤에 본 영화가 재미있었나요?)이라고 묻는 질문에 '정말 재미있게 봤어요.'라고 대답하면서 영화가 재미있었다는 점을 확인시켜 주고 있다.
오답	(A) Let me help you move them. (C) Do you mind moving your car?	(A)와 (C)는 질문에서 사용된 movie와 발음이 비슷한 move와 moving을 이용해 만든 오답이다.

스크립트 및 해석

Did you find the movie we saw last night interesting? 어젯밤에 본 영화가 재미있었나요?

(A) Let me help you move them. 제가 그것들을 옮기는 일을 도와드릴게요.

(B) I thoroughly enjoyed it. 정말 재미있게 봤어요.

(C) Do you mind moving your car? 차를 좀 옮겨 주시겠어요?

정답 (B)

어휘 **interesting** 흥미로운, 재미있는 **thoroughly** 철저하게

기출 변형 2 다음을 듣고 질문에 가장 알맞은 응답을 고르시오.

◉ 02-45

Mark your answer on your answer sheet.　　(A)　　(B)　　(C)

문제 분석

유형 파악	내용 파악
Have - 확인	핵심 동사 seen (+ 핵심 명사 Mr. Stark) → Have seen (Mr. Stark)? Stark 씨를 본 적이 있나요?

⚡ 정답 뽀개기

정답	(B) He is in a meeting right now.	Have you seen Mr. Stark anywhere?(Stark 씨를 어디서 본 적이 있으신가요?)라고 확인을 요구하는 질문에 '(보았어요.) 그는 지금 회의 중이에요.'라고 적절히 응답하고 있다. 참고로 이 질문은 결국 'Stark 씨는 지금 어디에 계신가요?'라는 뜻이다. 따라서 '지금 회의 중이다.'라며 그가 회의실에 있다는 점을 알린 답변이 정답으로 등장했다.
오답	(A) Any of them will do. (C) I have seen it several times.	(A)는 질문의 anywhere의 any를 이용해 만든 오답이고, (C)는 질문에 있는 seen을 반복 사용해서 만든 오답이다.

스크립트 및 해석

Have you seen Mr. Stark anywhere? Stark 씨를 어디서 본 적이 있으신가요?

(A) Any of them will do. 그것들 중 어느 것이라도 좋아요.

(B) He is in a meeting right now. 그는 지금 회의 중이에요.

(C) I have seen it several times. 몇 번 본 적이 있어요.

정답 (B)

어휘 **anywhere** 어디에, 어디든 **several** 몇몇의

Mark your answer on your answer sheet.　(A)　(B)　(C)

문제 분석

유형 파악	내용 파악
be동사 - 확인	핵심 동사 looking （+ 핵심 명사 tablet computer） → Are you looking (tablet computer)? （태블릿 컴퓨터를） 찾고 계신가요?

정답 뽑개기

정답	(B) Yes, what do you recommend?	Are you looking for a tablet computer?(태블릿 컴퓨터를 찾고 계신가요?)라고 확인을 요구하는 질문에 '맞아요, 어떤 제품을 추천해 주실 건가요?'라며 자연스럽게 제품 추천을 부탁하고 있다.
오답	(A) It suddenly stopped running. (C) I looked everywhere.	(A)는 질문에 있는 computer와 의미상 관련성이 높은 stopped running이라는 표현을 이용해 만든 오답이고, (C)는 질문에서 사용된 looking의 look을 이용해 만든 오답이다.

스크립트 및 해석

Are you looking for a tablet computer? 태블릿 컴퓨터를 찾고 계신가요?

(A) It suddenly stopped running. 갑자기 작동을 멈췄어요.

(B) Yes, what do you recommend? 네, 어떤 제품을 추천해 주실 건가요?

(C) I looked everywhere. 모든 곳을 다 찾아봤어요.

정답 (B)

어휘 **suddenly** 갑자기 **recommend** 추천하다 **everywhere** 어디에서나

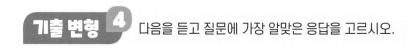

기출 변형 4 다음을 듣고 질문에 가장 알맞은 응답을 고르시오. 🔊 02-47

Mark your answer on your answer sheet.　(A)　　(B)　　(C)

문제 분석

유형 파악	내용 파악
Do - 확인	핵심 동사 need (+ 핵심 명사 help) → Need (help)? (도움이) 필요할까요?

⚡ 정답 뽀개기

정답	(C) That shouldn't be necessary.	Do you think we need help to set up the projector in the meeting room?(회의실에 프로젝터를 설치하는 데 도움이 필요할까요?)이라고 묻는 질문에 '그건 필요하지 않을 거예요.'라며 도움이 필요 없다는 점을 적절히 확인시켜 주고 있다.
오답	(A) They just hired a project manager. (B) Monica said the client is in the meeting room.	(A)는 질문에 사용된 projector와 발음이 유사한 project를 이용해 만든 오답이고, (B)는 질문의 meeting room을 반복 사용해서 만든 오답이다.

스크립트 및 해석

Do you think we need help to set up the projector in the meeting room?

회의실에 프로젝터를 설치하는 데 도움이 필요할까요?

(A) They just hired a project manager. 그들은 방금 프로젝트 매니저를 고용했어요.

(B) Monica said the client is in the meeting room. 회의실에 고객이 있다고 Monica가 말했어요.

(C) That shouldn't be necessary. 그건 필요하지 않을 거예요.

정답 (C)

어휘　**set up** 설치하다　**hire** 고용하다　**client** 고객, 의뢰인

Mark your answer on your answer sheet.　　(A)　　(B)　　(C)

문제 분석 ○

유형 파악	내용 파악
Do - 간접적인 부탁	핵심 동사 have, look through (+ 핵심 명사 time, report) → have (time) look through (report)? (보고서) 검토할 (시간이) 있나요?

⚡ 정답 뽀개기

정답	(C) As soon as I finish my report, I will.	Do you have time to look through my financial report? (저의 재무 보고서를 검토하실 시간이 있나요?)라고 하며 자신의 보고서를 검토해줄 것을 우회적으로 부탁하는 질문에 '제 보고서를 끝내자마자 (검토해 드릴게요.)'라고 우회적으로 수락하고 있으므로 적절한 응답이다.
오답	(A) You have more time. (B) Sorry, but they are not mine.	(A)는 질문에 있는 'you have time'을 반복해서 만든 오답이다. (B)는 sorry(죄송하지만)로 시작하여 부탁을 거절하는 적절한 응답인 것 같지만, 그 뒤의 내용이 질문과 상관 없으므로 오답이다. (B)는 질문의 my와 형태적으로 관련성이 있는 mine을 이용해서 만든 오답이기도 하다.

스크립트 및 해석

Do you have time to look through my financial report? 저의 재무 보고서를 검토하실 시간이 있나요?

(A) You have more time. 시간이 더 있으시군요.

(B) Sorry, but they are not mine. 죄송하지만, 그것들은 제 것이 아니에요.

(C) As soon as I finish my report, I will. 제 보고서를 끝내자마자 할게요.

정답 (C)

어휘　**look through** 검토하다　**financial** 금융의, 재무의　**as soon as** ~하자마자

Mark your answer on your answer sheet.   (A)   (B)   (C)

문제 분석

유형 파악	내용 파악
Have - 확인	핵심 동사 given (+ 핵심 명사 work schedule) → Have given (work schedule)? 업무 일정표를 주셨나요?

⚡ 정답 뽀개기

정답	**(C) It needs more revisions.**	Have you given the work schedule to Martha yet? (Martha에게 벌써 업무 일정을 주셨나요?)이라고 확인하는 질문에 대해 '수정이 더 필요해요'라고 답했는데, 이는 '그래서, 아직 주지 않 았어요.'라는 의미의 간접적인 응답이다.
오답	(A) Four or five works (B) I am working on Saturday.	(A)는 질문에 있는 work를 반복해서 만든 오답이며, (B) 또한 work와 발음이 유사한 working을 이용한 오답이다.

스크립트 및 해석

Have you given the work schedule to Martha yet? Martha에게 벌써 업무 일정표를 주셨나요?

(A) Four or five works. 네다섯 작품이오.

(B) I am working on Saturday. 저는 토요일에 근무해요.

(C) It needs more revisions. 수정이 더 필요해요.

정답 (C)

어휘 **work schedule** 업무 일정 **revision** 수정

6 평서문

평서문은 상황에 따라 다양한 의미를 내포할 수 있기 때문에 평서문 문제의 경우 우회적인 답변이 정답인 경우가 많다. 따라서 평서문 문제는 상당히 난이도 높은 문제라 할 수 있다. 평서문이 제시되면 먼저 질문의 의도를 정확히 파악한 후, 가장 자연스럽게 연결될 수 있는 답변을 찾도록 한다.

A 풀이 요령

❶ 화자의 의도를 파악하도록 한다.

의문문과 마찬가지로 평서문도 역시 상대방의 반응을 이끌기 위한 문장이다. 따라서 평서문의 의도를 파악하는 것이 정답을 찾기 위한 첫 번째 과정이어야 한다. 아래의 평서문은 다음과 같이 다양한 의도를 내포할 수 있다.

> I'm looking for the report. 보고서를 찾고 있어요.
>
> = Have you seen the report? 보고서 본 적 있어요?
>
> = Do you know where the report is? 보고서가 어디에 있는지 아시나요?
>
> = Where is the report? 보고서가 어디에 있나요?
>
> = I can't find the report. 보고서를 찾을 수 없어요.
>
> = Can you help me find the report? 보고서 찾는 것을 도와주시겠어요?

❷ 단어의 순서를 바꾸면 쉽게 의도를 파악할 수 있는 경우도 있다.

Q   I can help you with the inventory if you want. 원하신다면 재고 조사하는 것을 도와드릴 수 있어요.

(= Can I help you with the inventory?) 재고 조사하는 것을 도와드릴까요?

A   I would appreciate that. (그렇게 해주시면) 감사하겠습니다.

❸ 문제점을 알리는 평서문에는 해결책이 제시된 답변이 정답이다.

Q   The construction work is making so much noise. 공사 때문에 시끄러워요.

A   We should close the windows. 우리 창문을 닫죠.

❹ 정보를 전달하는 평서문에는 고마움이나 놀라움을 표현한 답변이 정답일 수 있다.

Q   One of my friends said Boston is a very nice area. 내 친구가 보스턴이 아주 좋은 지역이라고 했어요.

A   Really? Shall we go there for our holiday? 정말요? 우리 휴가 때 그곳에 가볼까요?

Q   The meeting will start in five minutes. 5분 후에 회의를 시작할 거예요.

A1   Thank you for letting me know. 알려 주셔서 감사해요.

A2   Thanks for reminding me. 상기시켜줘서 고마워요.

Q   Our sales are up 20% for the second straight quarter.
우리 회사의 매출액은 2분기 연속으로 20%나 올랐어요.

A1   That's good to hear. 좋은 소식이네요.

A2   Actually, I already heard that. 사실, 저는 이미 들었어요.

⑤ 의견에 동의하는 답변은 정답일 가능성이 높다.

Q I didn't like the movie we saw last night. 어젯밤에 본 영화가 마음에 들지 않았어요.

A I hardly concentrated on it. 거의 집중하기가 힘들었어요.

Q That movie was really funny, wasn't it? 그 영화가 정말 재미있었어요, 그렇지 않았나요?

A I couldn't help laughing. 웃음을 참을 수가 없었어요.

Q That was an excellent concert. 정말 멋진 콘서트였어요.

A I thoroughly enjoyed it. 저는 정말 즐겼어요.

Q That concert wasn't what I had expected. 그 콘서트는 제가 예상했던 콘서트는 아니었어요.

A I was really disappointed with it. 저는 정말 실망했어요.

⑥ 추가적인 정보를 구하기 위해 되묻는 답변 역시 정답일 가능성이 높다.

Q I would like to cancel my reservation. 예약을 취소하고 싶어요.

A May I have your name, please? 성함이 어떻게 되시나요?

Q I'd like you to contact me when you need my help. 도움이 필요하시면 저에게 연락 주세요.

A Sure, what's your phone number again? 물론이죠, 한번 더 전화번호를 알려 주시겠어요?

기출 변형 1 다음을 듣고 질문에 가장 알맞은 응답을 고르시오. ◀)) 02-50

Mark your answer on your answer sheet.   (A)   (B)   (C)

문제 분석

유형 파악	내용 파악
평서문 – 의아함	핵심 동사 went on (+ 핵심 명사 business trip) → went on (business trip) (출장을) 간 줄 알았어요.

정답	(C) The meeting was called off.	I thought you went on a business trip.(저는 당신이 출장을 간 줄 알았어요.)이라는 말에 '회의가 취소되었어요,'라며 적절하게 출장을 가지 않은 이유를 밝히고 있다.
오답	(A) He is a travel agent. (B) We should go to the store first.	(A)는 질문에서 사용된 trip과 의미상 관련성이 높은 travel을 이용해서 만든 오답이고, (B)는 질문에 있는 동사 went의 원형인 go를 이용해 만든 오답이다.

스크립트 및 해석

I thought you went on a business trip. 저는 당신이 출장을 간 줄 알았어요.

(A) He is a travel agent. 그는 여행사 직원이에요.

(B) We should go to the store first. 가게로 먼저 가야 해요.

(C) The meeting was called off. 회의가 취소되었어요.

정답 (C)

어휘 **business trip** 출장 **travel agent** 여행사 직원 **call off** 취소하다

기출 변형 2 다음을 듣고 질문에 가장 알맞은 응답을 고르시오. ◀)) 02-51

Mark your answer on your answer sheet.　(A)　　(B)　　(C)

문제 분석

유형 파악	내용 파악
평서문 - 문제점	핵심 동사 making (+ 핵심 명사 noise) → making (noise) 소음이 나요.

정답	(B) I think I can help you with that.	The copier in my office is making a strange noise.(제 사무실에 있는 복사기에서 이상한 소리가 나요.)라고 문제점을 언급한 평서문에 '그건 제가 도와드릴 수 있을 것 같아요.'라고 해결책을 제시하며 적절히 응답하고 있다.
오답	(A) In an office building. (C) That makes a big difference between the two noises.	(A)는 질문에 있는 office를 반복 사용해서 만든 오답이고, (C) 역시 질문에서 사용된 make와 noise를 이용해 만든 오답이다.

스크립트 및 해석

The copier in my office is making a strange noise. 제 사무실에 있는 복사기에서 이상한 소리가 나요.

(A) In an office building. 사무실 건물에서요.

(B) I think I can help you with that. 그건 제가 도와드릴 수 있을 것 같아요.

(C) That makes a big difference between the two noises. 두 소음에 큰 차이가 나요.

정답 (B)

어휘 **copier** 복사기 **strange** 이상한 **noise** 소음 **difference** 차이점

이 정도는 알아야지!

예외적으로 평서문에도 Yes/No 방식의 답변이 이어질 수도 있다.

Q I don't believe we've met before. 우리가 전에 만난 적이 없는 것 같은데요.

A No, I don't think we have. 네, 만난 적이 없는 것 같아요.

Mark your answer on your answer sheet.　(A)　(B)　(C)

문제 분석

유형 파악	내용 파악
평서문 - 문제점	핵심 동사 were disappointing (+ 핵심 명사 sales figures) → (sales figures) were disappointing (판매 실적이) 실망스러웠어요.

정답 뽑개기

정답	(A) Really? That wasn't what I expected.	I heard that our sales figures for this quarter were disappointing.(이번 분기의 판매 실적이 실망스럽다고 들었어요.)이라고 문제점을 언급한 질문에 대해 '그래요? 제가 기대했던 것과는 달랐어요.'라고 응답하여 문제점에 대한 자신의 생각과 감정을 적절히 표현하고 있다.
오답	(B) Their marketing strategy was great. (C) Let me give you some figures.	(B)는 질문의 sales와 의미적으로 관련이 있는 marketing을 이용해서 만든 오답이며, (C)는 figures를 반복한 오답이다.

스크립트 및 해석

I heard that our sales figures for this quarter were disappointing.
이번 분기의 판매 실적이 실망스럽다고 들었어요.

(A) Really? That wasn't what I expected. 그래요? 제가 기대했던 것과는 달랐어요.

(B) Their marketing strategy was great. 그들의 마케팅 전략은 훌륭했어요.

(C) Let me give you some figures. 몇 가지 수치 자료를 알려 드릴게요.

정답 (A)

어휘 **quarter** 분기 **disappointing** 실망스러운 **strategy** 전략 **figure** 숫자, 수치

기출 변형 4 다음을 듣고 질문에 가장 알맞은 응답을 고르시오.

🔊 02-53

Mark your answer on your answer sheet.　　(A)　　　(B)　　　(C)

문제 분석

유형 파악	내용 파악
평서문 - 문제점	핵심 동사 left here (+ 핵심 명사 first-aid kit) → left (first-aid kit) here (구급 상자를) 여기에 두었다고 생각했어요.

⚡ 정답 뽑개기

정답	(A) Isn't it in the cabinet?	I thought I left my first-aid kit here.(구급상자를 여기에 두었다고 생각했어요.)라는 의미의 평서문인데, 이는 '그런데 없네요'라는 의미로 문제점을 나타내고 있다. 이에 대해 '캐비닛 안에 있지 않나요?'라고 응답하여 적절한 해결책을 제시하고 있다.
오답	(B) Don't forget to send the kit. (C) Other options are available.	(B)는 질문에 사용된 kit를 반복해서 만든 오답이며, (C)는 질문의 first-aid kit와 상황적으로 관련이 있는 단어인 available(이용 가능한)을 이용해서 만든 오답이다.

스크립트 및 해석

I thought I left my first-aid kit here. 구급상자를 여기에 두었다고 생각했어요.

(A) Isn't it in the cabinet? 캐비닛 안에 있지 않나요?

(B) Don't forget to send the kit. 키트 보내는 것을 잊지 마세요.

(C) Other options are available. 다른 옵션을 사용할 수 있어요.

정답 (A)

어휘 **first-aid kit** 구급상자 **available** 사용할 수 있는

기출 변형 5 · 나음을 듣고 질문에 가장 알맞은 응답을 고르시오.

🔊 02-54

Mark your answer on your answer sheet.　　(A)　　(B)　　(C)

문제 분석

유형 파악	내용 파악
평서문 - 문제점	핵심 동사 need (+ 핵심 명사 cleaning materials) → need (cleaning materials) (세제가) 필요해요.

⚡ 정답 뽀개기

정답	(B) Why don't you ask Ella?	It seems that we need to order more cleaning materials.(세제를 더 주문해야 할 것 같아요.)라는 평서문인데, 이는 세제가 부족한 것 같다는 문제점을 전달하는 의미이다. 이에 대해 'Ella에게 물어보세요.'라고 응답한 (B)가 정답인데, 본인은 잘 모르지만 문제를 해결할 수 있는 사람이 누구인지 알려주고 있다. 참고로, (B)와 같이 'ask + 사람명사' 형태의 답변은 IDK(= I don't know.) 형식의 표현 중 하나이다.
오답	(A) I cleaned them up last week. (C) They last longer.	(A)는 질문에 있는 clean을 반복한 오답이다. (C)의 경우 질문에 사용된 cleaning materials(세제)와 의미상 관련이 있는 last longer(오래 지속되다)를 이용해서 만든 오답이다.

스크립트 및 해석

It seems that we need to order more cleaning materials. 세제를 더 주문해야 할 것 같아요.

(A) I cleaned them up last week. 제가 지난주에 청소했어요.

(B) Why don't you ask Ella? Ella에게 물어보는 게 어떨까요?

(C) They last longer. 그것들은 더 오래 지속돼요.

정답 (B)

어휘　material 재료, 자재　last 지속되다

Mark your answer on your answer sheet.   (A)   (B)   (C)

문제 분석

유형 파악	내용 파악
평서문 - 정보 전달	핵심 동사 sent (+ 핵심 명사 contract) → sent (contract) (계약서를) 보냈어요.

정답 뽀개기

정답	(C) I left my computer at home.	My assistant sent you a copy of the contract by e-mail. (제 보조원이 계약서 사본을 이메일로 보냈어요.)이라며 정보를 전달하는 말에 '컴퓨터를 집에 두고 왔어요.'라고 우회적으로 답변하고 있다. 이는 '그래서, 이메일을 통해 계약서를 확인해 볼 수가 없다.'라는 의미이다.
오답	(A) Sheila assisted with the office supplies. (B) Please contact me.	(A)는 질문에 있는 assistant와 발음이 유사한 assisted를 이용한 오답이며, (B)는 질문에 있는 contract와 발음이 비슷한 contact를 이용해서 만든 오답이다.

스크립트 및 해석

My assistant sent you a copy of the contract by e-mail. 제 보조원이 계약서 사본을 이메일로 보냈어요.

(A) Sheila assisted with the office supplies. Sheila는 사무용품에 대해 도움을 주었어요.

(B) Please contact me. 연락 주세요.

(C) I left my computer at home. 컴퓨터를 집에 두고 왔어요.

정답 (C)

어휘 contract 계약서 assist 돕다 office supplies 사무용품 contact 연락하다

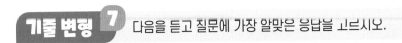

기출 변형 7 다음을 듣고 질문에 가장 알맞은 응답을 고르시오. ◀) 02-56

Mark your answer on your answer sheet. (A) (B) (C)

문제 분석

유형 파악	내용 파악
평서문 - 정보 전달	핵심 동사 learn (+ 핵심 명사 computer software) → learn (computer software) (컴퓨터 소프트웨어를) 배웠어요.

⚡ 정답 뽀개기

정답	(A) You could teach me later.	I just learned how to use this new computer software. (새 컴퓨터 소프트웨어 사용법을 막 배웠어요.)라는 말에 대해 '나중에 가르쳐 주세요.'라고 답하였으므로 상황적으로 적절히 응답하고 있다.
오답	(B) It is a second-hand computer. (C) Complete the application form.	(B)는 computer를 반복한 오답이며 (C)는 질문의 computer software와 의미상 연관이 있는 application을 이용해서 만든 오답이다.

스크립트 및 해석

I just learned how to use this new computer software. 새 컴퓨터 소프트웨어 사용법을 막 배웠어요.

(A) You could teach me later. 나중에 가르쳐 주세요.

(B) It is a second-hand computer. 중고 컴퓨터예요.

(C) Complete the application form. 신청서를 작성해 주세요.

정답 (A)

어휘 second-hand 중고의 complete 작성하다, 완료하다 application form 신청서

기출 변형 8 다음을 듣고 질문에 가장 알맞은 응답을 고르시오.

🔊 02-57

Mark your answer on your answer sheet.　　(A)　　　(B)　　　(C)

문제 분석

유형 파악	내용 파악
평서문 - 문제점	핵심 동사 having (+ 핵심 명사 difficulties, ATM) → having (difficulties) (ATM) (현금인출기에) (문제가) 있어요.

⚡ 정답 뽑개기

정답	**(C) There are some instructions on the board.**	I am having difficulties with this ATM.(이 현금인출기에 문제가 생겼어요.)이라며 문제점을 언급하는 질문에 대해 '게시판에 몇 가지 지시 사항이 있어요.'라고 말하며 해결책을 제시하고 있다.
오답	(A) Withdraw some money. (B) Sure, it is quite easy.	(A)는 질문의 ATM과 관련이 있는 '돈을 인출한다'는 내용을 언급한 오답이다. (B)는 difficulties와 의미상 관련이 있는 easy를 이용해서 만든 오답이다.

스크립트 및 해석

I am having difficulties with this ATM.　이 현금인출기에 문제가 생겼어요.

(A) Withdraw some money.　돈을 인출하세요.

(B) Sure, it is quite easy.　물론이죠, 매우 쉬워요.

(C) There are some instructions on the board.　게시판에 몇 가지 지시 사항이 있어요.

정답 (C)

어휘　**difficulty** 어려움, 장애　**ATM (automated teller machine)** 현금 자동 입출금기　**withdraw** 인출하다　**quite** 상당히

instruction 설명; 지시　**board** 게시판

Part 2

Directions: You will hear a question or statement and three responses spoken in English. They will not be printed in your test book and will be spoken only one time. Select the best response to the question or statement and mark the letter (A), (B), or (C) on your answer sheet.

1. Mark your answer on your answer sheet.

2. Mark your answer on your answer sheet.

3. Mark your answer on your answer sheet.

4. Mark your answer on your answer sheet.

5. Mark your answer on your answer sheet.

6. Mark your answer on your answer sheet.

7. Mark your answer on your answer sheet.

8. Mark your answer on your answer sheet.

9. Mark your answer on your answer sheet.

10. Mark your answer on your answer sheet.

11. Mark your answer on your answer sheet.

12. Mark your answer on your answer sheet.

13. Mark your answer on your answer sheet.

14. Mark your answer on your answer sheet.

15. Mark your answer on your answer sheet.

16. Mark your answer on your answer sheet.

17. Mark your answer on your answer sheet.

18. Mark your answer on your answer sheet.

19. Mark your answer on your answer sheet.

20. Mark your answer on your answer sheet.

21. Mark your answer on your answer sheet.

22. Mark your answer on your answer sheet.

23. Mark your answer on your answer sheet.

24. Mark your answer on your answer sheet.

25. Mark your answer on your answer sheet.

정답 및 해설 p.335

PART 3
대화문

초 · 중반부 내용과 관련된 문제 I
대화의 주제, 목적 및 이유를 묻는 문제

Unit 01

I. 대화의 주제를 묻는 문제

A 기본 풀이 전략

❶ 대화의 주제를 묻는 문제의 경우, 정답의 단서는 대화 초반부에 등장하는 경우가 많다.
따라서 대화의 앞부분, 즉 첫 번째 화자의 대사를 집중해서 듣도록 한다.

❷ 특히 첫 번째 화자의 대사에 의문문이 등장할 경우, 주제 문제의 단서를 포함하는
경우가 많다.

B 예시 문제

> What is the topic of the conversation? 대화의 주제는 무엇인가?
> What are the speakers discussing? 화자들은 무엇에 대해 이야기하고 있는가?
> What is the woman calling about? 여자는 무엇에 관해 전화 통화를 하고 있는가?

C 고득점 전략

주제의 단적인 단서가 초반부에 등장하지 않는 경우에는 나머지 두 문제에 초점을 두고 대화문을 듣도록
한다. 대화문이 끝나면 대화에 등장했던 핵심 어구들을 이용하여 정답을 유추해서 찾도록 한다.
주제 문제에만 집중하다 보면 나머지 두 문제의 정답 단서까지 모두 놓칠 수 있으므로 주의해야 한다.

❶ 대화의 주제와 관련이 있는 어구

    ⓐ 향후 계획과 관련된 표현: I'm planning to, I'm going to 등
    ⓑ 희망 사항과 관련된 표현: I'd like to, I want to, I hope to 등
    ⓒ 소식 및 정보와 관련된 표현: I heard that, Did you hear ~ 등

❷ 정답의 단서를 알려 주는 시그널 표현

    about / on / regarding / concerning / in regard to / in reference to (~에 관해서) 등

II. 목적 및 이유를 묻는 문제

A 기본 풀이 전략

목적 및 이유를 묻는 문제의 정답을 알려 주는 단서 역시 대화의 초반부에 등장하는 경우가 많으므로
대화의 앞부분에 집중하도록 한다.

B 예시 문제

What is the purpose of the call? 전화를 건 목적은 무엇인가?
Why does the woman call the man? 여자가 남자에게 전화를 한 이유는 무엇인가?

C 고득점 전략

인사, 감사, 환영, 및 소개 등과 관련된 내용 때문에 대화 초반부가 길어질 경우에는 대화의 목적이나 이유가 중반부에 등장한다. 특히 전화 통화에서 이러한 경우가 자주 있는데, 이 때에는 아래에 나열되어 있는 시그널 표현들을 이용해서 정답을 찾도록 한다.

❶ 전화 용건과 관련이 있는 어구

ⓐ 정보를 전달하기 위한 경우: I'm calling to let you know [inform, notify] 등
ⓑ 정보를 문의하기 위한 경우: I'm calling to ask [inquire] about 등
ⓒ 정보를 확인하고자 하는 경우: I'm calling to check [confirm] 등

❷ 정답의 단서를 알려 주는 시그널 표현

I heard that ~ (~라는 이야기를 들었어요) / I'm calling to ~ (~하기 위해 전화했어요) /
I was wondering ~ (~에 대해 궁금한 것이 있어요) / I'd like to ~ (~하고 싶어요)

기출 변형 1-3 대화를 듣고 주어진 질문에 가장 알맞은 답을 고르시오. ◀) 03-01

1. What is the conversation mainly about?

   (A) A work schedule
   (B) A workshop
   (C) A way of commuting
   (D) A training program

2. How does the woman hope the town will change?

   (A) By adding bus routes
   (B) By repaving the roads
   (C) By repairing the bridges
   (D) By creating more jobs

3. Why does the man say, "My guess is it will happen"?

   (A) He thinks traffic is getting worse in the town.
   (B) He knows the town is planning to raise taxes.
   (C) He believes the town is worried about pollution.
   (D) He knows the town's infrastructure is well constructed.

1. What is the conversation mainly about?

어자의 첫 번째 대사 [1] **How long have you been commuting by bus?**(얼마나 오랫동안 버스로 통근하셨어요?) 중 commuting by bus 라는 표현에서 대화의 주제가 (C)라는 점을 유추할 수 있다.

정답 (C) A way of commuting

풀이 전략 적용

1번 문제는 주제를 묻는 질문으로, 정답의 단서는 첫 번째 화자의 대사에서 찾을 수 있다. 또한 대화 중반부에 등장한 bus stop(버스 정류장) 그리고 후반부에 등장한 to use the bus(버스 이용)라는 표현을 통해서도 정답이 (C)라는 사실을 확인할 수 있다.

오답
(A) A work schedule
(B) A workshop
(D) A training program

(A), (B), 그리고 (D)에 들어 있는 work(업무), workshop(연수회), training program(교육 프로그램)이라는 표현은 회사에서 많이 사용되기 때문에 대화 초반부에 등장한 commuting(출퇴근하다)과 의미상 관련성이 있기는 하지만 (A), (B), 그리고 (D)는 대화에서 언급되지 않았다.

2. How does the woman hope the town will change?

여자의 두 번째 대사 I hope that [2] **a new bus stop can be added to my neighborhood as well.**(우리 지역에도 버스 정류장이 새로 생겼으면 좋겠어요.)의 a new bus stop can be added라는 표현을 통해서 정답이 (A)임을 알 수 있다.

정답 (A) By adding bus routes

풀이 전략 적용

문제의 주어가 the woman이므로 여자 대사에 집중해서 정답을 찾아야 하는데, 특히 두 번째 문제이기 때문에 여자의 두 번째 대사에 단서가 언급될 확률이 높다. 질문의 동사 hope가 그대로 사용된 I hope that a new bus stop can be added라는 문장을 놓치지 않고 들었으면 보다 정답을 쉽게 찾을 수 있다.

PARAPHRASING

- a new bus stop → bus routes

오답
(B) By repaving the roads
(C) By repairing the bridges
(D) By creating more jobs

(B)와 (C)는 '버스', '버스 정류장', '통근하다'라는 표현들로부터 '도로 위를 달리다', '다리를 건너다'와 같은 내용을 연상할 수 있어서 정답으로 오해할 수 있지만, '재포장(repaving)'이나 '수리(repairing)'는 대화에서 언급되지 않았다. (D)의 경우, 대화 후반부에 등장하는 town이라는 단어로 '(우리 마을에) 더 많은 일자리가 창출된다'는 의미가 떠오를 수는 있지만, 대화에서 일자리와 관련된 내용은 언급되지 않았으므로 이 역시 오답이다.

3. Why does the man say, "My guess is it will happen"?

남자의 마지막 대사 It's in the town's best interest for people to use the bus [3] **because it's better for the environment.**(사람들이 버스를 이용하는 것이 환경에 더 도움이 되기 때문에 이것이 바로 이 지역의 최대 관심사입니다.)에서 because it's better for the environment라는 표현을 통해 정답이 (C)임을 알 수 있다.

> **풀이 전략 적용**
>
> 3번 문제의 주어가 the man이므로 남자의 대사에 집중해야 하는데, 마지막 문제이기 때문에 대화 후반부의 남자의 대사에 정답의 단서가 언급될 가능성이 높다. 문제의 의문사 why와 자연스럽게 연결될 수 있는 because가 시그널 표현으로 등장했고, 정답의 단서는 because it's better for the environment에서 찾을 수 있다.

정답

(C) He believes the town is worried about pollution.

PARAPHRASING

- the town's best interest → the town is worried about
- environment → pollution

오답

(A) He thinks the traffic is getting worse in the town.

(B) He knows the town is planning to raise taxes.

(D) He knows the town's infrastructure is well constructed.

(A)의 경우 '교통(traffic)'은 관련이 있지만 교통이 '점점 나빠지고 있다(getting worse)'는 사실은 언급되지 않았으므로 이는 오답이다. (B)의 'the town is planning'은 관련이 있지만 '세금 인상(to raise taxes)' 역시 언급되지 않은 내용이다. (D)의 경우, '사회 기반 시설(the town's infrastructure)'은 의미상 관련이 있지만, 사회 기반 시설이 '잘 마련되어 있다(well constructed)'는 내용은 찾을 수 없다. 이 대화는 새 버스 정류장에 관한 내용일 뿐, 도로 등의 사회 기반 시설에 관한 내용은 아니다.

스크립트 및 해석

W George, how are you? [1]**How long have you been commuting by bus?**

M I've been using it since February. There's a bus stop that's only a 60-second walk from home.

W That's really convenient! I hope that [2] **a new bus stop can be added** to my neighborhood as well.

M My guess is it will happen. It's in the town's best interest for people to use the bus [3] **because it's better for the environment**.

여 George, 안녕하세요? 얼마나 오랫동안 버스로 통근하셨어요?

남 2월부터 이용하고 있어요. 집에서 도보로 60초 거리에 버스 정류장이 있어요.

여 정말 편리하군요! 우리 지역에도 버스 정류장이 새로 생겼으면 좋겠어요.

남 제 생각에는 그렇게 될 것 같아요. 사람들이 버스를 이용하는 것이 환경에 더 도움이 되기 때문에 이것이 바로 이 지역의 최대 관심사예요.

1. 대화의 주제는 무엇인가?

   (A) 업무 일정
   (B) 연수회
   (C) 통근 방법
   (D) 교육 프로그램

2. 여자는 마을이 어떻게 바뀌기를 바라는가?

   (A) 버스 노선을 추가함으로써
   (B) 도로를 재포장함으로써
   (C) 교량을 수리함으로써
   (D) 더 많은 일자리를 창출함으로써

3. 남자는 왜 "제 생각에는 그렇게 될 것 같아요."라고 말하는가?

   (A) 그는 시내 교통이 점점 나빠지고 있다고 생각한다.
   (B) 그는 시에서 세금 인상 계획을 가지고 있는 것을 알고 있다.
   (C) 그는 시에서 환경 공해를 걱정하고 있다고 생각한다.
   (D) 그는 도시의 사회기반시설이 잘 되어 있다는 것을 알고 있다.

정답 1. (C)   2. (A)   3. (C)

어휘 **commute** 통근하다 **convenient** 편리한 **neighborhood** 인근 지역 **environment** 환경

 기출 변형 4-6 대화를 듣고 주어진 질문에 가장 알맞은 답을 고르시오. ◀)) 03-02

4. Where most likely does the man work?

   (A) At a bookstore
   (B) At a music store
   (C) At a hardware store
   (D) At a grocery store

5. Why is the woman calling?

   (A) To have an item delivered
   (B) To confirm a store location
   (C) To return a defective item
   (D) To check on a job vacancy

6. What will the man do next?

   (A) Issue a full refund
   (B) Update some customer information
   (C) Talk to the manager
   (D) Mark down items

⚡ 정답 뽀개기

4. Where most likely does the man work?

정답 (A) At a bookstore

첫 대사에서 남자가 Thank you for calling **⁴ Bluefield Booksellers** (Bluefield Booksellers에 전화해 주셔서 감사합니다.)라고 말하고 있으므로 남자가 일하는 곳은 (A)의 '서점'일 것이다. 이와 같이 근무지를 묻는 문제의 경우, 정답의 단서는 보통 첫 번째 화자의 대사에서 찾을 수 있다.

오답 (B) At a music store
(C) At a hardware store
(D) At a grocery store

(B), (C), (D)는 모두 store(상점)라는 단어를 이용해서 만든 오답이다.

5. Why is the woman calling?

정답 (D) To check on a job vacancy

여자의 첫 번째 대사 I just heard from a friend that you are looking to **⁵⁻¹ hire a sales assistant** for your store. **⁵⁻² Is that position still open?**(영업 보조원을 뽑으려고 하신다는 소식 들었어요. 자리가 아직 비어 있나요?)을 통해 여자가 공석을 확인하고 있다는 것을 알 수 있다. 따라서 정답은 (D)이다.

> **풀이 전략 적용**
>
> 전화의 용건, 즉 전화를 한 목적을 묻는 문제의 정답 단서 또한 대화문의 앞부분에 등장하는 경우가 대부분이다. 아울러 전화의 용건을 언급할 때 자주 사용되는 시그 널 표현인 'I heard that ~'을 알고 있으면 쉽게 정답을 찾을 수 있는 문제이다.

오답 (A) To have an item delivered
(B) To confirm a store location
(C) To return a defective item

(A), (B), (C) 모두 대화에서 언급된 근무처인 Booksellers의 'seller'와 의 미상 연관성이 높은 store(상점), item(상품) 등의 단어들을 이용하여 만든 오답들이다.

6. What will the man do next?

정답 (C) Talk to a manager

남자의 마지막 대사 **⁶ Let me speak to Mr. Grant, our manager**(저 희 매니저인 Grant 씨와 얘기해 볼게요)를 통해 남자가 다음에 할 일은 (C) 임을 알 수 있다. 이처럼 화자가 대화 직후에 할 행동을 묻는 문제의 정답 단 서는 보통 대화문의 가장 마지막 부분에 등장한다.

PARAPHRASING
- speak to Mr. Grant, our manager → talk to the manager

(A)와 (B)는 대화에서 언급된 Booksellers의 book, 그리고 sales와 의미 상 연관성이 높은 단어인 refund(환불), customer(고객), mark down (가격을 낮추다)을 이용해 만든 오답이다

스크립트 및 해석

M	Hello. Thank you for calling ⁴ **Bluefield Booksellers**. How can I help you?
W	Hello. I just heard from a friend that you are looking to ⁵⁻¹ **hire a sales assistant** for your store. ⁵⁻² **Is that position still open?**
M	⁶ **Let me speak to Mr. Grant, our manager,** before I give you a definitive answer. Can you call back in about 10 minutes?
W	Sure, no problem. I'll speak to you again soon.

남 안녕하세요. Bluefield Booksellers에 전화해 주셔서 감사합니다. 무엇을 도와드릴까요?

여 안녕하세요. 방금 친구로부터 Bluefield Booksellers에서 보조 영업 사원을 뽑으려고 하신다고 들었어요. 자리가 아직 비어 있나요?

남 확답을 드리기 전에 저희 매니저인 Grant 씨와 얘기해 볼게요. 10분 후에 다시 전화해 주시겠어요?

여 그럼요, 문제 없어요. 곧 다시 말씀 나누죠.

4. 남자는 어디에서 일하는 것 같은가?
(A) 서점
(B) 음반 가게
(C) 철물점
(D) 식료품점

5. 여자는 왜 전화를 하고 있는가?
(A) 물품을 배송 받기 위해서
(B) 상점의 위치를 확인하기 위해서
(C) 불량품을 반품하기 위해서
(D) 공석을 확인하기 위해서

6. 남자는 다음에 무엇을 할 것인가?
(A) 전액 환불해 준다.
(B) 고객 정보를 업데이트한다.
(C) 매니저에게 이야기한다.
(D) 제품의 가격을 낮춘다.

정답 **4.** (A) **5.** (D) **6.** (C)

어휘 **look to** ~할 예정이다 **definitive** 최종적인

대화를 듣고 주어진 질문에 가장 알맞은 답을 고르시오. 🔊 03-03

7. What is the conversation mainly about?

(A) Opening a new location
(B) Conducting an interview
(C) Finding a new office
(D) Making an appointment

8. What will the man do on Friday?

(A) Meet with a client
(B) Open an office
(C) Attend a conference
(D) Make a reservation

9. What does the woman recommend the man do?

(A) Give a call to another clinic
(B) Reschedule a meeting
(C) Use a map to find the location
(D) Provide a phone number

정답 뽀개기

7. What is the conversation mainly about?

정답 (D) Making an appointment

남자의 첫 번째 대사 **7 I'd like to make an appointment.**(예약을 하고 싶은데요.)에서 병원 예약이 이 대화의 주제라는 것을 알 수 있다. 이후에도 예약 가능한 시간 및 의사에 관한 대화가 이어지고 있으므로 대화의 주된 주제는 (D)이다.

오답
(A) Opening a new location
(B) Conducting an interview
(C) Finding a new office

남자는 예약을 하려고 전화를 한 상황이기 때문에, '새로운 지점을 열기 위해서' 그리고 '인터뷰를 위해서'라는 내용의 (A), (B)는 정답이 될 수 없다. 대화의 마지막 부분에서 여자가 '다른 병원의 전화 번호를 알려 주겠다.'라고 말하고 있지만 대화의 주된 주제를 찾아야 하는 문제이므로 (C)도 정답이 될 수 없다.

8. What will the man do on Friday?

정답 (A) Meet with a client

대화 후반부 남자의 대사 **8 Unfortunately, I have a meeting with a client all day long on that day.**(안타깝게도, 그날 하루 종일 고객과 회의가 있어요.)에서 금요일에는 고객 회의가 있다는 것을 알 수 있다. 따라서 (A)가 정답이다.

PARAPHRASING

• have a meeting with a client → meet with a client

오답

(B) Open an office

(C) Attend a conference

(D) Make a reservation

(C)는 meeting과 비슷한 의미의 단어 conference를 사용했지만 '한 명의 고객과의 회의'를 의미한다고 볼 수 없으므로 오답이다. 대화의 주제가 'make an appointment(예약하기)'이지만 '금요일에 구체적으로 할 남자의 행동'을 묻고 있으므로 (D)는 정답이 될 수 없다.

---

9. What does the woman recommend the man do?

여자의 마지막 대사 **⁹ If you want, I will give you another dermatologist's office phone number.**(원하신다면 다른 피부과 전문 병원의 전화번호를 알려 드릴게요.)를 통해 여자가 권고한 사항은 (A)임을 알 수 있다.

정답

(A) Give a call to another clinic

PARAPHRASING

- give you another dermatologist's office phone number
  → Give a call to another clinic

오답

(B) Reschedule a meeting

(C) Use a map to find the location

(D) Provide a phone number

예약 일정을 정하고 있는 것이지 회의 일정을 정하고 있는 것이 아니므로 (B)는 오답이다. '병원의 위치'가 상황적으로 연상될 수 있지만 '지도를 이용해서 병원의 위치'를 찾는 내용은 아니므로 (C)도 오답이다. 여자가 남자에게 '다른 피부과 전문 병원의 전화 번호를 제공해 주겠다.'라는 내용이지 남자에게 전화번호를 제공하라고 권하는 내용이 아니므로 (D)도 오답이다.

스크립트 및 해석

W Hello. This is Dr. Green's office. How may I help you?

M ⁷ **I'd like to make an appointment.** There is something wrong with my skin.

W Okay. May I have your name, please?

M It's Andrea Simmons.

W I see your name right here in our system. But I am afraid he is already fully booked until this Thursday. Can you come on Friday morning at 10:30?

M ⁸ **Unfortunately, I have a meeting with a client all day long on that day.** Does he have any openings next week?

W I am afraid he will be on vacation next week. ⁹ **If you want, I will give you another dermatologist's office phone number.**

M Thanks. I really appreciate that.

여 안녕하세요. Green 의사선생님 병원입니다. 무엇을 도와 드릴까요?

남 예약을 하고 싶은데요. 피부가 이상해요.

여 네. 성함을 말씀해 주시겠어요?

남 Andrea Simmons예요.

여 바로 여기 우리 시스템에 당신의 이름이 있네요. 하지만 유감스럽게도 이번 주 목요일까지 이미 예약이 꽉 찼네요. 금요일 오전 10시 30분에 오실 수 있나요?

남 안타깝게도, 그날 하루 종일 고객과 회의가 있어요. 다음 주에 빈자리가 있나요?

여 의사 선생님께서 다음 주에 휴가이셔서요. 원하신다면 다른 피부과 전문 병원의 전화번호를 알려드릴게요.

남 정말 고마워요.

7. 대화의 주된 주제는 무엇인가?

    (A) 새로운 지점 오픈

    (B) 인터뷰 시행

    (C) 새로운 사무실 찾기

    (D) 예약하기

8. 남자는 금요일에 무엇을 할 것인가?

    (A) 고객과 회의를 할 것이다.

    (B) 사무실을 열 것이다.

    (C) 회의에 참석할 것이다.

    (D) 예약을 할 것이다.

9. 여자는 무엇을 추천하는가?

    (A) 다른 병원에 전화하기

    (B) 회의 일정 재조정하기

    (C) 지도를 이용하여 위치 찾기

    (D) 전화번호 제공하기

정답 **7.** (D)　**8.** (A)　**9.** (A)

(어휘)　**appointment** 예약　**fully-booked** 예약이 꽉 찬　**opening** 빈자리　**dermatologist** 피부과 의사

초 · 중반부 내용과 관련된 문제 II
인물의 신분이나 직업을 묻는 문제

A 기본 풀이 전략

대화 초반부에 등장하는 어휘에서 화자들의 신분이나 직업, 또는 직위와 관련된 정보가 들어나는
경우가 많다. 따라서 인물의 신분이나 직업을 묻는 문제가 등장하면 대화의 앞부분을 집중해서
듣도록 한다.

B 예시 문제

> Who most likely is the woman? 여자는 누구일 것 같은가?
>
> What is the man's job [occupation, profession]? 남자의 직업은 무엇인가?

cf 위의 첫 번째 예시 문제는 여자의 신원을, 두 번째 예시 문제는 남자의 신원을 묻고 있다. 그런데 Who is the man talking to?
　(남자는 누구와 대화하고 있는가?)와 같은 질문이 주어질 경우에는 여자의 신원을 묻는 문제라는 것에 주의해야 한다.

C 고득점 전략

직접적으로 화자의 직업이나 신분을 나타내는 어휘가 등장하지 않는 경우에는 우회적으로 화자의
신원을 드러내는 표현들을 통해 정답의 단서를 찾아야 한다. 문제의 정답으로 등장하는 직업들은
아래와 같다.

❶ 정답으로 자주 등장하는 직업

reporter(기자), real estate agent(부동산 중개인), editor(편집자), post office worker(우체부,
우체국 직원), pharmacist(약사), publisher(출판인) 등

❷ 정답의 단서를 알려 주는 시그널 표현

My name is 이름 + 신분 / This is 이름 + 신분

기본중기본 **기출 변형** 1-3 대화를 듣고 주어진 질문에 가장 알맞은 답을 고르시오. 03-04

1. Who is Mrs. Richards?

(A) A customer
(B) A councilor
(C) An assistant
(D) A performer

3. What will the man send the woman?

(A) A voucher for a free meal
(B) A free drink coupon
(C) A free ticket to a performance
(D) A complimentary video

2. Why is the woman concerned?

(A) A performance has been called off.
(B) There is a lack of performances.
(C) Her ticket has already expired.
(D) She cannot find her seat.

정답 뽀개기

1. Who is Mrs. Richards?

대화 초반부 **1-1 I'm calling from the Warfield Outdoor Opera House for Mrs. Richards.**(Richards 씨, Warfield Outdoor Opera House에서 전화 드립니다.)라는 문장에서 여자, 즉 Richards 씨는 오페라 하우스의 고객이라는 점을 유추할 수 있다. 남자의 두 번째 대사 중 **1-2 As a patron of our opera house**(오페라 하우스의 고객으로서)라는 표현을 통해서도 여자가 고객임을 확인할 수 있다.

정답 (A) A customer

풀이 전략 적용

질문에 고유명사가 보이는 경우, 대화에서 해당 고유명사가 언급된 부분을 반드시 잘 듣도록 한다. 인물의 신원과 관련된 정보는 항상 그 주변에서 찾을 수 있다.

PARAPHRASING

• a patron → a customer

오답 (B) A councilor
(C) An assistant
(D) A performer

(D)는 대화의 Opera House라는 명칭과 의미상 관련성이 높은 'performer(공연자)'를 이용해서 만든 오답이다. Richards 씨는 고객이지 공연자가 아니다.

2. Why is the woman concerned?

남자의 두 번째 대사 **² However, it has been canceled due to the coming storm.**(하지만, 다가오는 폭풍으로 인해 취소되었어요.) 중 it has been canceled라는 부분을 통해, 여자가 우려를 표명한 이유는 (A)임을 알 수 있다.

정답
(A) A performance has been called off.

PARAPHRASING
- canceled → called off

오답
(B) There is a lack of performances.

(C) Her ticket has already expired.

(D) She cannot find her seat.

(B)와 (D)는 각각 대화의 Opera House, this weekend's play와 의미상 관련성이 높은 performances와 seat를 이용해서 만든 오답이며, (C)는 질문의 ticket을 반복 사용한 함정이다.

3. What will the man send the woman?

남자의 마지막 대사 **³ We can give you a full refund and a voucher for a free beverage of your choice at our next event.**(전액 환불해 드릴 수 있어요. 그리고, 다음에 오실 때 고객님께서 선택하시는 음료의 무료 쿠폰을 제공해 드릴 수 있어요.)에서 a voucher for a free beverage라는 표현을 통해 남자가 제공하려고 하는 것은 (B)의 '무료 음료 쿠폰'임을 알 수 있다.

정답
(B) A free drink coupon

PARAPHRASING
- a voucher for a free beverage → a free drink coupon

오답
(A) A voucher for a free meal

(C) A free ticket to a performance

(D) A complimentary video

(A)는 voucher를 반복 사용함으로써, (C)는 ticket을 반복 사용함으로써 혼동을 유발시키려는 함정이다. (D)는 free라는 단어와 의미가 같은 complimentary를 이용해서 만든 오답이다.

M Hello. **1-1 I'm calling from the Warfield Outdoor Opera House for Mrs. Richards.**

W This is Anna Richards speaking.

M **1-2 As a patron of our opera house,** you recently purchased a ticket for this weekend's play here at the Warfield. **2 However, it has been canceled due to the coming storm.**

W That's so sad. I haven't seen any plays in so long because I usually work during the day.

M I apologize. **3 We can give you a full refund and a voucher for a free beverage of your choice at our next event.**

W I would appreciate that.

남 안녕하세요. Warfield Outdoor Opera House에서 전화 드렸는데요, Richards 씨와 통화를 하고 싶습니다.

여 제가 Anna Richards입니다.

남 오페라 하우스의 고객으로서, 최근에 Warfield에서 이번 주말 연극 티켓을 구입하셨네요. 하지만, 다가오는 폭풍 으로 인해 연극이 취소되었어요.

여 너무 슬픈 일이네요. 낮에는 주로 일하기 때문에 연극을 오랫동안 못 봤어요.

남 죄송합니다. 전액 환불해 드릴 수 있어요. 그리고, 다음에 오실 때 고객님께서 선택하시는 음료의 무료 쿠폰을 제공 해 드릴 수 있어요.

여 그렇게 해주시면 감사하겠습니다.

---

1. Richards 씨는 누구인가?
   (A) 고객
   (B) 시의회 의원
   (C) 보조원
   (D) 공연자

2. 여자가 걱정하는 이유는 무엇인가?
   (A) 공연이 취소되어서
   (B) 공연이 많지 않아서
   (C) 여자의 표가 이미 만료되어서
   (D) 여자의 자리를 찾을 수 없어서

3. 남자는 여자에게 무엇을 보낼 것인가?
   (A) 무료 식사권
   (B) 무료 음료 쿠폰
   (C) 무료 입장권
   (D) 무료 비디오

정답 1. (A) 2. (A) 3. (B)

어휘 **patron** 손님, 고객 **recently** 최근에 **apologize** 사과하다 **refund** 환불 **voucher** 상품권, 할인권, 쿠폰 **beverage** 음료 **appreciate** 고마워하다

4. What is the man's profession?

(A) Performer

(B) Photographer

(C) Producer

(D) Journalist

5. What does the woman want the man to do?

(A) Give fashion advice

(B) Provide financial guidance

(C) Take publicity photographs

(D) Help her purchase a portable device

6. What does the man say he will do about Web design?

(A) Make a phone call to the woman

(B) Teach her how to draw pictures

(C) Connect to the Internet for the woman

(D) Introduce the woman to his friend

⚡ 정답 뽀개기

4. What is the man's profession?

여자의 첫 번째 대사 **4, 5 My friend who's also a performer had some amazing publicity photos done by you, and I was hoping you could really help me in that area.**(공연자이기도 한 제 친구가 당신이 제작해 준 멋진 홍보 사진을 가지고 있었고, 저는 당신이 그 분야에서 저를 정말 도와줄 수 있기를 바라요.)에서 publicity photos done by you(당신이 제작해 준 멋진 홍보 사진)를 통해 남자의 직업은 (B) 의 '사진사'라는 것을 유추할 수 있다.

정답 **(B) Photographer**

> **풀이 전략 적용**
> 남자의 마지막 대사 중 'Okay, I'd like to take a few pictures of you if you're ready.'라는 문장을 통해서도 남자의 신원을 유추할 수 있다. 이와 같이 첫 번째 문제의 단서가 중・후반부에 한 번 더 등장하는 경우도 많으므로 끝까지 잘 들어야 한다.

PARAPHRASING

• publicity photos done by you /
take a few pictures of you → photographer

| 오답 | (A) Performer
(C) Producer
(D) Journalist | (A)의 '공연자'는 여자의 친구의 신원이다. (C)와 (D)는 모두 '사진과 의미상 관련이 있는 어휘들을 이용해 만든 오답이다. |

5. What does the woman want the man to do?

| 정답 | (C) Take publicity
photographs | 여자의 첫 번째 대사 **4, 5 My friend who's also a performer had some amazing publicity photos done by you, and I was hoping you could really help me in that area.**(공연자이기도 한 제 친구가 당신이 제작해 준 멋진 홍보 사진을 가지고 있었고, 저는 당신이 그 분야에서 저를 정말 도와줄 수 있기를 바라요.)에서 publicity photos done by you, and I was hoping you could really help me(당신이 제작해 준 멋진 홍보 사진 그리고 저를 정말 도와줄 수 있기를 바라요.)라는 부분을 통해 여자가 원하는 바는 (C)임을 알 수 있다. |

> **풀이 전략 적용**
>
> 이처럼 대화 초반부의 내용으로 두 문제를 풀어야 하는 경우도 있다. 고득점을 받기 위해서는 문제를 먼저 확인한 다음 한 문제만이 아닌 두 문제를 함께 풀 준비를 하고 있어야 한다.

PARAPHRASING
- pictures → photographs

| 오답 | (A) Give fashion advice
(B) Provide financial guidance
(D) Help her purchase a portable device | (A)와 (B) one of my friends who knows all about it(그 분야에 능숙한 제 친구 중 한 명)과 의미상 관련성이 높은 어휘, 즉 advice와 guidance를 이용해서 만든 오답이다. (D)는 '사진 찍다.'와 의미적으로 관련성이 높은 기기인 camera를 연상시킬 수 있는 단어 device를 이용해서 만든 오답이다. |

6. What does the man say he will do about Web design?

| 정답 | (D) Introduce the woman
to his friend | 남자의 마지막 대사 **6 I can certainly connect you to one of my friends who knows all about it.**(그 분야에 능숙한 제 친구 중 한 명과 확실히 연결해 드릴 수 있어요.) 중에서 connect you to one of my friends가 정답의 단서이다. 정답은 (D)이다. |

PARAPHRASING
- connect you to one of my friends →
  introduce the woman to his friend

오답

(A) Make a phone call to the woman

(B) Teach her how to draw pictures

(C) Connect to the Internet for the woman

(A)는 대화에서 언급된 I can certainly connect you(확실히 연결해 드릴 수 있어요.)와 의미상 관련성이 있는 make a phone call이라는 어구를 이용해 만든 오답이다. 남자가 여자에게 전화를 하겠다는 말은 하지 않았다. (D)는 pictures를 반복 사용해서 만든 오답으로, 대화에서는 '사진'의 의미로 사용되었지만 보기에서는 '그림'의 의미로 사용되었다. (C)는 connect를 반복 사용해서 만든 오답이다.

스크립트 및 해석

W Thank you for coming on such short notice. I've been busy with auditions and callbacks from producers lately. **4, 5 My friend who's also a performer had some amazing publicity photos done by you, and I was hoping you could really help me in that area.**

M I'm grateful and flattered. This is pretty exciting for me, to be honest.

W I was also wondering if you know anyone who could give me some help with Web design. I'm not really tech savvy.

M **6 I can certainly connect you to one of my friends who knows all about it.** Okay, I'd like to take a few pictures of you if you're ready. The natural light is perfect right now, so let's not waste it.

여 갑작스러운 요청에도 이렇게 방문해 주셔서 감사해요. 제가 오디션과 제작자 분들로부터의 재통보 때문에 최근에 바빴어요. 공연자이기도 한 제 친구가 당신이 제작해 준 멋진 홍보 사진을 가지고 있었고, 저는 당신이 그 분야에서 저를 정말 도와줄 수 있기를 바라요.

남 감사하고 기분이 좋네요. 솔직히 말해서 꽤 흥미롭네요.

여 웹 디자인에 관한 도움을 주실 수 있는 분을 알고 계신지 궁금해요. 저는 기술에 능숙하지가 않아서요.

남 그 분야에 능숙한 제 친구 중 한 명과 확실히 연결해 드릴 수 있어요. 그럼, 준비되셨으면 사진을 몇 장 찍고 싶어요. 지금 자연광이 너무 좋으니 우리 놓치지 말아요.

4. 남자의 직업은 무엇인가?

(A) 공연자

(B) 사진사

(C) 제작자

(D) 기자

5. 여자는 남자가 무엇을 하기를 원하는가?

(A) 패션에 대한 조언해 주기

(B) 재무 지도해 주기

(C) 홍보 사진 찍어 주기

(D) 휴대용 장비 구매를 돕기

6. 남자는 웹 디자인에 대해 무엇을 할 것이라고 말하는가?

(A) 여자에게 전화를 한다.

(B) 여자에게 그림 그리는 법을 가르쳐 준다.

(C) 여자를 위해 인터넷을 연결한다.

(D) 여자를 친구에게 소개해 준다.

정답 **4.** (B) **5.** (C) **6.** (D)

어휘 **callback** (2차 면접 등을 위한) 재통보 **publicity** 홍보 **grateful** 고마워하는 **flattered** (칭찬 받아서) 기쁜 **tech savvy** 기술지식을 잘 알고 있는 **natural light** 자연광 **waste** 낭비하다, 허비하다

7. What business is the man calling from?

(A) A financial company
(B) A law firm
(C) An advertising firm
(D) A shipping company

9. What does the man say he will do?

(A) Talk to a colleague
(B) Contact the CEO
(C) Suggest a different location
(D) Ask for more flexible hours

8. What problem does the woman have?

(A) A contract still needs to be changed.
(B) The man did not send her a contract.
(C) She doesn't fully understand the contract.
(D) Her company isn't interested in signing a contract.

정답 뽀개기

7. What business is the man calling from?

정답 (C) An advertising firm

남자의 첫 번째 대사 ⁷ **Hello. This is Scott from Nelson Bros. Advertising.**(안녕하세요, 저는 Nelson Bros. 광고 회사에 근무하는 Scott입니다.) 중 Nelson Bros. Advertising이라는 업체명을 놓치지 않고 들었다면 남자가 근무하는 회사는 (C)의 '광고 회사'임을 알 수 있다.

8. What problem does the woman have?

정답 (A) The contract still needs to be changed.

여자의 첫 번째 대사 ⁹ **There are still some things regarding transportation and relocation allowances that we want to negotiate.**(교통비 및 전근 수당과 관련하여 협상하고 싶은 것들이 아직 있어요.) 중 we want to negotiate가 정답의 단서이다. 이를 통해 여자의 문제는 (A)임을 알 수 있다.

PARAPHRASING

- we want to negotiate →
  A contract still needs to be changed.

(B) The man did not send her a contract.

오답

(C) She doesn't fully understand the contract.

(D) Her company isn't interested in signing a contract.

대화 초반부에 남자는 팩스로 여자에게 계약서를 보냈다는 내용이 언급되었으므로 (B)는 사실이 아니며, 여자가 계약서에 조율해야 할 부분이 있다고 한 점에서 (C)의 doesn't fully understand와 (D)의 isn't interested 라는 표현은 대화 내용과 부합되지 않는다.

9. What does the man say he will do?

남자의 대사에서 'I see'이후에 곧바로 'I'll need to speak with my associate this afternoon'이라고 말하며, 오후에 직장 동료와 대화를 나누겠다는 내용이 단서이다. 이를 통해서 정답은 (A)임을 알 수 있다.

정답 (A) Talk to a colleague

PARAPHRASING

• I'll need to speak with my associate → talk to a colleague

오답

(B) Contact the CEO

(C) Suggest a different location

(D) Ask for more flexible hours

(B)는 회사 대표와 관련한 부분은 여성이 말한 부분이며, 회사 대표로 하여금 세부사항을 검토하도록 요청한다는 부분이기에 오답이다. 그리고, (C)는 여성이 말한 relocation을 이용한 오답이며, 마지막으로 (D)는 여성이 말한 부분에서 flexibility라는 단어를 활용한 오답 보기이기에 정답이 되지 않는다.

스크립트 및 해석

M [7] **Hello. This is Scott from Nelson Bros. Advertising.** I faxed you the details of the new contract yesterday. Were you able to go through it?

W Yes, Scott. I did look through it and was about to have the CEO review it as well. [8] **However, there are still some things regarding transportation and relocation allowances that we want to negotiate.**

M I see. [9] **I'll need to speak with my associate this afternoon** so that we can make everyone feel happy with the changes.

남 안녕하세요, 저는 Nelson Bros. 광고 회사에 근무하는 Scott입니다. 어제 새로운 계약서의 세부사항을 팩스로 보냈어요. 검토해 보셨나요?

여 네, Scott. 저는 살펴보았고 최고 경영자님도 검토해보시라고 하려던 참이었어요. 교통비 및 전근 수당과 관련하여 협상하고 싶은 것들이 아직 있어요.

남 그렇군요. 제 동료와 논의를 해야 할 것 같아요. 그래야 모든 사람이 변경사항에 만족할 수 있을 테니까요.

여 그거 좋겠네요. 우리는 이번 분기 상황을 고려해 볼 때 그 부분을 조금 더 융통성 있게 처리해야 할 필요가 있어요.

W That would be good. We're going to need more flexibility in those areas given how things have gone this quarter.

7. 남자는 어떤 회사에서 전화하고 있는가?
  (A) 금융 회사
  (B) 법률 회사
  (C) 광고 회사
  (D) 배송 회사

8. 여자가 가지고 있는 문제는 무엇인가?
  (A) 계약서를 변경해야 한다.
  (B) 남자는 여자에게 계약서를 보내지 않았다.
  (C) 여자는 계약을 완전히 이해하지 못하고 있다.
  (D) 여자의 회사는 계약서에 서명하는 것에 관심이 없다.

9. 남자는 무엇을 할 것이라고 말하는가?
  (A) 직장 동료와 대화를 나눈다
  (B) 회사 대표와 연락한다
  (C) 다른 장소를 제안한다
  (D) 더욱 탄력적인 시간을 요청한다

정답 **7.** (C) **8.** (A) **9.** (A)

어휘 **regarding** ~에 관하여 **transportation** 교통, 수송, 운송 **relocation** 이전, 전근 **allowance** 비용 **negotiate** 협상하다 **associate** 직장 동료 **flexibility** 융통성

초 · 중반부 내용과 관련된 문제 III
대화가 일어나는 장소를 묻는 문제

A 기본 풀이 전략

대화 초반부에 등장하는 어휘로부터 대화가 일어나는 장소를 알아낼 수 있는 경우가 많으므로 대화의 앞부분에 집중해야 한다. 장소를 나타내는 전치사나 위치, 시설 등을 나타내는 명사에 유의하여 정답을 찾도록 한다.

B 예시 문제

Where do the speakers probably work? 화자들은 어디에서 근무하는가?

What type of company do the speakers most likely work for? 화자들은 어떤 회사에서 근무하는가?

C 고득점 전략

직접적으로 대화의 장소를 나타내는 어휘가 등장하지 않을 수도 있다. 이러한 경우에는 여러 가지 정황이나 우회적으로 대화 장소를 나타내는 표현들을 통해 정답을 유추해야 한다. 화자들이 속해 있는 부서를 묻는 문제의 경우, 화자들의 업무를 통해 정답을 찾을 수 있으며, 화자들의 업종을 묻는 문제의 경우, 화자들이 생산 및 판매하는 제품 등이 정답의 단서가 될 수 있다.

❶ 정답으로 자주 등장하는 대화 장소

library(도서관), museum(박물관), post office(우체국), newspaper(신문사), restaurant(식당), art gallery(미술관), store(상점), airport(공항) 등

❷ 정답의 단서를 알려 주는 시그널 표현

This is Mr. Smith from ~ / I'm calling from ~ / I work for ~ 등

1. Where does this conversation most likely take place?

(A) At an insurance company

(B) At a marketing firm

(C) At an electronics store

(D) At a clothing manufacturer

2. According to the men, what should the company do?

(A) Retrain its employees

(B) Target customers from the city

(C) Offer urban families extended warranties

(D) Produce more quality products

3. What will the woman do next?

(A) Propose a new marketing idea to an executive

(B) Increase the diversity of its workforce

(C) Host a professional development workshop

(D) Consider a merger with a foreign company

⚡ 정답 뽀개기

1. Where does this conversation most likely take place?

정답	(D) At a clothing manufacturer	대화 초반부의 **1-1 our adult clothing lines**(성인 의류 상품)와 대화 중반부의 **1-2 What if we develop a new clothing line for them?**(만약 우리가 그들을 위한 새로운 의류 상품을 개발한다면 어떨까요?)이라는 문장에서 clothing line이 언급되고 있다. 따라서 대화가 이루어지고 있는 곳은 (D)의 '의류 제조 업체'임을 유추할 수 있다.

> **풀이 전략 적용**
>
> 이 문제의 경우, 화자들이 생산하는 제품을 통해 화자들의 속해 있는 업체를 파악할 수 있다.

오답	(A) At an insurance company (B) At a marketing firm (C) At an electronics store	(A)와 (C)는 대화에서 언급된 marketing을 듣고 연상할 수 있는 업체들이다. 보험 회사와 전자 제품 상점에서도 마케팅이 이루어지기 때문에 clothing을 놓쳤을 경우 오답을 선택하기 쉬운 문제이다.

2. According to the men, what should the company do?

문제의 according to the men이 있으므로 남자들의 말에서 정답의 단서를 찾아야 한다. Kevin의 두 번째 대사 **2-1 I think it is time to focus on families in the city.**(서는 이제 도시에 거주하는 가족에 초점을 맞출 때라고 생각해요.) 중 focus on families in the city라는 내용이 언급되었고, Brian의 마지막 대사에서 **2-2 We could coordinate a campaign aimed at the growing urban population**(우리는 증가하는 도시 인구에 초점을 둔 캠페인을 계획하면)을 통해 (B)가 정답임을 쉽게 알 수 있다. 참고로 의견을 제시할 때 가장 많이 사용되는 표현인 'I think'가 시그널 표현으로 사용되었다.

정답 (B) Target customers from the city

PARAPHRASING

- focus on families in the city → target customers from the city

오답
(A) Retrain its employees

(C) Offer urban families extended warranties

(D) Produce more quality products

(A), (C), 그리고 (D)는 모두 대화 내용과 관련이 있는 어휘들, 즉 employees, urban families, products를 반복 사용하거나 이를 이용해 만든 오답이다.

3. What will the woman do next?

여자의 마지막 대사에서 **3 I will speak to the CEO about changing our marketing strategy.**(제가 우리의 마케팅 전략 변경에 대해 대표님께 말씀 드릴게요.)라고 말하고 있으므로 대화 직후에 여자가 할 행동은 (A)이다.

정답 (A) Propose a new marketing idea to an executive

PARAPHRASING

- speak to the CEO about changing our marketing strategy → propose a new marketing idea to an executive

오답
(B) Increase the diversity of its workforce

(C) Host a professional development workshop

(D) Consider a merger with a foreign company

(B)는 increase를 반복 사용해서 만든 오답으로, 직원의 다양성은 대화에서 언급되지 않았다. (D)는 consider를 반복해서 만든 오답으로, 외국 기업과의 합병과 관련된 내용 역시 언급된 바 없는 사항이다.

W Hi, Kevin and Brian. I'd like to speak to you about our marketing strategy. First, what do you think about our current marketing campaign, Kevin?

M1 Hmm... I know we've been trying very hard to direct our customers' attention to **1-1 our adult clothing lines**, but we weren't actually successful.

W That's right. We've been trying to increase sales all year.

M1 **2-1 I think it is time to focus on families in the city. 1-2 What if we develop a new clothing line for them?** It's definitely worth considering, I think. Brian, what do you think? You are part of the marketing team.

M2 Yeah, I am really concerned about our recent sales. **2-2 We could coordinate a campaign aimed at the growing urban population** so that we could diversify our clothing lines and not just depend on our adult clothing.

W Okay, then. **3 I will speak to the CEO about changing our marketing strategy.**

여 Kevin, Brian, 안녕하세요. 저희의 마케팅 전략에 대해 말씀 드리고 싶어요. 먼저, 현재 진행 중인 마케팅 캠페인에 대해 어떻게 생각하세요, Kevin?

남1 글쎄요, 우리가 고객들의 관심을 성인 의류 상품으로 유도하기 위해 열심히 노력해왔다는 것을 알지만, 실제로는 성공적이지 못했어요.

여 맞아요. 우리는 일년 동안 판매를 늘리기 위해 노력해 왔어요.

남1 저는 이제 도시에 거주하는 가족에 초점을 맞출 때라고 생각해요. 만약 우리가 그들을 위한 새로운 의류 상품을 개발한다면 어떨까요? 분명히 고려해 볼 가치가 있다고 생각해요. Brian, 마케팅 팀의 일원으로서 어떻게 생각하세요?

남2 네, 저는 최근의 매출에 대해 정말 걱정스러워요. 우리는 증가하는 도시 인구에 초점을 둔 캠페인을 계획하면 성인 의류에만 의존하지 않고 의류 상품을 다양화할 수 있을 것 같아요.

여 좋아요, 그러면, 제가 우리의 마케팅 전략 변경에 대해 대표님께 말씀 드릴게요.

---

1. 대화는 어디에서 이루어지고 있는 것 같은가?

(A) 보험사

(B) 마케팅 회사

(C) 전자 제품 판매점

(D) 의류 제조 업체

2. 남자들의 말에 따르면, 회사는 어떻게 해야 하는가?

(A) 직원을 재교육한다.

(B) 도시의 고객을 목표로 한다.

(C) 도시 가족들에게 연장된 보증서를 제공한다.

(D) 보다 우수한 품질의 제품을 생산한다.

3. 여자는 다음에 어떤 행동을 하겠는가?

(A) 경영진에게 새로운 마케팅 아이디어를 제안한다.

(B) 직원의 다양성을 높인다.

(C) 업무 능력 향상을 위한 워크숍을 개최한다.

(D) 외국기업과의 합병을 고려한다.

정답 **1.** (D) **2.** (B) **3.** (A)

어휘 **strategy** 전략 **increase** 증가하다 **develop** 개발하다 **worth** ~할 가치가 있는 **recent** 최근의 **coordinate** 조직화하다, 편성하다 **aimed at** ~을 목표로 한 **urban** 도시의 **population** 인구 **diversify** 다양화 하다 **depend on** ~에 의존하다

4. What type of company does the woman work for?

(A) An appliance store
(B) A medical clinic
(C) A catering company
(D) A grocery store

6. What does the man say the woman is unable to do?

(A) Get a cash refund
(B) Receive store credit
(C) Use a voucher
(D) Return merchandise

5. According to the man, why is the company having a sale?

(A) To attract new customers
(B) To make space for new items
(C) To move its location
(D) To go out of business

정답 뽀개기

4. What type of company does the woman work for?

정답 (A) An appliance store

여자의 첫 번째 대사 **4 Is it true that you're selling the Callisto 200 Espresso Machine for $99?**(Callisto 200 에스프레소 기계를 99달러에 판매한다는 게 사실인가요?)에서 Callisto 200 Espresso Machine을 제대로 들었으면 쉽게 정답을 찾을 수 있다. 보기 중 커피 머신을 취급하는 곳은 (A)의 '가전 제품 판매점'뿐이다.

오답
(B) A medical clinic
(C) A catering company
(D) A grocery store

(B)는 대화에서 언급된 health (건강)와 의미상 관련성이 높은 medical clinic (병원)을 이용해서 만든 오답이고, (C)는 커피 음료와 관련성이 있는 catering company(출장 음식 공급 회사)를 이용해서 만든 오답이다. (D)는 Complete Kitchen이라는 상점 이름과 discounted items(할인 품목)를 듣고 연상이 가능한 grocery store(식료품점)로 혼동을 유발시키려는 함정이다.

5. According to the man, why is the company having a sale?

정답	**(B) To make space for new items**

남자의 두 번째 대사 ⁵ **It's one of our quality items that have been marked down to make room for new fall products.**(가을 신상품을 위한 공간을 마련하기 위해 우리 회사에서 할인 판매 중인 품질 좋은 제품 중 하나입니다.)에서 to make room for new fall products라는 정보를 통해 할인 판매의 이유는 새로운 제품의 공간을 마련하기 위함임을 알 수 있다. 따라서 (B)가 정답이다.

오답	(A) To attract new customers (C) To move its location (D) To go out of business

(A), (C), 그리고 (D) 모두 대화에서 언급된 상점과 관련성이 높은 어휘, 즉 customers(고객), location((상점의) 위치), business(사업)와 같은 어휘를 이용해서 만든 오답이다.

6. What does the man say the woman is unable to do?

정답	**(C) Use a voucher**

남자의 마지막 대사에서 ⁶ **I'm sorry, but you are not allowed to use any coupons with discounted items.**(죄송하지만 할인된 품목에는 쿠폰을 사용하실 수 없어요.)에서 여자가 할 수 없는 것은 (C)의 '쿠폰 사용'임을 확인할 수 있다.

오답	(A) Get a cash refund (B) Receive store credit (D) Return merchandise

(A), (B), 그리고 (D) 모두 상점에서 사용될 수 있는 표현들, 즉 '현금 환불', '상점 포인트', '반품'과 같은 어휘를 이용한 함정이다.

스크립트 및 해석

M	You've reached Complete Kitchen. My name is Jay. How can I help you today?
W	⁴ **Is it true that you're selling the Callisto 200 Espresso Machine for $99?** I read an advertisement about the health benefits of drinking espresso.
M	Yes, we have it at that price. ⁵ **It's one of our quality items that have been marked down to make room for new fall products.**
W	That's good to know. I also have a coupon from Callisto. Can I use it to get an even lower price?
M	⁶ **I'm sorry, but you are not allowed to use any coupons with discounted items.**

남	Complete Kitchen에 전화 주셨습니다. 제 이름은 Jay입니다. 오늘 어떻게 도와드릴까요?
여	Callisto 200 에스프레소 기계를 99달러에 판매한다는 게 사실인가요? 에스프레소를 마시면 건강에 이롭다는 내용을 광고에서 읽었어요.
남	네, 그 가격에 판매하고 있어요. 가을 신상품을 위한 공간을 마련하기 위해 우리 회사에서 할인 판매 중인 품질 좋은 제품 중 하나입니다.
여	좋은 정보를 알게 되니 기쁘네요. Callisto에서 온 쿠폰도 있어요. 이 쿠폰을 사용해서 더 저렴한 가격에 구입할 수 있나요?
남	죄송하지만 할인된 품목에는 쿠폰을 사용하실 수 없어요.

4. 여자는 어떤 회사에서 일하는가?

(A) 기전 제품 판매점

(B) 병원

(C) 출장 음식 공급 회사

(D) 식료품점

6. 남자는 여자가 무엇을 할 수 없다고 말하고 있는가?

(A) 현금 환불 받기

(B) 상점 포인트 적립 표 받기

(C) 쿠폰 사용하기

(D) 반품하기

5. 남자의 말에 따르면, 회사는 왜 할인 판매를 하고 있는가?

(A) 신규 고객을 유치하기 위해서

(B) 새로운 제품을 위한 공간을 만들기 위해서

(C) 이전하기 위해서

(D) 폐업하기 위해서

정답 **4.** (A)   **5.** (B)   **6.** (C)

어휘 **benefit** 혜택, 이득   **mark down** 할인을 하다   **allow** 허락하다, 허용하다

기출 변형 7-9 대화를 듣고 주어진 질문에 가장 알맞은 답을 고르시오.   03-09

7. What type of company do the speakers work for?

(A) A construction company

(B) A financial company

(C) An advertising firm

(D) A paper goods supplier

9. What will the woman do on Monday?

(A) She will be interviewed by John Ellis.

(B) She will visit one of the branches.

(C) She will take a detour on her journey.

(D) She will apply to a different company.

8. What is the purpose of the meeting?

(A) To discuss the woman's performance

(B) To get more information from the woman

(C) To give the woman directions

(D) To offer the woman a job

⚡ **정답 뽀개기**

7. What type of company do the speakers work for?

정답 (B) A financial company

첫 번째 남자의 첫 대사 **⁷ I'm Alan Simon, the head of Human Resources here at Forrest Fund Management.**(저는 Forrest Fund Management에서 인사부장을 맡고 있는 Alan Simon이에요.)에서 **Forrest Fund Management**라는 업체명이 언급되고 있다. 보기에서 펀드 운영업체에 해당되는 회사는 (B)의 '금융 회사'뿐이다.

PARAPHRASING

- Forrest Fund Management → A financial company

8. What is the purpose of the meeting?

정답 (D) To offer the woman a job

첫 번째 남자의 첫 대사 **⁸ I see that you have expressed interest in our opening in the Finance Department, and we'd like to offer you the job.**(재무 부서의 공석에 관심을 보여주셔서, 당신에게 일자리를 제안하고 싶어요.)에서 회의의 목적은 채용과 관계된 것이라는 점을 알 수 있다. 따라서 (D)가 정답이다.

PARAPHRASING

- We'd like to offer you the job. → To offer the woman a job

오답 (A) To discuss the woman's performance

(B) To get more information from the woman

(C) To give the woman directions

세 명의 화자가 서로 인사를 나눈 후 지사 견학에 대해 이야기를 나눈 다음에 대화가 마무리 되었다. 여자의 성과에 대해, 또는 여자로부터 더 많은 정보를 얻기 위해 질문을 한 것은 아니기 때문에 (A)와 (B)는 오답이다. (C)의 경우, **someone on our staff will pick you up there**(직원이 데리러 갈 것)라는 부분을 통해서는 회의의 목적이 길을 알려 주기 위한 것도 아니라는 점을 알 수 있다.

9. What will the woman do on Monday?

두 번째 남자의 첫 대사 **⁹ I'd like to give you a tour of our branch in Eastport. Would you be able to meet with us next Monday?**(Eastport에 있는 저희 지점을 견학시켜 드릴게요. 다음 주 월요일에 저희와 만날 수 있을까요?)에서 여자가 월요일에 할 일은 (B)임을 알 수 있다.

정답

(B) She will visit one of the branches.

PARAPHRASING

- I'd like to give you a tour of our branch in Eastport. Would you be able to meet with us next Monday?
  → She will visit one of the branches.

오답

(A) She will be interviewed by John Ellis.

(C) She will take a detour on her journey.

(D) She will apply to a different company.

John Ellis는 현재 여자와 이야기를 나누고 있는 인물이므로 (A)는 오답이며, 여자는 Forrest Fund Management 사에 지원을 했고 이 회사의 지사를 견학할 예정이므로 '다른 회사에 지원할 것'이라는 (D)는 사실과 부합되지 않는 내용이다. 후반부에 교통 수단에 관한 내용이 나오지만 'detour (우회)'와 관련된 내용은 없으므로 (C)도 오답이다.

스크립트 및 해석

M1 Hello, Ms. West. **⁷ I'm Alan Simon, the head of Human Resources here at Forrest Fund Management. ⁸ I see that you have expressed interest in our opening in the Finance Department, and we'd like to offer you the job.**

W Really? That's such good news!

M1 We're also excited to get to know you. Let me introduce you to our coordinator in finance, and he'll give you all the necessary details about working with us.

M2 It's a pleasure to meet with you, Ms. West. My name is John Ellis. **⁹ I'd like to give you a tour of our branch in Eastport. Would you be able to meet with us next Monday?**

남1 West 씨, 안녕하세요. 저는 Forrest Fund Management 에서 인사부장을 맡고 있는 Alan Simon이에요. 재무 부서의 공석에 관심을 보여주셔서, 당신에게 일자리를 제안하고 싶어요.

여 그래요? 정말 좋은 소식이네요!

남1 저희도 당신을 알게 되어 기뻐요. 재무 부서의 코디네이터를 소개할게요. 코디네이터가 앞으로 우리와 함께 일하는 데 필요한 모든 세부 사항을 알려 드릴 거예요.

남2 West 씨, 만나서 반갑습니다. 저는 John Ellis이에요. Eastport에 있는 저희 지점을 견학시켜 드릴게요. 다음 주 월요일에 저희와 만날 수 있을까요?

여 물론 그렇게 할 수 있지만, 솔직히 그 지역에 대해서는 잘 몰라서요.

남2 지하철로 역까지 가시면 저희 직원이 데리러 갈 거예요.

W I could certainly do that, but I'm not too familiar with that area to be honest.

M2 You can take the subway to the station, and someone on our staff will pick you up there.

---

7. 화자들은 어떤 회사에서 일하는가?

(A) 건설 회사

(B) 금융 회사

(C) 광고 회사

(D) 종이 제품 공급업체

8. 회의의 목적은 무엇인가?

(A) 여자의 성과에 대해 논의하기 위해서

(B) 여자로부터 더 많은 정보를 얻기 위해서

(C) 여자에게 길을 알려 주기 위해서

(D) 여자에게 일자리를 제안하기 위해서

9. 여자는 월요일에 무엇을 할 것인가?

(A) 여자는 John Ellis와 면접을 할 것이다.

(B) 여자는 지점 중 한 곳을 방문할 것이다.

(C) 여자는 여행 중에 우회해야 할 것이다.

(D) 여자는 다른 회사에 지원할 것이다.

정답 **7.** (B) **8.** (D) **9.** (B)

[어휘] **Human Resources** 인사(부) **finance** 재무, 자금 **Finance Department** 재무부 **introduce** 소개하다 **necessary** 필요한 **obviously** 명백하게, 분명히 **branch** 지점, 지사; 가지 **familiar** 친숙한, 익숙한

Unit 04 중·후반부 내용과 관련된 문제

I. 문제가 무엇인지 묻는 문제

A 기본 풀이 전략

문제점을 묻는 문제의 경우에는 보통 대화의 초반부에서 정답의 단서를 찾을 수 있지만,
대화의 주제가 먼저 언급된 후에 그와 관련된 문제점이 논의되는 경우에는 대화의 중반부에서
정답의 단서가 드러나는 경우도 많다.

B 예시 문제

> What is the problem? 무엇이 문제인가?
>
> What does the man say is a problem? 남자는 무엇이 문제라고 말하는가?
>
> What problem does the woman mention? 여자는 어떤 문제를 언급하는가?
>
> What is the man concerned about? 남자는 무엇에 대해 우려하는가?
>
> What is the woman worried about? 여자는 무엇에 대해 걱정하는가?

C 고득점 전략

문제점이 직접 언급되는 경우도 있지만, 한 명의 화자가 던지는 질문과 상대방의 응답을 통해
간접적으로 문제점이 언급되는 경우도 있다. 이러한 경우에는 질문, 즉 의문문을 놓치지 않고 듣는
것이 중요하다. 아울러 하나의 대화에 여러 가지의 문제점이 등장할 수도 있다는 점도 유의해야 한다.

❶ 정답으로 자주 등장하는 문제점

out of order((기기 등의) 고장), behind schedule(시간 제약), high/low price(높은/낮은 가격)

❷ 정답의 단서를 알려 주는 시그널 표현

but(그러나) / however(그러나) / unfortunately(안타깝게도) / I'm sorry [afraid] ~ (유감스럽게도) /
actually(사실은) / I found [noticed, realized, identified] ~ (~한 문제점을 발견했어요)

II. 문제의 해결책과 관련된 문제

A 기본 풀이 전략

문제의 해결책을 묻는 문제의 경우, 정답의 단서는 대화 후반부에 등장하는 경우가 많다.
따라서 대화의 마지막 부분에 집중해서 정답을 찾도록 한다.

B 예시 문제

What does the woman suggest the man do? 여자는 남자에게 무엇을 할 것을 제안하는가?

What does the woman recommend they do? 여자는 그들이 무엇을 하라고 제안하는가?

What does the man ask the woman to do? 남자는 여자에게 무엇을 하라고 요청하는가?

C 고득점 전략

한 개의 문제점에 여러 개의 해결책이 등장하는 경우도 있을 수 있다. 즉, 첫 번째로 제시된 해결책이 문제를 해결할 수 없을 때는 또 다른 해결책이 제시된다. 아래 예시를 통해 이러한 내용을 확인해 보도록 하자.

예시

문제	The copier is broken. (복사기 고장)
해결책 1	call a repair person. (수리 기사에게 전화)

↓ [해결책 1로 문제가 해결될 수 없는 경우 아래와 같이 해결책 2가 제시됨]

해결책 2	The Sales Department has another copier. (영업부에 복사기가 있다. → 다른 부서에 있는 복사기를 이용해라.)

❶ 정답으로 자주 등장하는 해결책

ⓐ 기기 고장 → call a repairperson(수리 기사에게 연락)

ⓑ 시간 제약 → extend a deadline(마감일 연장)

ⓒ 오류 → review a document(서류 검토), give a few suggestions(해결책을 제안해 주다)

ⓓ 교통 → give a ride/lift(태워 주다), take the subway(지하철을 이용하다)

❷ 정답의 단서를 알려 주는 시그널 표현

ⓐ 제안: Why don't you [we, I] ~? / How about ~? / Let's ~ / Let me ~ / I suggest ~ 등

ⓑ 충고: You should ~ / You'd better ~ / You have to ~ / You must ~ 등

ⓒ 명령: Please ~ / Just ~ / First ~ 등

ⓓ 요청: Can you ~? / Could you ~? / Will you ~? / Would you ~? / I ask ~ 등

1. Where most likely are the speakers?

   (A) At a college
   (B) At a post office
   (C) At an electronics store
   (D) In a TV studio

2. What problem does the man mention?

   (A) He will run out of gas soon.
   (B) The fliers are not ready to be distributed.
   (C) The dormitories are under construction.
   (D) He does not have enough time to finish the work.

3. What does the woman ask the man to do?

   (A) Provide some fliers
   (B) Go back to headquarters
   (C) Make new fliers and coupons
   (D) Give out library cards

정답 뽀개기

1. Where most likely are the speakers?

남자의 첫 번째 대사 **¹ Have you finished distributing the fliers on campus?**(교내에 전단지 배포는 다 끝내셨나요?)에서 on campus가 정답의 단서이다. 화자들이 있는 곳은 (A)이다. dormitories(기숙사), library(도서관)와 같은 단어를 통해서도 대화가 이루어지고 있는 장소를 유추할 수 있다.

정답 (A) At a college

PARAPHRASING
- on campus / dormitories → at a college

오답
(B) At a post office
(C) At an electronics store
(D) In a TV studio

(C)는 대화에서 언급된 fliers(전단지, 홍보 자료)를 듣고 연상이 가능한 electronics(전자 제품)를 이용해 만든 오답이다. 홍보 대상은 언급된 바 없다.

2. What problem does the man mention?

(D) He does not have
enough time to finish
the work.

정답

남자의 첫 번째 대사 **² We only have another hour until we get back to the company.**(회사에 돌아갈 때까지 한 시간밖에 남지 않았어요.)에서 남자의 문제는 시간이 부족하다는 점임을 알 수 있다. 따라서 (D)가 정답이다.

PARAPHRASING

- We only have another hour → He do not have enough time to finish the work.

오답

(A) He will run out of gas soon.

(B) The fliers are not ready to be distributed.

(C) The dormitories are under construction.

(A)의 경우, run out of(~이 떨어지다)라는 표현 때문에 '전단지가 떨어졌다'는 점이 연상될 수 있지만, (A)는 '연료가 떨어졌다'는 의미이므로 이는 오답이다. (B)는 fliers와 distribute를 반복 사용해서 만든 오답으로, 전단지 배포 준비가 되어 있지 않은 것이 아니라 전단지가 부족할 뿐이다. 기숙사가 공사 중이라는 말은 찾아 볼 수 없으므로 (C) 역시 정답이 아니다.

3. What does the woman ask the man to do?

정답

(A) Provide some fliers

여자의 마지막 대사 **³ Can you give me some of your fliers and coupons?**(전단지와 쿠폰 좀 주실래요?)에서 여자가 요청한 사항은 (A)임을 알 수 있다.

> **풀이 전략 적용**
>
> 질문의 동사가 ask일 때에는 Can/Could/Will/Would you ~?
> (부탁 표현)가 시그널 표현인 경우가 많다.

PARAPHRASING

- give me some of your fliers → provide some fliers

오답

(B) Go back to headquarters

(C) Make new fliers and coupons

(D) Give out library cards

(B), (C), 그리고 (D) 모두 대화에 등장한 표현, headquarters, fliers and coupons, library를 반복 사용해서 만든 오답이다.

M ¹ **Have you finished distributing the fliers on campus?** ² **We only have another hour until we get back to the company.**

W Actually, we still haven't made our way to the dormitories yet.

M I spoke with a manager from headquarters, and he doesn't think that the dormitories are a priority. Why don't we finish up everything for today by the library?

W Okay, but I have already given out all the coupons I had. ³ **Can you give me some of your fliers and coupons?**

남 교내에 전단지 배포는 다 끝내셨나요? 회사에 돌아갈 때까지 한 시간밖에 남지 않았어요.

여 사실, 우리는 아직 기숙사에 배포하지 못했어요.

남 본사의 매니저와 이야기했는데, 기숙사가 우선이라고 생각하지 않으셨어요. 오늘은 도서관에서 마무리 하는 게 어때요?

여 네, 하지만 제가 가지고 있던 쿠폰은 이미 다 나눠줬어요. 전단지와 쿠폰 좀 주시겠어요?

1. 화자들은 어디에 있는 것 같은가?
(A) 대학교
(B) 우체국
(C) 전자제품 매장
(D) TV 스튜디오

3. 여자가 남자에게 부탁하는 것은 무엇인가?
(A) 전단지 제공하기
(B) 본사로 돌아가기
(C) 새 전단지와 쿠폰을 만들기
(D) 도서관 카드를 나눠주기

2. 남자에게 어떤 문제가 있는가?
(A) 연료가 곧 떨어질 것이다.
(B) 전단지를 배포할 준비가 되지 않았다.
(C) 기숙사는 공사 중이다.
(D) 그들은 일을 끝낼 시간이 충분하지 않다.

정답 **1.** (A) **2.** (D) **3.** (A)

어휘 **distribute** ~을 배포하다 **flier** 전단지 **dormitory** 기숙사 **headquarters** 본사 **priority** 우선 사항

기본중기본

기출 변형 4-6 대화를 듣고 주어진 질문에 가장 알맞은 답을 고르시오. 03-11

4. Where is the conversation most likely taking place?

(A) At a warehouse

(B) At a print shop

(C) At a theater

(D) At a restaurant

6. What does the woman suggest doing?

(A) Taking a look at a video on the Internet

(B) Getting a new copy machine online

(C) Attending an IT training session

(D) Speaking to a person from the Maintenance Department

5. What is the man's problem?

(A) A copier is out of order.

(B) He does not understand the trainee manual.

(C) Extra toner should be ordered online.

(D) The application he is using keeps crashing.

정답 뽀개기

4. Where is the conversation most likely taking place?

정답 (B) At a print shop

남자의 두 번째 대사 **4 Well, this copier doesn't seem to be working properly because I keep receiving an error message about the level of toner.**(글쎄요, 토너량에 대한 오류 메시지가 계속 나오고 있는 것으로 보아 이 복사기는 제대로 작동하지 않는 것 같아요.)에서 복사기와 토너량에 대한 오류 메시지가 언급되고 있는데, 보기 중에서 복사기 사용과 가장 연관성이 높은 장소는 (B)의 '인쇄소'라고 보는 것이 가장 적절하다.

오답
(A) At a warehouse
(C) At a theater
(D) At a restaurant

(C)는 대화에서 언급된 video와 연관이 있는 theater를 이용해서 만든 오답이고, (D)는 대화문의 copy machine을 coffee machine으로 잘못 들었을 때 연상할 수 있는 restaurant을 이용한 함정이다.

5. What is the man's problem?

남자의 두 번째 대사 [5]**Well, this copier doesn't seem to be working properly**(이 복사기는 제대로 작동하지 않는 것 같아요.)에서 복사기의 고장이 문제라는 점을 알 수 있다. 따라서 (A)가 정답이다. 여자의 첫 번째 대사 'Is there something wrong with the copy machine?' 과 남자의 두 번째 대사 'I keep receiving an error message about the level of toner.'를 통해서도 정답을 확인할 수 있다.

정답 (A) A copier is out of order.

> **풀이 전략 적용**
>
> 문제점을 이야기할 때 자주 사용되는 not ~ working properly라는 어구를 놓치지 않고 들었다면 남자의 문제를 쉽게 파악할 수 있다.

PARAPHRASING

• This copier doesn't seem to be working properly. →
A copier is out of order.

오답
(B) He does not understand the trainee manual.

(C) Extra toner should be ordered online.

(D) The application he is using keeps crashing.

(B)는 복사기와 관련성이 높은 manual(설명서)이라는 단어를 이용한 오답이고, (C)는 toner를 반복 사용해 만든 오답이다. (D)의 프로그램 오류 문제는 대화에서 전혀 언급된 바 없다.

6. What does the woman suggest doing?

여자의 마지막 대사 [6] **Hmm... I think it is better to watch an online video from the manufacturer.**(음… 제 생각에는 제조사의 온라인 비디오를 보는 것이 더 나을 것 같아요.)에서 여자가 제안한 것은 (A)의 '인터넷으로 동영상을 시청하는 것'임을 알 수 있다.

정답 (A) Taking a look at a video on the Internet

> **풀이 전략 적용**
>
> 질문의 동사가 suggest(제안하다)이므로, 시그널 표현인 Hmm... I think it is better ~로 시작하는 내용이 정답임을 알 수 있다.

오답
(B) Getting a new copy machine online

(C) Attending an IT training session

(D) Speaking to a person from the Maintenance Department

나머지 보기들은 모두 복사기와 관련성이 높은 표현들, 즉 copy machine(복사기), training session((복사기 사용을 위한) 교육), Maintenance Department(유지 보수 관리 부서) 등을 이용해 만든 오답이다.

M Hi, Lisa. I'm having some difficulty with the copier. Would you mind helping me out?

W No problem, Anthony. Is there something wrong with the copy machine?

M **4, 5 Well, this copier doesn't seem to be working properly because I keep receiving an error message about the level of toner.**

W **6 Hmm... I think it is better to watch an online video from the manufacturer.** That should help you with it.

남 안녕하세요, Lisa. 제가 복사기 때문에 어려움을 겪고 있어요. 저 좀 도와주시겠어요?

여 물론이죠, Anthony. 복사기에 무슨 문제가 있나요?

남 글쎄요, 토너량에 대한 오류 메시지가 계속 나오고 있는 것으로 보아 이 복사기는 제대로 작동하지 않는 것 같아요.

여 음... 제 생각에는 제조사의 온라인 비디오를 보는 것이 더 나을 것 같아요. 그게 도움이 될 거예요.

4. 대화가 어디에서 이루어지고 있는 것 같은가?
(A) 창고
(B) 인쇄소
(C) 극장
(D) 식당

5. 남자의 문제는 무엇인가?
(A) 복사기가 고장 났다.
(B) 교육자 설명서를 이해하지 못한다.
(C) 추가 토너는 온라인으로 주문해야 한다.
(D) 사용 중인 응용 프로그램에서 계속 오류가 생기고 있다.

6. 여자가 제안한 것은 무엇인가?
(A) 인터넷으로 동영상을 보는 것
(B) 온라인으로 복사기를 구입하는 것
(C) IT 교육에 참석하는 것
(D) 관리 부서 직원에게 보고하는 것

정답 **4.** (B) **5.** (A) **6.** (A)

어휘 **difficulty** 어려움, 장애 **copier** 복사기 **properly** 제대로, 적절히 **manufacturer** 제조자, 제조 회사

7. What problem does the man have?

(A) A toaster oven damaged his dish.

(B) His toaster oven did not come with a warranty.

(C) His toaster oven was delivered with parts missing.

(D) A toaster oven ruined his food.

9. What does the woman suggest the man do?

(A) Complain to the head of the company in writing

(B) Repair the machine himself

(C) Buy a better machine

(D) Extend its warranty

8. Why does the man have to pay for repairs?

(A) Because he does not have a warranty

(B) Because his warranty has expired

(C) Because he is not sure of the problem

(D) Because he bought his item online

정답 뽀개기

7. What problem does the man have?

정답	(A) A toaster oven damaged his dish.	남자의 첫 번째 대사 **7 Hello. I purchased this toaster oven from your online store, but I think there's something wrong with it. It damaged one of my dishes this week.**(안녕하세요. 온라인 상점에서 토스터 오븐을 샀는데 문제가 있는 것 같아요. 이번 주에 접시 하나가 파손되었어요.)에서 남자의 문제를 확인할 수 있다. 남자는 토스터 오븐의 고장으로 인한 접시 파손에 대해 이야기하고 있으므로 (A)가 정답이다.
오답	(B) His toaster oven did not come with a warranty. (C) His toaster oven was delivered with parts missing. (D) A toaster oven ruined his food.	대화 초반부에서 Isn't that covered under my warranty?(보증서에 따라 보상되는 것 아닌가요?)라는 문장의 내용으로 볼 때 제품 보증서가 제공되지 않았다고 볼 수는 없다. 따라서 (B)는 사실과 다른 내용이다.

8. Why does the man have to pay for repairs?

정답	(B) Because his warranty has expired.	여자의 마지막 대사 **8 Unfortunately, I see here that your warranty expired two weeks ago.**(유감스럽게도, 자료를 살펴보니, 보증 기간이 2주 전에 만료되었네요.)를 통해 보증 기간이 만료되어 남자가 수리비를 부담해야 한다는 사실을 알 수 있다. 따라서 (B)가 정답이다.
오답	(A) Because he does not have a warranty (C) Because he is not sure of the problem (D) Because he bought his item online	(C)는 problem을 반복한 오답이며, (D)는 대화 초반부에 언급된 online 을 반복하였을 뿐만 아니라, 대화 후반부의 purchasing과 관련이 있는 bought를 이용한 오답이다.

9. What does the woman suggest the man do?

정답	(C) Buy a better machine	대화의 마지막 부분에서 여자는 **9 Why don't you think about purchasing a model from our C series? It's made from better materials.**(저희 회사의 C 시리즈 모델을 구매하는 것에 대해 생각해보시 는 것은 어떨까요? 더 좋은 소재로 제조되었어요.)라고 말하면서 남자에게 새 제품을 살 것을 권유하고 있다. 따라서 여자가 제안한 사항은 (C)이다. PARAPHRASING • purchasing a model / better materials → Buy a better machine
오답	(A) Complain to the head of the company in writing (B) Repair the machine himself (D) Extend its warranty	(A)와 (B)는 구입한 제품에 문제가 있을 때 취할 수 있는 행동이지만 이들 중 대화에서 언급된 것은 없으므로 오답이다. (D)는 대화상에 warranty(보증 서)가 언급되었지만 extend(연장하다)와 관련된 내용은 없으므로 정답이 될 수 없다.

M 7 Hello. I purchased this toaster oven from your online store, but I think there's something wrong with it. It damaged one of my dishes this week. Is that covered under my warranty?

W Actually, that's a recurring problem with that line of ovens. If you give me your name, I'll look you up in our system.

M It's Stanley Abrams.

W 8 Unfortunately, I see here that your warranty just expired two weeks ago. 9 Why don't you think about purchasing a model from our C series? It's made from better materials.

M That sounds like a good investment.

남 안녕하세요. 온라인 상점에서 토스터 오븐을 샀는데 문제가 있는 것 같아요. 이번 주에 접시 하나가 파손되었어요. 보증서에 따라 보상되는 거죠?

여 그 라인의 오븐 제품에서 발생하고 있는 반복적인 문제예요. 성함을 알려 주시면, 저희 시스템에서 고객님 정보를 찾아볼게요.

남 Stanley Abrams예요.

여 안타깝게도, 여기에 보증 기간이 바로 2주 전에 만료되었다고 나오네요. 저희 회사의 C시리즈 모델을 구매하는 것에 대해 생각해보시는 건 어떨까요? 더 좋은 소재로 제조되었어요.

남 구입할 만하네요.

---

7. 남자가 가지고 있는 문제는 무엇인가?

(A) 토스터 오븐이 접시를 손상시켰다.

(B) 토스터 오븐에 보증서가 함께 제공되지 않았다.

(C) 토스터 오븐에 부품이 누락된 상태로 배달되었다.

(D) 토스터 오븐이 음식을 엉망으로 만들었다.

8. 남자는 왜 수리비를 지불해야 하는가?

(A) 보증서가 없기 때문에

(B) 남자의 보증 기간이 만료되었기 때문에

(C) 남자가 문제를 잘 모르기 때문에

(D) 남자가 온라인으로 물건을 샀기 때문에

9. 여자는 남자에게 무엇을 하라고 제안하는가?

(A) 사장에게 서면으로 항의한다

(B) 기계를 직접 수리한다

(C) 더 좋은 기계를 구입한다

(D) 보증 기간을 연장한다

정답 **7.** (A) **8.** (B) **9.** (C)

어휘 **cover** 보장하다 **warranty** 보증(서) **recurring** 되풀이하여 발생하는 **expired** 기한이 지난 **material** 재료, 자재 **investment** 투자, (구입할 가치가 있는) 물건

Unit 05 세부 사항 문제

A 기본 풀이 전략

세부 사항 문제를 풀기 위해서는 먼저 질문의 핵심어를 파악한 후, 대화에서 질문의 핵심어가 언급되는 부분에서 정답의 단서를 찾도록 한다. 질문에서 주어의 성별을 확인하여 해당 화자의 대사에 집중한다면 정답을 맞출 수 있는 확률을 더 높일 수 있다.

B 예시 문제

> Who is Mr. Kim? Kim 씨는 누구인가?
>
> What does the man say about the seminar? 남자는 세미나에 대해 무엇을 말하는가?
>
> What will happen on Thursday? 목요일에 어떤 일이 일어날 것 같은가?
>
> Why is the woman at New Tech Incorporated? 여자는 왜 New Tech 회사에 있는가?

C 고득점 전략

인물, 사물 및 제품명, 시간, 장소, 그리고 숫자 등은 핵심어로 등장할 가능성이 높은 표현들이다.
또한 대문자로 시작하는 고유명사 역시 핵심어로 자주 등장하는데, 이러한 고유명사는 대화 내에서 반복되는 경우가 많다.

정답으로 자주 등장하는 표현

ⓐ 인물 및 직책: Mr. Kim, the manager, the supervisor

ⓑ 사물 및 제품명: ZX3000, the product

ⓒ 시간: Monday, next week, yesterday, today

ⓓ 장소: New York, the museum, the office

ⓔ 숫자

1. Who most likely is the woman?

(A) A journalist
(B) A firefighter
(C) A police officer
(D) A judge

3. According to the woman, how is the area more suitable for families?

(A) It is now less expensive.
(B) It is now more accessible.
(C) It now has more exhibits.
(D) It now stays open later.

2. What happened to the museum last year?

(A) It added new wings.
(B) It was relocated to a different area.
(C) It was damaged in a fire.
(D) It was supported by the city council.

정답 뽀개기

1. Who most likely is the woman?

정답	(A) A journalist	여자의 첫 번째 대사 **¹This is Cynthia Steele reporting for Action News in Watertown.**(Action News in Watertown의 Cynthia Steele 입니다.) 중에서 reporting이라는 단어에 착안하면 여자의 직업은 (A)의 '기자'일 것이다.
오답	(B) A firefighter (C) A police officer (D) A judge	(B)는 대화에서 언급된 fire와 관련성이 있는 firefighter(소방관)를 이용해 만든 오답이다.

2. What happened to the museum last year?

정답	(C) The museum was damaged in a fire.	여자의 첫 번째 대사 **² After many months of renovations following last year's fire**(작년 화재 사고에 이어서 수 개월 동안 보수 공사를 한 뒤)에서 작년에 박물관이 화재로 피해를 입었다는 사실을 알 수 있다. 따라서 (C)가 정답이다.

(A) It added new wings.

(B) It was relocated to a different area.

(D) It was supported by the city council.

오답

새로운 부속 건물 건축, 이전, 시의회의 지원에 대한 언급은 없었으므로 보기 (A), (B), 그리고 (D)는 모두 오답이다.

3. According to the woman, how is the area more suitable for families?

정답

(B) It is now more accessible.

여자의 마지막 대사 ³ **it will be even easier for families to enjoy it because of the new subway stop and improvements to parking here downtown.**(이곳 시내에 개선된 주차 시설과 새로운 지하철 역으로 인해 가족들이 더 쉽게 즐길 수 있을 거예요.)에서 정답의 단서를 찾을 수 있다. 주차 시설의 개선과 지하철 역의 신설로 인한 효과는 (B)로 볼 수 있다.

PARAPHRASING

• the new subway stop → It is now more accessible.

오답

(A) It is now less expensive.

(C) It now has more exhibits.

(D) It now stays open later.

가격, 전시품, 그리고 영업 시간에 대한 언급은 찾아볼 수 없으므로 (A), (C), 그리고 (D)는 모두 오답이다.

스크립트 및 해석

W ¹**This is Cynthia Steele reporting for Action News in Watertown. I'm coming to you live from the Children's Museum downtown.** ² **After many months of renovations following last year's fire,** families are eager to see the museum's reemergence. Sir, how long have you been waiting here?

M My son and I have been here since this morning. This was actually the only museum my son liked, and it's great to see it reopen after all the damage.

W Of course, and ³ **it will be even easier for families to enjoy it because of the new subway stop and improvements to parking here downtown.**

M Yes, that's another plus of the new museum.

여 Action News in Watertown의 Cynthia Steele입니다. 시내 어린이 박물관에서 생방송으로 전해 드리고 있습니다. 작년의 화재에 이어 수개월 동안 보수 공사 후, 가족들은 박물관이 다시 개관하기를 간절히 바라고 있습니다. 선생님, 여기서 얼마나 기다리셨나요?

남 제 아들과 저는 오늘 아침부터 여기에 있었어요. 사실 이 박물관은 제 아들이 좋아했던 유일한 박물관이었어요. 그리고 그 모든 피해를 겪은 후에 다시 문을 여는 것을 보는 것은 정말 멋진 일이에요.

여 물론이죠, 그리고 여기 시내에 개선된 주차 시설과 새로운 지하철 정류장으로 인해 가족들이 더 쉽게 즐길 수 있을 거예요.

남 네, 그것은 새로운 박물관의 또 다른 장점이에요.

1. 여자는 누구일 것 같은가?

   (A) 기사

   (B) 소방관

   (C) 경찰관

   (D) 판사

2. 작년에 박물관에는 어떤 일이 있었는가?

   (A) 박물관은 새로운 부속 건물을 건축했다.

   (B) 박물관은 다른 지역으로 이전했다.

   (C) 화재로 박물관이 피해를 입었다.

   (D) 박물관은 시의회의 지원을 받았다.

3. 여자의 말에 따르면, 이 지역이 어떻게 가족들에게 더 적합해졌는가?

   (A) 더 저렴해졌다.

   (B) 접근성이 더 좋아졌다.

   (C) 더 많은 전시품을 갖게 되었다.

   (D) 더 늦은 시간까지 운영한다.

정답 **1.** (A) **2.** (C) **3.** (B)

어휘 **renovation** 개조, 보수 **eager** 간절히 바라는 **reemergence** 재출현 **improvement** 향상, 개선

 **4-6** 대화를 듣고 주어진 질문에 가장 알맞은 답을 고르시오. ◀) 03-14

4. Where do the speakers most likely work?

   (A) At a train station

   (B) At a product packaging firm

   (C) At an insurance company

   (D) At an investment firm

6. What does Nathan say he will do next?

   (A) Complete his document

   (B) Go to the station

   (C) Park his car

   (D) Provide his address

5. Why does Mike decline the woman's request?

   (A) He is meeting a customer.

   (B) He is scheduled to move some furniture.

   (C) He needs to finish a report.

   (D) He still has loads of extra work.

4. Where do the speakers most likely work?

여자의 첫 번째 대사 **⁴They're coming to meet with Andrew, the new fund manager, to discuss our investment products.**(그들은 우리의 투자 상품에 관한 이야기를 하기 위해서 새로운 펀드 매니저인 Andrew를 만나러 올 거예요.)에서 our investment products를 놓치지 않고 들었다면 쉽게 정답을 찾을 수 있다. 보기 중 투자 상품을 판매하는 곳은 (D)이다.

정답 (D) At an investment firm

(A) At a train station

(B) At a product packaging firm

(C) At an insurance company

오답

(A)는 대화 초반부에 등장한 train이라는 단어를 이용해 만든 오답이며, (C)는 대화 중반부에 등장한 car를 듣고 연상이 가능한 car insurance(자동차 보험)를 이용한 함정이다.

5. Why does Mike decline the woman's request?

첫 번째 남자의 대사 **⁵ I am afraid that I have an urgent meeting with a client this afternoon**(죄송하지만, 오늘 오후에 고객과 긴급한 회의가 있고 오늘 저녁까지 진행될 예정이에요.)라고 했으므로 정답은 (A)이다.

정답 (A) He is meeting a customer.

> **풀이 전략 적용**
>
> 거절의 이유를 묻고 있으므로, 거절의 표현인 'I am afraid that ~' 부분의 내용에 집중하면 정답을 찾을 수 있다.

PARAPHRASING

• I have an urgent meeting with a client →
He is meeting a customer.

(B) He is scheduled to move some furniture.

(C) He needs to finish a report.

(D) He still has loads of extra work.

오답

(B)는 meeting과 의미상 관련성이 있는 scheduled를 이용해서 만든 오답이고, 보고서를 마무리 할 사람은 Nathan이기 때문에 (C)는 Mike의 거절 사유가 될 수 없다. 또한 중요한 회의가 있다는 점은 언급되었지만 업무량이 많다는 점은 언급되지 않았으므로 (D) 역시 오답이다.

6. What does Nathan say he will do next?

Nathan의 마지막 대사 [6] **I will finish my yearly expense report before that.**(그렇게 하기 전에 연례 경비 보고서 작업을 끝내겠습니다.)에서 finish my yearly expense report 라고 언급했으므로 그가 다음에 할 일은 (A)이다.

정답 (A) Complete his document

미래에 이루어질 두 개의 행위를 언급할 때에는 before 또는 after를 이용해서 표현하는 경우가 많다. 따라서 이러한 표현들을 중심으로 이루어질 행위의 순서를 정확히 파악해야 한다.

PARAPHRASING

- finish my yearly expense report → complete a document

오답
(B) Go to the station
(C) Park his car
(D) Provide his address

Nathan의 마지막 대사를 통해 미래에 이루어질 일은 'finish my yearly expense report(연례 경비 보고서 마무리 하기)'와 '기차역으로 가서 고객을 태우고 본사로 가기', 이 두 가지라는 점을 알 수 있다. 하지만 질문에서 요구하는 것은 대화 직후에 이루어질 일이다. 따라서 두 가지 행동 중 먼저 이루어질 일인 (A)가 정답이고 (B)는 오답이다.

스크립트 및 해석

W Hello, Mike and Nathan. As you two already know, there are some clients arriving by train this afternoon at around 2:00 P.M. [4] **They're coming to meet with Andrew, the new fund manager, to discuss our investment products.** Mike, can you take a company car and bring them to headquarters?

M1 [5] **I am afraid that I have an urgent meeting with a client this afternoon,** and it will last until this evening.

W Okay. Then what about you, Nathan? Can you handle this?

M2 Sure. Will they be arriving on the east side of the tracks or the west side?

여 Mike, Nathan, 안녕하세요. 두 분도 이미 알고 계시겠지만, 오늘 오후 2시쯤 기차로 도착하는 고객들이 있어요. 그들은 우리의 투자 상품에 관한 이야기를 하기 위해서 새로운 펀드 매니저인 Andrew를 만나러 올 거예요. Mike, 회사 차를 이용해서 본사로 모시고 오실 수 있나요?

남1 죄송하지만, 오늘 오후에 고객과 긴급한 회의가 있고 오늘 저녁까지 진행될 예정이에요.

여 그렇군요. 그러면 Nathan 당신은요? 이 일을 맡아 줄 수 있나요?

남2 물론이죠. 동쪽 선로에 도착하시나요, 아니면 서쪽 선로에 도착하시나요?

여 그들은 동쪽 선로에 도착하기로 되어 있어서, 동문에 주차하는 것이 더 쉬울 거예요.

남 그렇군요. 연례 경비 보고서 작업을 끝내고 역으로 출발할게요.

W They are supposed to come on the east side, so it will be easier to park at the east gate.

M Sure. ⁶ **I will finish my yearly expense report before that.**

---

4. 화자들은 어디에서 일하는 것 같은가?

(A) 기차역에서
(B) 제품 포장 회사에서
(C) 보험 회사에서
(D) 투자 회사에서

6. Nathan은 다음에 무엇을 하겠다고 말하는가?

(A) 문서를 완성한다
(B) 역으로 간다
(C) 차를 주차한다
(D) 주소를 알려 준다

5. Mike는 왜 여자의 요청을 거절하는가?

(A) 고객을 만나야 하기 때문에
(B) 가구를 옮길 예정이기 때문에
(C) 보고서를 끝내야 하기 때문에
(D) 추가적으로 해야 할 일이 많기 때문에

정답 **4.** (D) **5.** (A) **6.** (A)

어휘 **client** 의뢰인, 고객 **investment** 투자 **headquarters** 본사 **urgent** 긴급한, 시급한 **last** 지속하다 **handle** 다루다, 처리하다

기출 변형 7-9 대화를 듣고 주어진 질문에 가장 알맞은 답을 고르시오. ◀)) 03-15

7. What does the woman ask about?

(A) Distributing fliers
(B) Getting supplies sooner
(C) Working on posters
(D) Receiving deliveries

9. What will the man do next?

(A) Ask for advice
(B) Alter the posters' designs
(C) Hire more workers
(D) Change the store's name

8. Who is Ms. Abbey?

(A) A marketing manager
(B) A print shop assistant
(C) A poster designer
(D) A food analyst

7. What does the woman ask about?

어자의 첫 번째 대사 **7 how's it going with the posters that Saint Foods requested?**(Saint Foods가 요청한 포스터 작업은 어떻게 진행되고 있나요?)에서 여자가 문의하는 사항은 (C)임을 알 수 있다.

정답 (C) Working on posters

> **풀이 전략 적용**
>
> 일반적으로 문의를 할 때에는 의문문을 사용한다. 그래서 질문에 ask about (문의하다)이라는 어구가 있는 경우 의문문 안에 정답의 단서가 있는 경우가 많다.

PARAPHRASING
- how's it going with the posters → Working on posters

오답
(A) Distributing fliers
(B) Getting supplies sooner
(D) Receiving deliveries

(A)는 대화에서 언급된 posters(포스터)와 관련이 있는 fliers(전단지)를 이용한 오답이고, (D)는 대화에서 언급된 이름의 일부분인 'Foods'를 듣고 연상할 수 있는 deliveries(배달)를 이용했지만, 배달에 관한 내용은 대화에서 언급되지 않았으므로 오답이다.

8. Who is Ms. Abbey?

대화 중반부 여자의 대사 **8 I've just talked to Ms. Abbey, the marketing director at Saint Foods**(방금 Saint Foods의 마케팅 이사님이신 Abbey씨와 말씀을 나눴는데요)라고 신분을 직접적으로 언급했으므로 정답은 (A)이다.

정답 (A) Marketing manager

> **풀이 전략 적용**
>
> 질문에서 언급되는 고유명사는 대화문에 주로 반복되기 때문에 사람 이름에 해당하는 Ms. Abbey가 언급되는 부분을 집중해서 들었다면 쉽게 정답을 찾을 수 있는 문제이다.

오답
(B) A print shop assistant
(C) A poster designer
(D) A food analyst

(B)는 대화에 등장한 print shop을 반복 사용해서 만든 오답이고, (C)는 대화에 등장한 남자의 직업이기 때문에 오답이다. (D)는 대화에 등장한 Saint Foods의 일부분인 food를 반복해서 만든 오답이다.

9. What will the man do next?

여자의 두 번째 대사 **9-1 she mentioned she wanted the posters to be much simpler.**(포스터가 훨씬 더 단순해 지길 원하신다고 하셨어요.)에서 간접적으로, 그리고 그 뒤에 이어지는 남자의 응답 **9-2 I'll change them immediately**(바로 변경할게요.)를 통해서 대화 직후에 남자가 할 일은 (B)가 정답임을 알 수 있다. 다음에 할 일을 묻는 문제가 등장하면 정답 단서는 항상 대화의 끝부분에서 있다는 점을 다시 한 번 기억하자.

정답   (B) Alter the posters' designs

PARAPHRASING

- change them → Alter the posters' designs

오답

(A) Ask for advice

(C) Hire more workers

(D) Change the store's name

(A)와 (C)는 포스터 작업과 관련이 있는 '조언 구하기' 및 '증원'을 이용한 오답이며, 포스터를 변경하는 것이지 상점의 이름을 변경하는 것은 아니므로 (D) 또한 정답이 아니다.

스크립트 및 해석

W   Steven, **7 how's it going with the posters that Saint Foods requested?** Are you having any trouble with them?

M   They're a bit more challenging than I anticipated, but I think I am doing well. Do you want to have a look at them now?

W   Sure. Hmm... actually, **8 I've just talked to Ms. Abbey, the marketing director at Saint Foods, and 9-1 she mentioned she wanted the posters to be much simpler.**

M   No problem. **9-2 I'll change them immediately before going to the print shop.**

W   Thanks. I am sure that we can expand our customer database if Saint Foods is satisfied with them. That will help us grow.

여   Steven 씨, Saint Foods가 요청한 포스터 작업은 어떻게 진행되고 있나요? 포스터에 무슨 문제가 있나요?

남   제가 생각 했던 것 보다는 어려운데 잘 진행하고 있는 것 같아요. 지금 한번 살펴 보시겠어요?

여   물론이죠. 음... 사실, 방금 Saint Foods의 마케팅 이사님 이신 Abbey 씨와 말씀을 나눴는데 포스터가 훨씬 더 단순해 지기를 원하신다고 하셨어요.

남   문제없어요. 인쇄소에 가기 전에 바로 변경할게요.

여   고마워요. Saint Foods 가 이 작업에 만족한다면 고객층을 확장할 수 있을 것이라고 확신해요. 이것은 우리가 성장하는데 도움이 될 거예요.

7. 여자는 무엇에 관해 문의하고 있는가?

(A) 전단지 배포하기

(B) 물품 더 빨리 구매하기

(C) 포스터 직업하기

(D) 배송 물품 받기

8. Abbey 씨는 누구인가?

(A) 마케팅 관리자

(B) 인쇄소 보조원

(C) 포스터 디자이너

(D) 식품 분석가

9. 남자는 다음에 무엇을 할 것인가?

(A) 조언을 구한다.

(B) 포스터 디자인을 변경한다.

(C) 더 많은 직원을 고용한다.

(D) 매장 이름을 변경한다.

정답 **7.** (C)   **8.** (A)   **9.** (B)

어휘 **request** 요청하다 **challenging** 도전적인, 어려운 **anticipate** 예상하다 **mention** 말하다, 언급하다 **immediately** 즉시 **expand** 확장되다 **satisfied** 만족하는

 기출 변형 10-12 대화를 듣고 주어진 질문에 가장 알맞은 답을 고르시오. 🔊 03-16

10. Where do the speakers most likely work?

(A) At a manufacturing company

(B) At an advertising firm

(C) At a museum

(D) At a government agency

11. Why is the plan going to be delayed?

(A) Because of a strike

(B) Because of inclement weather

(C) Because of transportation costs

(D) Because of missing parts

12. What will the woman do next?

(A) She will speak to her secretary.

(B) She will notify customers of a policy.

(C) She will meet with suppliers.

(D) She will give a presentation.

10. Where do the speakers most likely work?

정답 (A) At a manufacturing company

여자의 첫 번째 대사 ¹⁰**The blueprints for the new plant are ready to be sent to our manufacturers in Dubai.**(두바이에 있는 우리 제조업체에 보내질 새 공장의 설계도가 준비되어 있어요.) 중에서 our manufacturers가 정답의 단서이다. 정답은 (A)이다.

11. Why is the plan going to be delayed?

정답 (B) Because of inclement weather

남자의 첫 번째 대사 ¹¹**They're expecting storms in the UAE.**(그들은 UAE에 폭풍이 몰아칠 것으로 예상하고 있어요.)를 통해 (B)의 '안 좋은 날씨' 때문에 공사에 차질이 생겼음을 알 수 있다.

PARAPHRASING
- They're expecting storms. → Because of inclement weather

오답
(A) Because of a strike

(C) Because of transportation costs

(D) Because of missing parts

(A)는 대화 초반부에 언급된 plant, manufactures와 의미상 연관성이 있는 단어인 strike(파업)을 이용한 오답이다.

12. What will the woman do next?

정답 (A) She will speak to her secretary.

여자의 두 번째 대사 ¹²**Shall I have my secretary tell them what's going on?**(제 비서에게 지시해서 진행 상황을 통보하라고 할까요?)에서 여자가 할 일은 (A)임을 쉽게 알 수 있다.

오답
(B) She will notify customers of a policy.

(C) She will meet with suppliers.

(D) She will give a presentation.

(B)는 대화의 후반부에 언급된 동사인 tell과 의미상 관련성이 있는 notify를 이용한 오답이다.

W Good afternoon, Martin. [10]**The blueprints for the new plant are ready to be sent to our manufacturers in Dubai.**

M Actually, the construction of the plant has been set back. [11]**They're expecting storms in the UAE.** The groundbreaking ceremony will have to take place next month.

W I understand. We'll need to inform the architects and the contractors of the delay as soon as possible. [12]**Shall I have my secretary tell them what's going on?**

M That would be great.

여 안녕하세요, Martin. 두바이에 있는 우리 제조업체에 보내질 새 공장의 설계도가 준비되어 있어요.

남 사실, 공장의 건설은 뒤로 미뤄졌어요. UAE에 폭풍이 몰아칠 것으로 예상하고 있어요. 공사는 다음 달에 시작해야 할 것 같아요.

여 알겠어요. 건축가들과 건설업자들에게 가능한 한 빨리 공사 지연 소식을 알려야 해요. 제 비서에게 지시해서 진행 상황을 통보하라고 할까요?

남 그렇게 하는 것이 좋겠네요.

---

10. 화자들은 어디에서 일하는 것 같은가?
    (A) 제조 회사
    (B) 광고 회사
    (C) 박물관
    (D) 정부 기관

11. 계획이 왜 지연되는가?
    (A) 파업 때문에
    (B) 안 좋은 날씨 때문에
    (C) 운송비 때문에
    (D) 누락된 부품 때문에

12. 여자는 다음에 무엇을 할 것인가?
    (A) 여자는 비서에게 지시할 것이다.
    (B) 여자는 고객들에게 정책에 대해 통보할 것이다.
    (C) 여자는 공급업체를 만날 것이다.
    (D) 여자는 발표를 할 것이다.

정답 10. (A) 11. (B) 12. (A)

어휘 **blueprint** 청사진 **plant** 공장, 식물 **manufacturer** 제조자, 생산 회사 **groundbreaking ceremony** 기공식 **architect** 건축가 **contractor** 도급업자 **secretary** 비서

기출 변형 13-15 대화를 듣고 주어진 질문에 가장 알맞은 답을 고르시오. ◀》 03-17

13. Where are the speakers?

(A) At a hotel
(B) At a community center
(C) At a music concert
(D) At a sporting event

15. What does the man recommend the woman do?

(A) Prepare for a meeting agenda
(B) Get some brochures ready
(C) Confirm an event schedule
(D) Go to a conference

14. What problem did the man have last year?

(A) A microphone did not work.
(B) His view was obstructed.
(C) There were not enough seats.
(D) He did not have a ticket.

정답 뽀개기

13. Where are the speakers?

정답 (A) At a hotel

여자의 첫 번째 대사 **13 Hi, Chris. Thank you for coming to help organize the World Economic Conference here at the Diamond Hotel.**(안녕하세요, Chris. 여기 Diamond 호텔에서 개최될 세계 경제 회의를 위한 준비를 도와주러 와 주셔서 고마워요.)에서 화자들이 있는 곳은 호텔임을 알 수 있다. 따라서, 정답은 (A)이다.

오답 (B) At a community center
(C) At a music concert
(D) At a sporting event

음악회에서도 technical difficulties(기술적인 문제)가 발생할 수는 있으나 대화에 음악회와 관련된 내용은 없으므로 (C)는 오답이다.

14. What problem did the man have last year?

정답 (A) A microphone did not work.

남자의 첫 번째 대사 **14 Actually, when I organized the conference last year, one of the microphones stopped working**(사실 제가 작년에 회의를 준비했을 때, 마이크 하나가 작동을 멈췄어요.)에서 남자가 겪은 문제는 마이크 고장임을 알 수 있다. 따라서 (A)가 정답이다.

PARAPHRASING

• one of the microphones stopped working →
A microphone did not work.

(B) His view was obstructed.

(C) There were not enough seats.

(D) He did not have a ticket.

(B)는 대화의 장소와 관련이 있어 보이는 '시야를 가렸다'는 내용인데, 이러한 문제는 언급되지 않았다. (C)와 (D)는 대화에서 언급된 conference와 의미적으로 관련성이 있는 seat(좌석)와 ticket(표)을 이용한 오답이다.

15. What does the man recommend the woman do?

남자의 마지막 대사 ¹⁵ **Just make sure that all of the attendees have brochures before coming to the conference.**(회의에 참석하기 전에 모든 참석자가 안내 책자를 가지고 있는지 확인하세요.)에서 남자가 여자에게 하라고 한 것은 (B)의 '안내 책자 준비하기'임을 알 수 있다.

정답 (B) Get some brochures ready

PARAPHRASING
* make sure that all of the attendees have brochures → Get some brochures ready

오답 (A) Prepare for a meeting agenda

(C) Confirm an event schedule

(D) Go to a conference

(A)는 organize(준비하다)와 비슷한 의미의 표현 prepare for를 이용했지만 '회의 안건'을 준비하라고 제안한 것은 아니므로 오답이고, (C)는 brochure(안내 책자)와 의미적으로 관련성이 있는 표현인 schedule(일정표)을 이용했지만 일정표에 대한 언급은 없으므로 오답이다.

스크립트 및 해석

W ¹³ **Hi, Chris. Thank you for coming to help organize the World Economic Conference here at the Diamond Hotel.** We don't have much time before it starts.

M It's my pleasure. ¹⁴ **Actually, when I organized the conference last year, one of the microphones stopped working,** and that led to a lot of chaos. So it is better to have spares in case of any technical difficulties.

W Thanks for letting me know. I will ask someone on the staff to get us more microphones.

M Actually, there is one more thing. ¹⁵ **Just make sure that all of the attendees have brochures before coming to the conference.**

W Thanks. I will do that.

여 안녕하세요, Chris. 여기 Diamond 호텔에서 개최될 세계 경제 회의를 위한 준비를 도와주러 와 주셔서 고마워요. 시작하기 전까지 시간이 별로 없어요.

남 별말씀을요. 사실 제가 작년에 회의를 준비했을 때, 마이크 하나가 작동을 멈추었고 그것은 많은 혼란으로 이어졌어요. 그래서 기술적인 문제를 대비해 여분을 가지고 있는 것이 좋아요.

여 알려 주셔서 감사해요. 직원에게 마이크를 더 가져오라고 요청할게요.

남 사실, 한 가지 더 있어요. 회의에 참석하기 전에 모든 참석자가 안내 책자를 가지고 있는지 확인하세요.

여 고마워요. 그렇게 할게요.

13. 화자들은 어디에 있는가?

(A) 호텔에

(B) 커뮤니티 센터에

(C) 음악회에

(D) 스포츠 행사에

14. 남자는 작년에 어떤 문제를 겪었는가?

(A) 마이크가 작동하지 않았다.

(B) 시야가 가려졌다.

(C) 자리가 부족했다.

(D) 남자는 표가 없었다.

15. 남자는 여자에게 무엇을 하라고 제안하는가?

(A) 회의 안건 준비하기

(B) 안내 책자 준비하기

(C) 행사 일정표 확인하기

(D) 회의에 참석하기

정답 **13.** (A)　**14.** (A)　**15.** (B)

어휘 **organize** 조직하다, 준비하다 **chaos** 혼돈, 혼란 **spare** 여분 **technical difficulty** 기술적 문제

기출 변형 **16-18** 대화를 듣고 주어진 질문에 가장 알맞은 답을 고르시오. 03-18

16. What is the woman working on?

(A) Making a slideshow

(B) Writing a computer program

(C) Designing a brochure

(D) Booking rooms for a business trip

17. What does the man ask the woman to do?

(A) Use fewer photographs

(B) Reduce the amount of writing

(C) Make some text easier to read

(D) Apply a wider selection of colors

18. What will the woman do tomorrow?

(A) Speak to her coworkers about a seminar

(B) Place orders with some manufacturers

(C) Meet with potential customers

(D) Get new fonts online

16. What is the woman working on?

정답

(C) Designing a brochure

님지의 힛 빈쩨 대시 [16] **I was just looking at the photos for the brochure you're designing for the company, and they look stunning.**(회사를 위해 제작하고 계신 홍보 자료용 사진을 보고 있는데 정말 멋지네요.)에서 여자가 하고 있는 일은 (C)의 '홍보자료 제작하기'임을 확인할 수 있다.

오답

(A) Making a slideshow

(B) Writing a computer program

(D) Booking rooms for a business trip

(A)는 대화에서 언급된 photos와 관련이 있는 slideshow를, (B)는 fonts와 관련이 있는 writing이라는 단어를 이용해 만든 오답이다.

17. What does the man ask the woman to do?

정답

(C) Make some text easier to read

남자는 여자에게 [17] **About the text though, I was hoping you would use more legible fonts.**(그런데, 글에는 조금 더 읽기 쉬운 글꼴이 사용되기를 바랐어요.)라고 말하면서 읽기 쉬운 서체를 써 달라는 요청을 하고 있다. 따라서 (C)가 정답이다.

PARAPHRASING

• use more legible fonts → Make some text easier to read

오답

(A) Use fewer photographs

(B) Reduce the amount of writing

(D) Apply a wider selection of colors

(A)는 대화에서 언급된 photos와 의미 및 형태가 유사한 photographs를 이용해 만든 오답이고, (B)는 writing을 반복 사용해 혼동을 유발시키려는 함정이다.

18. What will the woman do tomorrow?

여자의 마지막 대사 [18] **I think I probably need to download a few new fonts from a Web site tomorrow**(내일 웹 사이트에서 새 글꼴을 몇 개 다운로드해야 할 것 같네요.)에서 여자가 내일 할 일은 (D)의 '새 서체를 다운로드하는 것'임을 알 수 있다.

정답

(D) Get new fonts online

PARAPHRASING

• download a few new fonts from a Web site → Get new fonts online

(A) Speak to her coworkers about a seminar

(B) Place orders with some manufacturers

(C) Meet with potential customers

(C)는 대화에서 언급된 brochure, appeal to teenagers와 의미상 관련이 있는 potential customers를 이용한 오답이다.

스크립트 및 해석

M Hello, Danielle. **16 I was just looking at the photos for the brochure you're designing for the company, and they look stunning.**

W I'm happy you like them. Do you think they will appeal to teenagers?

M I'm very confident they'll make a real connection. **17 About the text though, I was hoping you would use more legible fonts.**

W **18 I think I probably need to download a few new fonts from a Web site tomorrow.** I'll double-check with Jason as soon as he gets back from the print shop.

남 Danielle, 안녕하세요. 회사를 위해 제작하고 계신 홍보 자료용 사진을 보고 있는데 정말 멋지네요.

여 마음에 드신다니 기쁘네요. 이 사진들이 십대 아이들의 관심을 불러일으킬 수 있을 거라고 생각하세요?

남 저는 그것들이 십대 아이들과 잘 연결될 거라고 확신해요. 그런데, 글에는 조금 더 읽기 쉬운 글꼴이 사용되기를 바랐어요.

여 내일 웹 사이트에서 새 글꼴을 몇 개 다운로드해야 할 것 같네요. Jason이 인쇄소에서 돌아오는 대로 다시 확인해 볼게요.

---

16. 여자는 어떤 작업을 하고 있는가?

(A) 슬라이드 쇼 만들기
(B) 컴퓨터 프로그램 작성하기
(C) 홍보 자료 제작하기
(D) 출장을 위해 방 예약하기

17. 남자가 여자에게 부탁하는 것은 무엇인가?

(A) 사진 적게 사용하기
(B) 글쓰기 양 줄이기
(C) 텍스트를 읽기 쉽게 만들기
(D) 다양한 색상 적용하기

18. 여자는 내일 무엇을 할 것인가?

(A) 세미나에 대해 동료들과 이야기한다.
(B) 제조업체에 주문을 한다.
(C) 잠재 고객과 만난다.
(D) 새 글꼴을 온라인에서 다운로드한다.

정답 **16.** (C) **17.** (C) **18.** (D)

어휘 **stunning** 멋진 **appeal** 관심을 불러일으키다 **confident** 확신하는 **legible** 또렷한 **font** 폰트, 글꼴

화자의 의도를 묻는 문제

⒜ 기본 풀이 전략

화자의 의도를 묻는 문제는 대화에서 화자가 언급한 부분을 다시 한 번 들려 주며 그렇게 말한 의도나 이유를 묻는 문제이다. 정답의 단서는 인용된 부분 바로 뒤에 등장하는 경우가 대부분이다. 아울러 이 역시 문제에서 주어의 성별을 파악한 다음 해당되는 화자의 대사에 집중하면 정답을 맞출 수 있는 확률을 높일 수 있다.

⒝ 예시 문제

> What does the man mean when he says, " ~ "? 남자는 ~라고 말할 때 무엇을 의미하는가?
> What does the woman imply when she says, " ~ "? 여자는 ~라고 말할 때 무엇을 암시하는가?
> Why does the man say, " ~ "? 남자는 왜 ~라고 말하는가?

⒞ 고득점 전략

화자의 의도를 묻는 문제는 인용된 문장의 표면적인 뜻을 묻기 보다 문맥상의 의미를 묻는 문제라 할 수 있다. 따라서 동일한 표현이라도 문맥에 따라 그 의미가 달라질 수 있으므로 대화의 전반적인 흐름을 정확히 이해한 후, 인용문에 내포된 의미를 찾도록 한다.

정답에서 자주 등장하는 표현

동의, 수락, 인정	agree, accept, admit, acknowledge
반대, 거절, 부인	disagree, reject, refuse, decline
긍정적인 감정 표현	happy, pleased, satisfied, relieved, excited, surprised
부정적인 감정 표현	disappointed, upset, bored
감사 표현	thankful, grateful, gratitude, appreciation
기타 표현	to reassure(안심시키기 위해서), to explain(설명하기 위해서)

대화를 듣고 주어진 질문에 가장 알맞은 답을 고르시오. ◀)) 03-19

1. What will the woman do next week?

(A) She will borrow some travel adapters.

(B) She will travel to a different country.

(C) She will meet a travel agent.

(D) She will work with Taylor.

2. Why does the man say, "We've got you covered"?

(A) The company's branches are located nationwide.

(B) The store can place orders quickly.

(C) The store offers reasonable prices.

(D) The store has what customers need.

3. What does the man offer the woman?

(A) An opportunity to work in North America

(B) A new price estimate that suits her

(C) A product made by his company

(D) A complimentary carry-on suitcase

정답 뽀개기

1. What will the woman do next week?

정답	(B) She will travel to a different country.	여자의 첫 번째 대사 ¹ **I'm going to America next week**(다음 주에 미국에 갈 예정인데요)에서 여자가 다음 주에 할 일은 (B)의 '해외 여행'임을 알 수 있다. PARAPHRASING • I'm going to America → She will travel to a different country.
오답	(A) She will borrow some travel adapters. (C) She will meet a travel agent. (D) She will work with Taylor.	(A)는 travel adapter를 반복하고 있지만, 이를 대여한다는 내용은 대화에서 언급되지 않았다. 여자가 여행사 직원을 만날 가능성도 있지만 이러한 내용은 언급되지 않았을 뿐만 아니라 여행을 가는 것에 대화의 초점이 맞춰져 있으므로 (C) 또한 정답이 될 수 없다.

2. Why does the man say, "We've got you covered"?

여자가 I'll be needing the right travel adapter.(미국 여행 전용 어댑터가 필요하다.)라고 말하자 남자는 ²**This device here from Taylor works with any outlet in the world.**(Taylor 사가 만든 이 징치는 세계 어느 콘센트와도 호환돼요.)라고 응답한다. 즉 남자가 여자에게 제품을 소개해 주는 상황이므로 남자가 주어진 문장처럼 말한 의도는 (D)로 볼 수 있다.

정답　(D) The store has what customers need.

> **풀이 전략 적용**
>
> 주어진 문장의 뜻을 이해하지 못하더라도 주어진 문장이 I'll be needing the right travel adapter라는 고객의 말에 대한 직원의 답변이라는 점과 남자가 여자에게 필요한 제품을 추천하고 있는 상황이라는 점을 파악하면 정답이 (D)라는 점을 쉽게 알 수 있다.

오답
(A) The company's branches are located nationwide.

(B) The store can place orders quickly.

(C) The store offers reasonable prices.

상점에 고객이 원할 것 같은 상품이 있다는 의미이지 상점에서 합리적인 가격으로 물건을 판매한다는 의도를 내비친 것은 아니므로 (C)를 정답으로 골라서는 안 된다.

3. What does the man offer the woman?

Taylor 사의 제품이 비싸다고 한 여자에게 남자는 ³**At Circuit Circus we also carry—for a bit less money—our own line of adapters that will work anywhere in North America.**(저희 Circuit Circus에서도 조금 더 저렴하고, 북미 어느 곳에서나 사용할 수 있는 어댑터를 취급하고 있어요.)라고 말하면서 본인 회사의 제품을 여자에게 소개하고 있다. 따라서 (C)가 정답이다.

정답　(C) A product made by his company.

PARAPHRASING
- At Circuit Circus we also carry our own line of adapters → A product made by his company.

오답
(A) An opportunity to work in North America

(B) A new price estimate that suits her

(D) A complimentary carry-on suitcase

남자는 여자에게 보다 저렴한 제품을 소개할 뿐, 가격 견적서를 제공하고 있지는 않으므로 (B)는 정답이 될 수 없다.

M   Hi. Welcome to Circuit Circus. How can we meet your needs today?

W   **[1] I'm going to America next week,** and I'll be needing the right travel adapter.

M   We've got you covered. **[2] This device here from Taylor works with any outlet in the world.**

W   I'm afraid that's out of my price range.

M   **[3] At Circuit Circus we also carry—for a bit less money—our own line of adapters that will work anywhere in North America.**

W   That's exactly what I need!

남   안녕하세요. Circuit Circus에 오신 것을 환영합니다. 어떻게 도와 드릴까요?

여   다음 주에 미국에 갈 예정인데요, 미국 여행 전용 어댑터가 필요할 것 같아요.

남   저희가 도와 드릴 수 있어요. Taylor 사가 만든 이 장치는 전 세계 어느 콘센트와도 호환돼요.

여   유감스럽게도 제가 생각한 가격 범위 밖이네요.

남   저희 Circuit Circus에서도 조금 더 저렴하고, 북미 어느 곳에서나 사용할 수 있는 어댑터도 취급하고 있어요.

여   그게 바로 제가 필요한 거예요!

1. 여자는 다음 주에 무엇을 할 것인가?
   (A) 여자는 여행용 어댑터를 빌릴 것이다.
   (B) 여자는 다른 나라로 여행할 것이다.
   (C) 여자는 여행사 직원을 만날 것이다.
   (D) 여자는 Taylor 사와 일할 것이다.

2. 남자는 왜 "저희가 도와 드릴 수 있어요."라고 말하는가?
   (A) 회사의 지점은 전국에 있다.
   (B) 매장은 주문을 빨리 할 수 있다.
   (C) 매장은 합리적인 가격을 제공한다.
   (D) 매장에는 고객이 필요로 하는 것이 있다.

3. 남자가 여자에게 제공하는 것은 무엇인가?
   (A) 북미에서 일할 수 있는 기회
   (B) 여자에게 맞춘 새로운 가격 견적서
   (C) 회사에서 만든 다른 제품
   (D) 무료 기내 여행 가방

정답 **1.** (B)   **2.** (D)   **3.** (C)

어휘 **adapter** 어댑터, 접속 소켓 **outlet** 콘센트 **range** 범위 **carry** 취급하다

4. What is the conversation mainly about?

    (A) Trying a new restaurant

    (B) Rescheduling an appointment

    (C) Going shopping

    (D) Opening a new shop

6. What will the man do after the project?

    (A) He will take a vacation.

    (B) He will ask for a pay raise.

    (C) He will begin another project.

    (D) He will advertise a new item.

5. What does the man mean when he says, "Actually, the project is almost finished"?

    (A) It is important to help each other.

    (B) He did not finish the project on time.

    (C) The project's deadline is approaching.

    (D) He does not need assistance.

정답 뽀개기

4. What is the conversation mainly about?

정답	(A) Trying a new restaurant	여자의 첫 번째 대사 ⁴ **I am going to go to dinner with Maria after work. There is an Indonesian restaurant that recently opened.**(저는 일 끝나고 Maria와 저녁을 먹으러 갈 거예요. 최근에 개업한 인도네시아 식당이 있어요.)에서 recently opened를 보기에서 new로 바꿔서 표현했지만, dinner(저녁 식사), restaurant(식당)이라는 직접적인 표현을 사용해서 '새로운 식당에 가보기'가 주된 주제라는 것을 알려주고 있으므로 정답은 (A)이다.
오답	(B) Rescheduling an appointment (C) Going shopping (D) Opening a new shop	Do you want to join us?(저희랑 같이 갈래요?)라고 제안하는 것으로 보아 식사 일정이 이미 정해져 있는 것이 아니다. 그래서, reschedule(일정 변경하기)이 주된 주제가 될 수 없다. 그러므로, (B)는 오답이다.

5. What does the man mean when he says, "Actually, the project is almost finished"?

정답 (D) He does not need assistance.

여자의 두 번째 대사에서 **⁵ You'd better ask the manager to assign more staff members to help you.**(우리 부서의 운영 체제가 변경되었고 매니저에게 도움을 줄 직원을 더 배정해 달라고 부탁하는 것이 좋겠어요.)라는 말에 남자가 '사실, 프로젝트는 거의 끝났어요.'라고 제안을 거절하고 있으므로 '다른 사람의 도움이 필요하지 않다.'는 의미를 유추할 수 있다. 따라서, 정답은 (D)이다.

오답

(A) It is important to help each other.

(B) He did not finish the project on time.

(C) The project's deadline is approaching.

대화 중반부의 'You'd better ask the manager to assign more staff members to help you.'라는 말에는 '서로 돕는 것이 중요하다.'라는 의미가 내포되어 있을 수 있지만, 이 문제는 남자의 대사에 대한 의도를 묻는 문제이므로 (A)는 정답이 될 수 없다. 대화 중반부에서 'my schedule with Marcus Advertising has been very challenging.(Marcus 광고 회사와의 제 일정이 너무 벅차네요.)'라고 했지만 '제시간에 끝내지 못했다.'라는 의미는 아니므로 (B)도 오답이다. (C)도 역시 대화 내용에 '일정이 벅차다.'라는 말은 있지만 인용문의 의도는 아니므로 정답이 될 수 없다.

6. What will the man do after the project?

정답 (A) He will take a vacation

남자의 마지막 대사 **⁶⁻¹ I will ask for time off for vacation after that.**(그 후에 휴가를 신청할 거예요.)에서 vacation(휴가)이라는 직접적인 표현을 언급했고, 여자의 마지막 대사에서 **⁶⁻² It would be nice to have a holiday after a big project like that.**(이렇게 큰 프로젝트를 마치고 휴가를 보내면 좋을 것 같아요.)라는 내용을 통해서도 정답이 (A)임을 알 수 있다.

오답

(B) He will ask for a pay raise.

(C) He will begin another project.

(D) He will advertise a new item.

대화 후반부에 '프로젝트'라는 표현이 언급되었지만 또 다른 프로젝트에 대한 내용은 없으므로 (C)는 정답이 될 수 없다.

W Hi, Jake. **⁴ I am going to go to dinner with Maria after work. There is an Indonesian restaurant that recently opened.** Do you want to join us?

M Sounds good, but my schedule with Marcus Advertising has been very challenging. I wish I could go with you.

W It's a pity that you can't go with us. **⁵ You'd better ask the manager to assign more staff members to help you.**

M Actually, the project is almost finished, and **⁶⁻¹ I will ask for time off for vacation after that.** We can go to another restaurant the next time.

W Yes, of course. **⁶⁻² It would be nice to have a holiday after a big project like that.**

여 안녕하세요, Jake. 저는 일 끝나고 Maria와 저녁을 먹으러 갈 거예요. 최근에 개업한 인도네시아 식당이 있어요. 우리랑 같이 갈래요?

남 좋긴 한데, Marcus 광고 회사와의 제 일정이 너무 벅차네요. 당신들과 함께 갈 수 있으면 좋을 텐데요.

여 우리랑 같이 가지 못해서 유감이네요. 매니저에게 도움을 줄 직원을 더 배정해 달라고 부탁하는 것이 좋겠어요.

남 사실, 프로젝트는 거의 끝났고 그 후에 휴가를 신청할 거예요. 다음 번에 다른 식당으로 갈 수 있을 것 같아요.

여 네, 물론이죠. 이렇게 큰 프로젝트를 마치고 휴가를 보내면 좋을 것 같아요.

---

4. 대화의 주된 주제는 무엇인가?
   (A) 새로운 식당에 가보기
   (B) 일정 변경 하기
   (C) 쇼핑 가기
   (D) 새로운 상점 열기

6. 남자는 프로젝트 후에 무엇을 할 것인가?
   (A) 그는 휴가를 갈 것이다.
   (B) 그는 임금 인상을 요구할 것이다.
   (C) 그는 다른 프로젝트를 시작할 것이다.
   (D) 그는 새로운 상품을 광고할 것이다.

5. 남자가 "사실, 프로젝트는 거의 끝났어요."라고 말할 때 의미하는 것은 무엇인가?
   (A) 서로 돕는 것이 중요하다.
   (B) 프로젝트를 제시간에 끝내지 못했다.
   (C) 프로젝트 마감일이 다가오고 있다.
   (D) 도움이 필요하지 않다.

정답 **4.** (A) **5.** (D) **6.** (A)

어휘 **recently** 최근에 **challenging** 도전적인, 어려운 **pity** 유감스러운 일 **assign** 할당하다, 임명하다, 배정하다 **time off for vacation** 휴가 **holiday** 휴가

시각 정보 문제

A 기본 풀이 전략

시각 정보 문제는 표나 그래프 등의 시각 정보와 함께 출제되는 문제를 의미한다. 시각 정보 문제가 등장하면 주어진 표나 그래프에서 특별히 눈에 띄는 부분을 먼저 표시해 둔다. 그런 다음 문제를 미리 읽어 보고 앞으로 전개될 대화 내용을 예측해 보도록 한다.

B 예시 문제

Look at the graphic. When does the man plan to arrive at the hall?
도표를 보시오. 남자는 공연장에 언제 도착할 계획인가?

Look at the graphic. Which of the ingredients does the woman express concern about? 도표를 보시오. 남자는 어떤 성분에 대해 걱정하고 있는가?

C 고득점 전략

시각 정보의 종류에 따라 유의해야 할 점에 대해 알아보도록 하자.

❶ 할인 쿠폰

문제에서 어떤 정보를 요구하는지 정확히 파악해야 한다. 왼쪽의 할인 쿠폰에는 할인 대상, 할인 받을 수 있는 조건, 할인 폭, 그리고 유효 기간 등 다양한 정보를 찾을 수 있는데, 문제에서 요구하는 것은 결국 한 가지 정보와 관련된 것이다.

❷ 시간표

CONCERT HALL

SHOWTIME - 9:00 P.M.
DOORS OPEN - 8:00 P.M.

SATURDAY, JUNE 15

한 가지 항목과 관련해서 여러 개의 정보가 등장할 수도 있다. 왼쪽의 시간표의 경우, 공연 시작 시간을 물으면 9시가 답이 될 것이고, 공연장 오픈 시간을 물으면 8시가 정답이 될 것이다.

❸ 성분 표시

Nutrition Facts	
Fat	10mg
Sodium	20mg
Sugar	30mg
Protein	5g

단위에 주의해야 한다. 다른 성분은 mg으로 표시된 반면, Protein (단백질)은 g으로 표시되어 있다.

❹ 가격표

ABC Store	
Item No.	Price
701	$3
702	$5
703	$9
704	$12

도표에 없는 숫자를 이용해 정답을 표현할 수도 있다. 왼쪽의 가격표를 보면 704번 상품의 가격은 12달러이지만, 정답에서 이를 more than 10 dollars 등으로 표현할 수도 있다.

❺ 그래프 및 차트

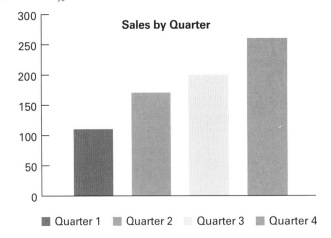

그래프나 차트가 제시되면 가로축에 표시된 값은 최상급 표현, 예컨대 lowest, second [next] lowest, second [next] highest, highest 등으로 묘사할 수 있다. 가로축 값에 해당되는 세로축 값을 묻는 문제도 등장할 수 있다.

기출 변형 1-3 대화를 듣고 주어진 질문에 가장 알맞은 답을 고르시오. ◀)) 03-21

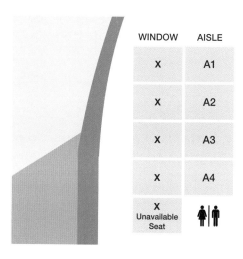

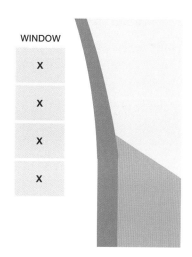

1. What is the purpose of the man's trip?

(A) To meet with a supplier
(B) To review a contract
(C) To get rest and relaxation
(D) To offer several materials

3. Look at the graphic. Which seat does the man request?

(A) A1
(B) A2
(C) A3
(D) A4

2. Who most likely is the woman?

(A) An assistant
(B) A client
(C) A train operator
(D) An airport staff member

정답 뽀개기

1. What is the purpose of the man's trip?

남자의 첫 번째 대사 [1] **I have an important meeting with Eagle Steel in Vancouver next Monday.**(다음 주 월요일에 밴쿠버에서 Eagle Steel와 중요한 회의가 있어요.) 중 an important meeting with Eagle Steel이라는 부분을 통해 남자의 여행 목적은 (A)임을 확인할 수 있다.

정답 (A) To meet with a supplier

(B) To review a contract

(C) To get rest and relaxation

(D) To offer several materials

'중요한 회의'가 있다고 했지만, 회의에서 하게 될 구체적인 활동에 대한 언급은 없었으므로 (B)는 정답이 될 수 없다. (C)도 질문에 trip이 있고 대화에 Vancouver가 언급되었기 때문에 '휴식'이 연상될 수는 있지만 남자는 출장을 가는 것이므로 정답이 될 수 없다. 또한, 자료와 관련된 내용도 언급되지 않았으므로 (D) 역시 오답이다.

2. Who most likely is the woman?

정답 (A) An assistant

남자의 첫 번째 대사에서 **2-1 Can you book a plane ticket for me?**(비행기표를 예약해 주실 수 있을까요?)라고 남자는 여자에게 비행기표 예약을 부탁했고, 이 부탁에 여자가 **2-2 Yes, of course.**(네, 물론이죠.)라고 응답하고 있으므로 정답은 (A)이다.

오답

(B) A client

(C) A train operator

(D) An airport staff member

대화문 초반부에 공급 업체 이름이 언급되었지만 여자가 고객은 아니므로 (B)는 오답이고, 대화문이 trip(출장, 여행)에 관한 내용이지만 여자가 여행사 직원도 아니고 공항 직원도 아니기 때문에 (C)와 (D) 역시 오답이다.

3. Look at the graphic. Which seat does the man request?

정답 (D) A4

남자의 마지막 대사에서 **3 Hmm... in that case, I will have to take the one near the bathroom. I am sure that will make it easier for me to use the bathroom.**(음... 그렇다면, 화장실 근처에 있는 자리로 해야겠네요. 화장실을 사용하는 것이 더 쉬울 테니까요.)라고 최종적으로 화장실 근처 통로 자리를 요청하고 있다는 것을 알 수 있다. 따라서 정답은 (D)이다.

오답

(A) A1

(B) A2

(C) A3

나머지 보기들도 모두 통로 쪽 자리이지만 화장실 근처 자리는 아니므로 정답이 될 수 없다.

스크립트 및 해석

M Hi, Sally. **1 I have an important meeting with Eagle Steel in Vancouver next Monday. 2-1 Can you book a plane ticket for me?**

W **2-2 Yes, of course.** What time are you planning to leave for Vancouver?

M I will be leaving at around 1:00 P.M., and I would prefer a window seat if it's possible because I always enjoy looking at the scenery in that area.

남 안녕하세요, Sally. 다음 주 월요일에 밴쿠버에서 Eagle Steel와 중요한 회의가 있어요. 비행기표를 예약해 주실 수 있을까요?

여 네, 물론이죠. 밴쿠버로 몇 시에 출발할 예정이세요?

남 오후 1시쯤 출발할 예정인데, 그 지역의 경치 보는 것을 항상 즐기기 때문에 가능하면 창가 쪽 자리로 예약해 주세요.

여 현재 좌석이 4개밖에 없는 것 같은데, 안타깝게도, 모두 통로 쪽 좌석이네요. 창가 쪽 좌석을 예약할 수 있도록 날짜나 시간을 변경해 드릴까요?

W There seem to be only four seats available at the moment, and unfortunately, they are all aisle ones. Would you like me to change the date or time so that I can book a window seat for you?

M **³ Hmm… in that case, I will have to take the one near the bathroom. I am sure that will make it easier for me to use the bathroom.** Thanks.

남 음… 그렇다면, 화장실 근처에 있는 자리로 해야겠네요. 화장실을 사용하는 것이 더 쉬울 테니까요. 고마워요.

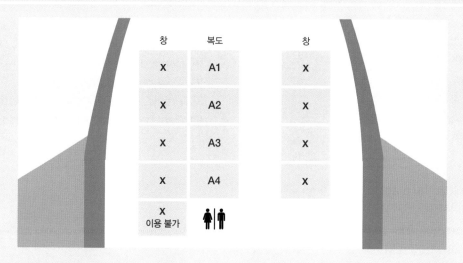

1. 남자의 출장 목적은 무엇인가?
   (A) 공급업체와 회의를 하기 위해
   (B) 계약서를 검토하기 위해
   (C) 휴식을 취하기 위해
   (D) 몇 개의 자료를 제공하기 위해

2. 여자는 누구일 것 같은가?
   (A) 보조원
   (B) 고객
   (C) 기차 검표원
   (D) 공항 직원

3. 도표를 보시오. 남자는 어느 좌석을 요청하고 있는가?
   (A) A1
   (B) A2
   (C) A3
   (D) A4

정답 **1.** (A)   **2.** (A)   **3.** (D)

어휘 **scenery** 경치, 풍경 **available** 사용 가능한 **aisle** 통로 **bathroom** 화장실

Open Interview Times

Monday: 9:00 A.M.

Tuesday: 3:00 P.M.

Wednesday: 10:00 A.M.

Thursday: 11:00 A.M.

Friday: Noon

4. What kind of business does the man work for?

(A) A food service provider
(B) A cleaning service
(C) An advertising agency
(D) A construction firm

6. What is the woman asked to do?

(A) Use a different route
(B) Take public transportation
(C) Provide résumés and cover letters
(D) Park her car near the parking lot

5. Look at the graphic. What time will the woman be interviewed?

(A) At 3:00 P.M.
(B) At 11:00 A.M.
(C) At 9:00 A.M.
(D) At 10:00 A.M.

정답 뽀개기

4. What kind of business does the man work for?

남자의 두 번째 대사 **⁴ I'm looking at your résumé with regard to our opening for the executive chef position.**(저희의 주방장 공석과 관련하여 당신의 이력서를 보고 있어요.)에서 our opening for the executive chef position(저희의 주방장 공석)이라는 부분에 유의하면 남자는 (A)의 '음식 서비스업'에 종사하고 있음을 알 수 있다.

정답 (A) A food service provider

PARAPHRASING
- executive chef → A food service provider

(B) A cleaning service

오답 (C) An advertising agency

(D) A construction firm

advertising이라는 단어를 통해 '(일자리) 광고'가 연상될 수는 있으나 대화에서 광고와 관련된 내용은 찾아볼 수 없으므로 (C)는 오답이다.

5. Look at the graphic. What time will the woman be interviewed?

정답 (B) At 11 A.M.

남자의 ⁵ **Would you be willing to come next Thursday?**(다음 주 목요일에 오시겠어요?)라는 질문에 여자가 That won't be a problem. (문제 없어요.)이라고 응답하고 있으므로 면접일은 목요일이 될 것이라는 점을 알 수 있다. 도표에서 목요일의 면접 시간을 찾으면 정답은 (B)임을 쉽게 알 수 있다.

오답
(A) At 3:00 P.M.

(C) At 9:00 A.M.

(D) At 10:00 A.M.

남자가 Can you come here for an interview next Monday at 9:00?이라고 묻자 여자는 I am sorry.라고 말하면서 9시에는 면접이 불가능하다는 점을 시사한다. 따라서 (C)는 오답이다. 또한 I am always available on Wednesday afternoons.라는 여자의 말에 남자가 Unfortunately, we are extremely busy on Wednesday afternoons.라고 응답하면서 수요일 역시 면접이 불가능함을 알리고 있으므로 (D) 역시 정답이 될 수 없다.

6. What is the woman asked to do?

정답
(B) Take public transportation

남자의 마지막 대사 ⁶ **Please take public transportation instead of using your car since our parking lot is currently under construction.**(저희 주차장은 현재 공사 중이니 차를 이용하지 마시고 대중 교통을 이용해주세요.)에서 여자에게 요청한 행위는 대중 교통 이용임을 알 수 있다. 따라서 (B)가 정답이다.

오답
(A) Use a different route

(C) Provide résumés and cover letters

(D) Park her car near the parking lot

(A)는 대화문 후반부에 등장한 car와 관련성이 높은 route가 등장하지만 길을 안내하는 내용은 없으므로 (A)는 오답이며, (C)는 면접과 관련이 있는 résumés and cover letters라는 어구로, (D)는 park 및 car를 반복 사용하여 만들어진 함정이다.

스크립트 및 해석

M Hello. This is Joseph at Country Flavor. May I speak with Noreen?

W This is Noreen speaking.

남 안녕하세요. Country Flavor의 Joseph입니다. Noreen과 통화할 수 있을까요?

여 Noreen입니다.

M	[4] **I'm looking at your résumé with regard to our opening for the executive chef position.** You have a very impressive list of accomplishments.
W	Yes, I have worked as a chef in New York City and Los Angeles for more than 10 years.
M	Sounds good. Can you come here for an interview next Monday at 9:00?
W	I am sorry, but I have the morning shift on that day. But I am always available on Wednesday afternoons.
M	Unfortunately, we are extremely busy on Wednesday afternoons. [5] **Would you be willing to come next Thursday?**
W	That won't be a problem because I can take a day off on that day.
M	Great. [6] **Please take public transportation instead of using your car since our parking lot is currently under construction.**

남	주방장 공석과 관련하여 당신의 이력서를 보고 있어요. 당신은 매우 뛰어난 경력을 가지고 있네요.
여	네, 저는 뉴욕 시와 로스앤젤레스에서 10년 넘게 요리사로 일했어요.
남	좋아요. 다음 주 월요일 오전 9시에 면접 보러 오실 수 있나요?
여	죄송하지만, 그날 아침 근무가 있어요. 하지만 수요일 오후에는 항상 시간이 있어요.
남	안타깝게도, 저희는 수요일 오후에 매우 바쁩니다. 다음 주 목요일에 오시겠어요?
여	그 날은 휴가를 낼 수 있기 때문에 문제 없어요.
남	좋아요. 저희 주차장은 현재 공사 중이니 차를 이용하지 마시고 대중 교통을 이용해 주세요.

면접 시간

월요일: 오전 9시
화요일: 오후 3시
수요일: 오전 10시
목요일: 오전 11시
금요일: 정오

---

4. 남자는 어떤 회사에서 근무하고 있는가?
   (A) 음식 서비스 제공 업체
   (B) 청소 서비스 업체
   (C) 광고 회사
   (D) 건설 회사

5. 도표를 보시오. 여자는 몇 시에 면접을 볼 것인가?
   (A) 오후 3시
   (B) 오전 11시
   (C) 오전 9시
   (D) 오전 10시

6. 여자에게 요청한 것은 무엇인가?
   (A) 다른 도로 이용하기
   (B) 대중 교통 이용하기
   (C) 이력서 및 자기소개서 제공하기
   (D) 주차장 근처에 주차하기

정답 **4.** (A)　**5.** (B)　**6.** (B)

어휘 **résumé** 이력서 **executive** (기업이나 조직의) 경영 간부 **impressive** 인상적인 **accomplishment** 업적 **shift** 교대 근무 시간, 교대 근무조 **transportation** 운송

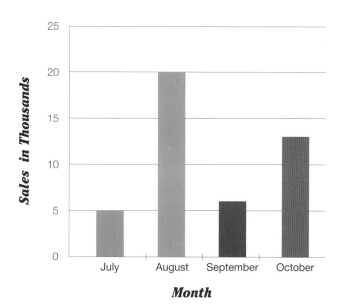

7. Where do the speakers most likely work?

(A) At an insurance company
(B) At an advertising firm
(C) At a computer manufacturer
(D) At a telecommunications firm

8. Look at the graphic. Which month's sales figures does the man talk about?

(A) July
(B) August
(C) September
(D) October

9. What will the company most likely do?

(A) It will offer a rebate again.
(B) It will design a new model.
(C) It will lower its prices.
(D) It will open new locations.

7. Where do the speakers most likely work?

정답 (C) At a computer manufacturer.

남자가 말한 대사 **7 The B37 is our entry-level PC, right?**(B37이 저희 회사의 초보자용 컴퓨터인 거죠?)를 통해서 화자들이 일하는 회사는 PC, 즉 개인용 컴퓨터(personal computer)를 취급하는 곳임을 알 수 있다. 따라서 (C)가 정답이다.

PARAPHRASING

- our entry-level PC → At a computer manufacturer

8. Look at the graphic. Which month's sales figures does the man talk about?

정답 (B) August

남자의 첫 번째 대사 **8 we sold the highest number of them during the summer season!**(여름 시즌에 가장 많이 팔렸어요!)를 놓치지 않고 들어야 정답을 찾을 수 있다. 남자가 언급한 달은 20,000대를 판매했던 (B)의 '8월'이다.

오답 (A) July
(C) September
(D) October

(A)의 July도 여름이기는 하지만, 그래프에서 판매량이 가장 높았던 달은 8월이기 때문에 (A)는 오답이다.

9. What will the company most likely do?

정답 (A) It will offer a rebate again.

남자의 마지막 대사 **9 Maybe bringing back the rebate would be a good idea.**(아마도 할인 행사를 다시 하는 게 좋을 것 같아요.)를 근거로 회사는 할인 행사를 다시 할 것으로 예상할 수 있다. 따라서 (A)가 정답이다.

PARAPHRASING

- Maybe bringing back the rebate would be a good idea. → It will offer a rebate again.

오답 (B) It will design a new model.
(C) It will lower its prices.
(D) It will open new locations.

제품 할인 행사를 하겠다는 것이 제품의 단가를 낮추겠다는 의미는 아니므로 (C)를 정답으로 골라서는 안 된다.

W Hi, Brandon. This chart shows the figures for last year's profits. We did well, but the numbers for some of the months could have been higher.

M That's great news. **[7] The B37 is our entry-level PC, right? [8] We sold the highest number of them during the summer season!** I can't imagine what caused the figures to spike so dramatically.

W If you remember, we offered a rebate to students who were heading back to college. After the promotion came to a close, sales declined somewhat.

M **[9] Maybe bringing back the rebate would be a good idea.**

W That's a good idea. Let me talk to the board members after the meeting.

여 Brandon, 안녕하세요. 이 차트는 작년 수익에 대한 수치들을 보여주고 있어요. 판매를 잘 해냈지만, 어떤 달의 판매량은 더 많을 수도 있었어요.

남 정말 대단한 소식이네요. B37이 저희 회사의 초보자용 컴퓨터인 거죠? 여름 시즌에 가장 많이 팔렸네요! 저는 어떤 요인이 판매량을 극적으로 증가시켰는지 잘 모르겠군요.

여 기억하신다면, 저희는 대학에 복학하는 학생들에게 할인을 제공했어요. 할인 행사가 끝난 후 매출이 다소 감소했고요.

남 아마도 할인 행사를 다시 하는 게 좋을 것 같군요.

여 좋은 생각이네요. 회의 끝나고 이사님들께 말씀 드리도록 할게요.

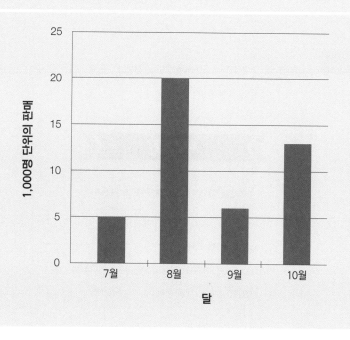

7. 화자들은 어디에서 일하는 것 같은가?

(A) 보험 회사

(B) 광고 회사

(C) 컴퓨터 제조회사

(D) 통신 회사

8. 시각 정보를 보시오. 남자는 몇 월의 매출액에 대해 이야기하는가?

(A) 7월

(B) 8월

(C) 9월

(D) 10월

9. 회사는 무엇을 할 것 같은가?

(A) 할인을 다시 제공할 것이다.

(B) 새로운 모델을 설계할 것이다.

(C) 가격을 낮출 것이다.

(D) 새로운 매장을 열 것이다.

정답 **7.** (C) **8.** (B) **9.** (A)

어휘 **figure** 수치, 숫자 **profit** 이익, 이윤 **perform** (업무를) 수행하다 **spike** 급등하다 **dramatically** 극적으로 **rebate** 할인 **decline** 감소하다 **somewhat** 약간, 다소

 기출 변형 **10-12** 대화를 듣고 주어진 질문에 가장 알맞은 답을 고르시오. ◀)) 03-24

MENU

Breakfast Sandwiches

Chicken, egg, and cheese ······ $6.99

Egg and cheese ······ $4.99

Ham, egg, and cheese ······ $7.99

Ham and cheese ······ $5.99

10. What are the speakers preparing for?

(A) A brunch
(B) A dinner
(C) A company outing
(D) A presentation

11. Look at the graphic. How much will each person most likely spend?

(A) $6.99
(B) $4.99
(C) $7.99
(D) $5.99

12. What does the man say he will do next?

(A) He will arrange to have coffee at the event.
(B) He will speak to his manager about costs.
(C) He will notify the luncheonette about their plans.
(D) He will coordinate the transportation for clients.

정답 뽀개기

10. What are the speakers preparing for?

정답	(A) A brunch	대화 초반 **¹⁰ we have to celebrate by organizing a company brunch**(회사 브런치를 준비해서 축하해야 합니다.)라는 말에서 화자들이 준비하고 있는 것은 (A)의 '브런치'임을 쉽게 알 수 있다.
오답	(B) A dinner (C) A company outing (D) A presentation	(C)는 대화 후반부에 언급된 function(행사)과 의미상 관련성이 높은 company outing(야유회)을 이용해 만든 오답이다.

11. Look at the graphic. How much will each person most likely spend?

정답	(C) $7.99	여자의 두 번째 대사 **¹¹ It has wonderful sandwiches with ham, egg, and cheese.**(햄, 계란, 치즈가 들어간 맛있는 샌드위치를 판매해요.)가 정답의 단서이다. 시각 정보에서 햄과 계란, 그리고 치즈가 들어 있는 샌드위치의 가격을 찾으면 일인당 지불해야 할 금액은 (C)의 '7.99달러'이다.

12. What does the man say he will do next?

정답	(A) He will arrange to have coffee at the event.	남자의 마지막 대사 **¹² I'll speak to Java World about delivering coffee to the event.**(그럼 저는 행사장으로 커피를 배달하는 것에 대해 Java World와 이야기할게요.)를 통해 남자가 할 일은 커피를 준비하는 것임을 알 수 있다. 따라서 (A)가 정답이다.

• I'll speak to Java World about delivering coffee to the event. → He will arrange to have coffee at the event.

오답

(B) He will speak to his manager about costs.

(C) He will notify the luncheonette about their plans.

(D) He will coordinate the transportation for clients.

(B)는 대화의 내용과 관련성이 높은 cost(비용)를 이용한 오답이며, (C)는 대화의 중반에 언급된 luncheonette을 반복한 오답이다. 교통에 관한 내용도 언급되지 않았으므로 (D) 역시 오답이다.

스크립트 및 해석

M	Danielle, the representatives from headquarters are arriving the day after tomorrow, and **¹⁰ we have to celebrate by organizing a company brunch.**	남	Danielle, 본사 대표 직원들이 모레 도착하는데, 회사 브런치를 준비해서 축하해야 해요.
W	A couple of years ago, we had a breakfast sandwich buffet. It was a really big hit!	여	몇 년 전에 아침 샌드위치 뷔페를 먹었어요. 정말 인기가 많았어요!
M	That's right, but unfortunately, Ocean Catering has gone out of business.	남	맞아요. 하지만 Ocean Catering은 안타깝게도 폐업했어요.
W	There's actually a new luncheonette that recently opened near here. **¹¹ It has wonderful sandwiches with ham, egg, and cheese.** I could see if the place would be willing to provide the same kind of food for our function.	여	사실, 최근 이 근처에 새로 개업한 식당이 있어요. 햄, 계란, 치즈가 들어간 맛있는 샌드위치를 판매해요. 그들이 우리의 행사를 위해 같은 종류의 음식을 제공할 수 있는지 확인해 볼 수 있을 것 같아요.
M	That's good news. **¹² I'll speak to Java World about delivering coffee to the event.**	남	좋은 소식이네요. 그럼 저는 행사장으로 커피를 배달하는 것에 대해 Java World와 이야기할게요.

아침 식사용 샌드위치

치킨 계란 치즈 샌드위치······ 6.99달러

계란 치즈 샌드위치······ 4.99달러

햄 계란 치즈 샌드위치······ 7.99달러

햄 치즈 샌드위치······ 5.99달러

10. 화자들은 무엇을 준비하고 있는가?

(A) 브런치

(B) 저녁 식사

(C) 회사 야유회

(D) 발표

11. 도표를 보시오. 일인당 얼마를 소비할 것 같은가?

(A) 6.99달러

(B) 4.99달러

(C) 7.99달러

(D) 5.99달러

12. 남자는 다음에 무엇을 하겠다고 하는가?

(A) 남자는 행사에서 커피를 마실 수 있게
준비할 것이다.

(B) 남자는 비용에 대해 매니저에게 말할 것이다.

(C) 남자는 식당에 계획을 통보할 것이다.

(D) 남자는 고객을 위해 교통편을 준비할 것이다.

정답 **10.** (A) **11.** (C) **12.** (A)

어휘 **representative** 대표자, 대표 직원 **headquarters** 본사 **organize** (어떤 일을) 준비하다, 조직하다 **luncheonette** 작은 식당 **function** 행사, 기능

Security Steps

Step 1
Save the program you have been working on to the appropriate format.

⇩

Step 2
Choose a name for the file that includes the date.

⇩

Step 3
Connect the external hard drive to your computer and copy the saved work to the external drive.

⇩

Step 4
Disconnect the external hard drive and give it to your supervisor.

13. What is the main topic of the conversation?

(A) The difficulty of retraining employees

(B) The purchase of antivirus software

(C) The need for simpler technology

(D) The importance of saving data

14. Look at the graphic. Which step does the man mention?

(A) Step 1

(B) Step 2

(C) Step 3

(D) Step 4

15. What does the man ask the woman to do?

(A) Keep a printed copy of every document

(B) Store all copies in boxes

(C) Make several copies of a contract

(D) Separate her copies from the others

![정답 뽀개기]

13. What is the main topic of the conversation?

정답	(D) The importance of saving data	남자의 첫 번째 대사 **13 have you been saving all your digital work correctly?**(모든 디지털 작업을 정확히 저장하고 있나요?)를 통해 대화의 주제는 (D)의 '자료 저장의 중요성'임을 알 수 있다.
오답	(A) The difficulty of retraining employees (B) The purchase of antivirus software (C) The need for simpler technology	대화의 중반부 이후에 파일 저장 방법을 알려 주는 내용이 나오지만 '직원 재교육이 어렵다'고 언급한 부분은 없으므로 (A)는 오답이며, (B)는 대화에서 언급된 security(보안)와 연관성이 있는 antivirus software를 이용해서 만든 오답이다.

14. Look at the graphic. Which step does the man mention?

정답	(C) Step 3	남자의 두 번째 대사 **14 When you save work, do you back it up to an external drive like the employee handbook shows?**(작업을 저장할 때 직원 핸드북에 나와 있는 설명처럼 외장 드라이브에 백업하세요?)에서 남자가 언급하고 있는 사항은 도표상 3단계에 해당한다는 점을 알 수 있다. 따라서 (C)가 정답이다.
오답	(A) Step 1 (B) Step 2 (D) Step 4	도표상 4단계에도 external drive가 언급되어 있지만, disconnect(분리) 및 give it to your supervisor(관리자에게 전달)는 남자가 언급한 사항이 아니므로 (D)는 정답이 될 수 없다.

15. What does the man ask the woman to do?

정답	(A) Keep a printed copy of every document	남자의 두 번째 대사 **15 When you save work, do you back it up to an external drive like the employee handbook shows?** (작업을 저장할 때 직원 지침서에 나와 있는 설명처럼 외장 드라이브에 백업하세요?)에서 employee handbook(직원 지침서)을 통해 '회사에서 자료 저장을 요구한다'라는 것을, 그리고 남자의 마지막 대사 **15 So please remember to save all the data in addition to making a separate physical copy of everything**(다른 저장장치에 복사하는 것 이외에 모든 자료를 실제로 복사해 놓으세요.)라는 내용에서 정답은 (A)임을 알 수 있다.

(B) Store all copies in boxes

(C) Make several copies of a contract

(D) Separate her copies from the others

오답

(B)는 copies라는 단어가 언급되었지만, box는 언급되지 않았다. (C)도 make copies까지는 괜찮지만, contract는 언급되지 않았으므로 오답이다. (D) 역시 separate라는 단어는 언급되지만, 다른 서류들과 구별하라는 내용은 언급되지 않았으므로 역시 오답이다.

스크립트 및 해석

M Sally, **¹³ have you been saving all your digital work correctly?** I couldn't help but overhear that a supervisor raised concerns about the security of what you have been working on.

W What seems to be the problem?

M She said that the work you are completing is vulnerable to online breaches. **¹⁴, ¹⁵ When you save work, do you back it up to an external drive like the employee handbook shows?** If you do not, what you save is unfortunately vulnerable.

W I may not have done that properly. I apologize.

M There's always a chance that we might have a security breach. **¹⁵ So please remember to save all the data in addition to making a separate physical copy of everything.**

남 Sally, 모든 디지털 작업을 정확히 저장하고 있나요? 부장님께서 당신이 작업하고 있는 일의 보안에 대해 우려를 제기하셨다는 말을 우연히 들었어요.

여 뭐가 문제인 것 같아요?

남 부장님께서는 당신이 작성하고 있는 작업이 온라인 보안 침해에 취약하다고 말씀하셨어요. 작업을 저장할 때 직원 지침서에 나와 있는 설명처럼 외장 드라이브에 백업하고 있나요? 그렇게 하지 않으면 저장한 자료가 보안에 취약해요.

여 제가 설명처럼 하지 않았을 수도 있겠네요. 죄송해요.

남 항상 온라인 보안 침해를 당할 가능성이 있어요. 다른 저장장치에 복사하는 것 이외에 모든 자료를 복사해 두는 것도 잊지 마세요.

보안 단계

1단계
작업 중인 현재 프로그램을 적절한 형식으로 저장합니다.

2단계
날짜를 포함하는 파일의 이름을 선택합니다.

3단계
외장 하드 드라이브를 컴퓨터에 연결하고 저장된 작업을 외장 드라이브에 복사합니다.

4단계
외장 하드 드라이브를 분리하여 관리자에게 전달합니다.

13. 대화의 주제는 무엇인가?

　(A) 직원 재교육의 어려움

　(B) 백신 소프트웨어의 구입

　(C) 더 단순한 기술의 필요성

　(D) 자료 저장의 중요성

14. 시각 자료를 보시오. 남자는 어떤 단계를
언급하는가?

　(A) 1단계

　(B) 2단계

　(C) 3단계

　(D) 4단계

15. 여자는 무엇을 하도록 요청을 받는가?

　(A) 모든 서류를 프린트해서 보관하기

　(B) 박스들에 모든 복사본을 저장하기

　(C) 그 계약서를 몇 장 복사하기

　(D) 그녀의 복사본과 다른 복사본을 나누기

정답 **13.** (D)　**14.** (C)　**15.** (A)

어휘 **overhear** 우연히 듣다　**raise** (문제를) 제기하다　**concern** 걱정, 우려　**security** 보안　**vulnerable** ~에 취약한　**breach** 침해　**separate** 분리된

Part 3

Directions: You will hear some conversations between two or more people. You will be asked to answer three questions about what the speakers say in each conversation. Select the best response to each question and mark the letter (A), (B), (C), or (D) on your answer sheet. The conversations will not be printed in your test book and will be spoken only one time.

---

1. Who most likely is the woman?

(A) A Web site designer
(B) A fitness instructor
(C) A college lecturer
(D) A recruitment manager

2. What are the speakers mainly discussing?

(A) Business hours
(B) Job vacancies
(C) Branch locations
(D) Class schedules

3. What does the woman suggest doing?

(A) Registering online
(B) Arriving early
(C) Bringing a friend
(D) Upgrading a membership

4. What department does the woman most likely work in?

(A) Product design
(B) Customer service
(C) Human resources
(D) Accounting

5. According to the woman, what caused the company's sales to decrease?

(A) A rise in customer complaints
(B) A lack of financial investment
(C) The use of low-quality materials
(D) The success of rival companies

6. What does the woman say she will do?

(A) Carry out a consumer survey
(B) Compare potential suppliers
(C) Request a deadline extension
(D) Select a suitable event venue

7. Where is the conversation taking place?

(A) At a bus terminal
(B) At a train station
(C) At an airport
(D) At a ferry terminal

8. What problem does the man mention?

(A) A store has already closed.
(B) An escalator has broken down.
(C) A departure time has been changed.
(D) An elevator is out of service.

9. What will the man probably do next?

(A) Eat at a restaurant
(B) Go to some stores with the woman
(C) Watch a special show
(D) Check a noticeboard

10. What is the man's position?

(A) An assistant
(B) An intern
(C) A tour guide
(D) An operator

11. What was the man concerned about?

(A) His lack of experience
(B) His late application
(C) His absence from work
(D) His vacation plans

12. What does the woman give to the man?

(A) A new contract
(B) A bonus
(C) A training schedule
(D) A job description

13. What did the woman do in the morning?

(A) She arranged some activities.
(B) She asked an employee to book a cabin.
(C) She reserved some accommodations.
(D) She completed her report.

14. What does the woman imply when she says, "You know he did it last year"?

(A) She needs some assistance with her task.
(B) She is dissatisfied with her colleague's behavior.
(C) She wants to work with her colleague.
(D) She suggests more activities.

15. What will the man probably do this afternoon?

(A) Create a schedule
(B) Meet with his colleague
(C) Extend a deadline
(D) Contact the woman

16. What is the main topic of the conversation?

(A) The start of a store's annual sale
(B) The relocation of a business
(C) The launch of a new book
(D) The special guest at an event

17. What does Brian say is important?

(A) Keeping operating costs low
(B) Creating an advertising campaign
(C) Appealing to people of all ages
(D) Hiring experienced workers

18. What does the woman ask the men to do?

(A) Update a Web site
(B) Set up a book display
(C) Send some suggestions
(D) Compile a sales report

19. Where most likely does the woman work?

(A) At a supermarket
(B) At a hardware store
(C) At a production plant
(D) At a catering company

20. Why is the man calling?

(A) To ask about a product's availability
(B) To inquire about a delivery
(C) To complain about a worker
(D) To make a change to an order

21. What information does the woman ask for?

(A) A business location
(B) A telephone number
(C) An e-mail address
(D) A credit card number

22. Where most likely are the speakers?

(A) At a radio studio
(B) At a music college
(C) At a concert venue
(D) At a record store

23. What instrument is Frank Lee famous for playing?

(A) The drum
(B) The guitar
(C) The piano
(D) The violin

24. What will the man probably do next?

(A) Listen to some music
(B) Play an instrument
(C) Visit a different building
(D) Browse some merchandise

GO ON TO THE NEXT PAGE

25. What did the woman do yesterday?

(A) She signed a lease.
(B) She viewed some properties.
(C) She met with her supervisor.
(D) She visited a park.

26. Why does the woman say, "You live in the Glenburg area"?

(A) To provide the man with instructions
(B) To recommend the man for a role
(C) To compliment the man's home
(D) To seek the man's advice

27. What will the woman most likely do next?

(A) Send an e-mail
(B) Make a phone call
(C) Consult a map
(D) Drive to a location

28. What type of business does the man most likely work for?

(A) A maintenance company
(B) A real estate agency
(C) An event planning service
(D) An interior design firm

29. Why is the woman disappointed?

(A) Some products are sold out.
(B) She missed an important deadline.
(C) She cannot afford some items.
(D) She has not received a delivery.

30. When will the speakers most likely meet?

(A) On Monday
(B) On Tuesday
(C) On Wednesday
(D) On Thursday

Brentford College Business Seminars	
March 19	Managing Finances
March 20	Meeting Consumer Demands
April 2	Motivating Employees
April 9	Mastering the Internet

31. What did the man do last month?

(A) He enrolled in a course.
(B) He traveled overseas.
(C) He started a company.
(D) He purchased a property.

32. Look at the graphic. When does the man plan to attend a seminar?

(A) On March 19
(B) On March 26
(C) On April 2
(D) On April 9

33. What does the woman suggest that the man do?

(A) Read an article
(B) Purchase a book
(C) Watch an interview
(D) Visit a Web site

Wallis Hotel

- 400 comfortable guest rooms
- 10 spacious function rooms
- 3 beautiful swimming pools
- 5 top-class restaurants

Savings Account	Interest Rate
Basic Saver	1.3%
Saver Pro	1.7%
Saver Plus	2.3%
Elite Saver	2.7%

34. What type of event is the man organizing?

(A) A retirement dinner
(B) A company workshop
(C) A fundraiser
(D) An awards show

35. According to the woman, what happened at the hotel last month?

(A) Additional staff members were hired.
(B) Several events were held.
(C) Renovation work was completed.
(D) New amenities were introduced.

36. Look at the graphic. What aspect of the hotel is the man surprised about?

(A) The number of guest rooms
(B) The number of function rooms
(C) The number of swimming pools
(D) The number of restaurants

37. What does the woman request?

(A) An account upgrade
(B) A bank statement
(C) An ATM card
(D) A transaction cancelation

38. Look at the graphic. Which savings account does the woman currently have?

(A) Basic Saver
(B) Saver Pro
(C) Saver Plus
(D) Elite Saver

39. What does the man offer to do for the woman?

(A) Set up a security password
(B) Increase an interest rate
(C) E-mail some information
(D) Activate some services

PART 4
담화문

Unit 01 전화 메시지

A 빈출 주제

구분	예시
정보의 전달 및 확인	사내 행사에 대한 자세한 정보를 전달, 도서관이나 병원 등의 영업일 또는 영업 시간을 통보
문의	고객이 구입 제품의 기능 등에 대해 문의, 출장 및 프로젝트 업무와 관련된 사항을 문의
감사 및 축하	취업 및 승진에 대한 축하 메시지, 고객에게 전하는 구입 및 예약에 대한 감사의 메시지
요청	예약의 변경이나 취소 요청, 제품의 수리, 교환, 환불 등과 관련된 요청, 바이어의 마중을 부탁

B 담화의 구조

구분	연계 문제
〈프롤로그〉 인사 및 본인 소개	• Where is the speaker calling from? 화자는 어디에서 전화를 걸고 있는가? • Who is the speaker calling? 화자는 누구에게 전화하고 있는가? • Where does the speaker work? 화자는 어디에서 근무하는가? • What type of business recorded the message? 어떤 사업체에서 메시지를 녹음했는가?
〈초반부〉 용건 확인	• What is the purpose of the telephone message? 전화 메시지의 목적은 무엇인가? • Why is the woman calling? 여자가 왜 전화를 하고 있는가? • Why does the speaker leave the message? 화자는 왜 메시지를 남기는가? • Why are employees unable to answer the phone? 왜 직원들은 전화를 받을 수 없는가?
〈중반부〉 세부 사항	• What problem does the speaker mention? 화자는 어떤 문제점을 언급하는가? • What is wrong with the computer? 컴퓨터에 어떤 문제가 있는가?
〈후반부〉 요청	• What is the listener asked to do? 청자에게 무엇을 요청하는가? • Why does the speaker request a return call? 화자는 왜 회신 전화를 요청하는가?
〈에필로그〉 당부 및 인사	• How can the listener get more information? 청자는 어떻게 추가 정보를 얻을 수 있는가? • How can a sales representative be contacted? 어떻게 영업 사원과 연락할 수 있는가?

 담화를 듣고 주어진 질문에 가장 알맞은 답을 고르시오. ◉ 04-01

> ### Sample Menu
>
> #### Main Course: Chicken & Mushroom Risotto
> · *Preparation Time:* 10 minutes
> · Cooking Time: 55 minutes
>
> #### Dessert: Spiced Carrot Cake
> · Preparation Time: 30 minutes
> · Cooking Time: 70 minutes

1. What did the speaker do yesterday?

  (A) Purchase ingredients
  (B) Visit a restaurant
  (C) Attend a cooking class
  (D) View some exhibits

2. Look at the graphic. Which length of time does the speaker say is inaccurate?

  (A) 10 minutes
  (B) 55 minutes
  (C) 30 minutes
  (D) 70 minutes

3. Where did the speaker find the sample menu?

  (A) In a magazine
  (B) In a cookbook
  (C) On a Web site
  (D) On product packaging

1. What did the speaker do yesterday?

담화 초반부의 **¹ It was really great to catch up with you and to take the cooking class together yesterday.**(어제 오랜만에 만나서 얘기 나누고, 요리 수업을 함께 듣게 되어 정말 좋았어요.)라는 문장에서 질문의 핵심 어구인 yesterday를 찾을 수 있다. take the cooking class together라는 표현에 유의하면 화자가 어제 한 일은 (C)임을 알 수 있다.

정답 (C) Attend a cooking class

과거에 일어난 내용을 묻는 문제이므로 과거 동사 및 과거를 나타내는 표현이 들어가 있는 문장을 집중해서 듣는다. 이 문제의 경우, 질문의 yesterday가 사용된 문장을 놓치지 않고 들었다면 정답을 쉽게 찾을 수 있다.

PARAPHRASING

• take a cooking class → attend a cooking class

오답
(A) Purchase ingredients
(B) Visit a restaurant
(D) View some exhibits

(A)의 ingredients 때문에 요리의 재료가 연상될 수는 있지만 요리의 재료를 구매했다는 내용은 언급되지 않았다. 화자가 방문했던 곳은 요리 수업(cooking class)이지 식당(restaurant)은 아니므로 (B)는 정답이 될 수 없다. 이 담화는 전시물 관람과는 전혀 상관이 없는 내용이므로 (D) 또한 오답이다.

2. Look at the graphic. Which length of time does the speaker say is inaccurate?

담화 중반부 **²⁻¹ I'd say you need to allow more time to cook the risotto.**(리소토를 요리하는 데 더 많은 시간을 할애하셔야 할 것 같아요.)에서 '리소토' 요리에는 시간이 더 필요하고, 후반부 **²⁻² but the designated time for the carrot cake is okay.**(하지만, 당근 케이크는 정해진 시간으로 하셔도 괜찮아요.)에서 '당근 케이크'는 정해진 시간으로 요리하면 된다고 했으므로 (B)가 정답이다.

정답 (B) 55 minutes

오답
(A) 10 minutes
(C) 30 minutes
(D) 70 minutes

(A)는 '리소토'와 관련된 시간 정보이기는 하지만 요리 시간이 아닌 '준비 시간'이다. (C)와 (D)는 향신료가 들어간 당근 케이크와 관련된 정보이므로 정답이 될 수 없다. 도표에 준비 시간과 요리 시간이 구분되어 있으므로 문제를 풀 때 주의해야 한다.

3. Where did the speaker find the sample menu?

(C) On a Web site

담화 후반부의 ³ **And don't forget to check out the Web site that I took the menu from.**(제가 메뉴를 얻을 수 있었던 웹 사이트도 꼭 확인해 보세요.)이라는 문장에서 화자는 (C)의 '웹 사이트'에서 메뉴를 찾았음을 알 수 있다.

(A) In a magazine

(B) In a cookbook

(D) On product packaging

(A), (B), (D)의 magazine, cooking book, product packaging 모두 샘플 메뉴를 찾을 수 있는 자료이지만, 담화에서 언급되지 않았다.

스크립트 및 해석

M Hi, Stacey. This is Timothy calling. ¹ **It was really great to catch up with you and to take the cooking class together yesterday.** It was great fun, and I learned quite a lot about Italian food. Anyway, I'm calling about the sample menu I e-mailed to you last night. If you are planning on making the two dishes, the risotto and the cake, ²⁻¹ **you need to allow more time to cook the risotto.** Actually, I followed the recommended time, and I felt like I should have cooked it for longer. So give it at least an hour, ²⁻² **but the designated time for the carrot cake is okay.** ³ **And don't forget to check out the Web site that I took the menu from.** It has a lot of other great meal ideas you might like to try.

남 Stacey, 안녕하세요. Timothy예요. 어제 오랜만에 만나서 얘기 나누고, 요리 수업을 함께 듣게 되어 정말 좋았어요. 정말 재미있었고 이탈리아 음식에 대해 많은 것을 배웠어요. 그건 그렇고, 어젯밤에 이메일로 보내드린 샘플 메뉴 때문에 전화 드렸어요. 리소토와 케이크 두 가지 요리를 모두 만들 계획이라면, 리소토를 요리하는 데 더 많은 시간을 할애하셔야 할 것 같아요. 권장 시간에 따라 요리했는데, 더 오래 조리했어야 할 것 같았어요. 그러니까, 적어도 한 시간은 할애해 주세요. 하지만, 당근 케이크는 정해진 시간으로 하셔도 괜찮아요. 그리고, 제가 메뉴를 얻을 수 있었던 웹사이트도 꼭 확인해 보세요. 당신이 시도하고 싶은 다른 훌륭한 요리 아이디어가 많이 있어요.

샘플 메뉴

메인 요리: 치킨 & 버섯 리소토
- 준비 시간: 10분
- 요리 시간: 55분

후식: 향신료가 들어간 당근 케이크
- 준비 시간: 30분
- 요리 시간: 70분

1. 화자는 어제 무엇을 했을 것 같은가?

   (A) 재료 구입하기
   (B) 식당 방문하기
   (C) 요리 수업 참석하기
   (D) 전시물 관람하기

2. 도표를 보시오. 화자는 어떤 시간이 부정확하다고 말하는가?

   (A) 10분
   (B) 55분
   (C) 30분
   (D) 70분

3. 화자는 샘플 메뉴를 어디에서 찾았는가?

   (A) 집지에서
   (B) 요리책에서
   (C) 웹 사이트에서
   (D) 포장지에서

정답 1. (C) 2. (B) 3. (C)

어휘 **catch up with** ~을 따라잡다; ~와 만나다 **dish** 접시; 요리 **allow** 허용하다, 정하다 **recommended** 권장된 **at least** 적어도, 최소한
designated 지정된

 **기출 변형 4-6** 담화를 듣고 주어진 질문에 가장 알맞은 답을 고르시오. ◀) 04-02

Event Venue	Private Dining Room Capacity
Mayfair Restaurant	30 diners
Overlook Bistro	20 diners
Maisie's Kitchen	15 diners
Roma Pasta House	25 diners

4. What type of event is the listener planning?

   (A) A fundraiser
   (B) A retirement meal
   (C) A birthday party
   (D) A shareholder meeting

5. Look at the graphic. Which venue does the speaker want the listener to reserve?

   (A) Mayfair Restaurant
   (B) Overlook Bistro
   (C) Maisie's Kitchen
   (D) Roma Pasta House

6. What does the speaker recommend?

   (A) Sending invitations
   (B) Changing the event date
   (C) Extending a work deadline
   (D) Expanding a guest list

4. What type of event is the listener planning?

정답

(B) A retirement meal

담화 초반부의 **⁴ I'm just calling with regard to your question about the dinner you're organizing for our retiring CEO.**(퇴직하시는 최고경영자를 위해 준비하고 계신 만찬에 대해 문의할 내용이 있어서 전화 드렸어요.)라는 문장 중 the dinner you're organizing for our retiring CEO(퇴직하시는 최고경영자를 위해 준비하고 계신 만찬)라는 부분으로부터 청자인 Harvey가 계획 중인 것은 (B)의 '퇴임 행사'임을 알 수 있다.

풀이 전략 적용 ▶

전화의 용건을 파악하면 전화의 목적뿐만 아니라 문제와 관련된 여러 가지 정보를 얻을 수 있는 경우가 많다. 이 문제에서도 전화의 용건이 언급되는 부분에서 청자가 기획 중인 행사를 파악할 수 있다. 전화의 용건은 보통 I'm calling ~, I was wondering ~, I'd like to ~ 등의 시그널 표현 뒤에서 확인할 수 있다.

PARAPHRASING

- the dinner you're organizing for our retiring CEO →
  a retirement meal

오답

(A) A fundraiser

(C) A birthday party

(D) A shareholder meeting

(A), (C), 그리고 (D)에 있는 fundraiser, party, meeting이라는 단어 모두 event (행사)의 한 종류이지만, 담화에서 이에 대해 언급된 것은 없다.

5. Look at the graphic. Which venue does the speaker want the listener to reserve?

정답

(D) Roma Pasta House

담화 중반부의 **⁵ So apart from Mayfair, just book the largest private dining room available.**(Mayfair 식당을 제외하고, 가장 큰 개별 식사 공간을 예약하세요.)에서 정답을 유추할 수 있다. Mayfair Restaurant 다음으로 가장 큰 장소를 예약하라고 했으므로 도표에서 이를 찾으면 25명을 수용할 수 있는 (D)의 Roma Pasta House가 정답이다.

풀이 전략 적용 ▶

접속사 뒤에 정답의 단서가 언급되는 경우가 많이 있는데, 이 문제에서도 시그널 표현인 접속사 So(그래서) 뒤에 중요한 정보가 언급되었다.

오답

(A) Mayfair Restaurant

(B) Overlook Bistro

(C) Maisie's Kitchen

but I would avoid choosing Mayfair Restaurant as it's too far from our office(Mayfair 식당은 우리 사무실에서 너무 멀기 때문에 그 식당을 선택하는 것을 피하고 싶어요)라는 어구 등을 통해 (A)의 Mayfair Restaurant은 행사 장소로 기피되고 있는 곳임을 알 수 있다.

6. What does the speaker recommend?

(B) Changing the event date

화자는 담화 후반부에서 **⁶ Oh, and one more thing. You were planning on holding the event on Friday the 20th, but I think the 27th would be better**(아, 그리고 한 가지 더요. 20일 금요일에 행사를 진행하려고 하시는데, 27일이 좋을 것 같아요.)라고 말하면서 20일 예정되어 있는 행사를 27일로 연기하면 좋겠다는 의견을 나타내고 있다. 따라서 보기 중 화자가 권한 사항은 (B)로 볼 수 있다.

> **풀이 전략 적용 ◀**
>
> 지문 후반부에 추가 정보를 언급할 때 사용되는 also, plus, besides, in addition, additionally 등의 시그널 표현이 등장하면 그 뒤에 정답의 단서가 따라오는 경우가 많다.

(A) Sending invitations

(C) Extending a work deadline

(D) Expanding a guest list

(A)와 (D)는 각각 행사와 의미상 관련성이 높은 invitations(초대장)와 guest list(하객 리스트)를 이용해 만든 오답이며, (C)는 날짜와 관련성이 있는 deadline(마감일)을 이용해 만든 오답이다.

스크립트 및 해석

W Hi, Harvey. **⁴ I'm just calling with regard to your question about the dinner you're organizing for our retiring CEO.** The four potential venues you sent to me are all great choices, and I know that they all serve high-quality food. I'd suggest choosing the one that can accommodate the most people, but I would avoid choosing Mayfair Restaurant as it's too far from our office. **⁵ So apart from Mayfair, just book the largest private dining room available. ⁶ Oh, and one more thing. You were planning on holding the event on Friday the 20th, but I think the 27th would be better** as our management team will be less busy with work assignments that week. I hope that is possible.

여 Harvey, 안녕하세요. 퇴직하시는 최고경영자를 위해 준비하고 계신 만찬에 대해 문의할 내용이 있어서 전화 드렸어요. 당신이 보내준 네 곳의 가능한 행사장들은 모두 훌륭한 선택이고, 저는 그 장소들이 모두 양질의 음식을 제공한다는 것을 알고 있어요. 가장 많은 사람들을 수용할 수 있는 곳을 선택하자고 제안하고 싶지만, Mayfair 식당은 우리 사무실에서 너무 멀기 때문에 그 식당을 선택하는 것을 피하고 싶어요. Mayfair 식당을 제외하고, 가장 큰 전용 식사 장소를 예약하세요. 아, 그리고 한 가지 더요. 20일 금요일에 행사를 진행하려고 하시는데, 우리 경영진이 업무로 덜 바쁜 주의 27일이 좋을 것 같아요. 그것이 가능했으면 좋겠어요.

행사 장소	특실 수용인원
Mayfair Restaurant	30명
Overlook Bistro	20명
Maisie's Kitchen	15명
Roma Pasta House	25명

4. 청자는 어떤 종류의 이벤트를 계획하고 있는가?

(A) 기금 모금 행사

(B) 퇴직 만찬

(C) 생일 파티

(D) 주주 총회

5. 도표를 보시오. 화자는 청자가 어느 장소를 예약하기를 원하는가?

(A) Mayfair Restaurant

(B) Overlook Bistro

(C) Maisie Kitchen

(D) Roma Pasta House

6. 화자가 권하는 것은 무엇인가?

(A) 초대장 보내기

(B) 행사 날짜 변경하기

(C) 마감일 연장하기

(D) 하객 목록 늘리기

정답 **4.** (B) **5.** (D) **6.** (B)

어휘 **in regard to** ~와 관련해서 **organize** 조직하다, 기획하다 **retire** 은퇴하다 **potential** 잠재적인 **venue** 장소 **high-quality** 품질이 우수한 **accommodate** 수용하다 **avoid** 피하다 **far from** ~에서 멀리 떨어진 **apart from** ~을 제외하고 **private** 개인의; 전용의

 기출 변형 7-9 담화를 듣고 주어진 질문에 가장 알맞은 답을 고르시오. ◀)) 04-03

7. What kind of business does the listener most likely work for?

(A) A public relations firm

(B) A charity foundation

(C) An event planning company

(D) A catering firm

8. What is the speaker's client disappointed about?

(A) The lack of variety

(B) The cost of a service

(C) The quality of some products

(D) The location of a venue

9. What does the speaker imply when she says, "I'm afraid Ms. Dillinger insists"?

(A) An event will be rescheduled.

(B) A request is nonnegotiable.

(C) A contract has been canceled.

(D) A fee cannot be changed.

7. What kind of business does the listener most likely work for?

정답	**(D) A catering firm**

담화 초반부의 **7 Thanks for sending me the menus for the food your business will provide at the fundraiser.**(모금 행사에서 제공할 음식에 대한 메뉴를 보내주셔서 감사합니다.)라는 문장 중 **the food your business will provide**(귀사가 제공할 음식)에서 정답을 유추할 수 있다. 보기 중 음식 제공과 관련 있는 업체는 **(D)**뿐이다.

PARAPHRASING

• the food your business will provide → a catering firm

오답	(A) A public relations firm (B) A charity foundation (C) An event planning company

(B)는 fundraiser(기금 모금 행사)와 관련성이 높은 charity(자선; 자선 단체)를 이용해 만든 오답이고, **(C)**는 event planning을 반복 사용하여 혼동을 일으키려는 함정이다.

풀이 전략 적용

이 문제가 화자나 고객의 근무처가 아닌 청자의 근무처를 묻는 질문이라는 점에 유의해야 한다.

8. What is the speaker's client disappointed about?

정답	**(A) The lack of variety**

담화 중반부의 **8, 9 However, she was slightly disappointed with the limited choice of dishes, especially for guests who do not eat meat.**(하지만, 그녀는 특히 육류를 먹지 않는 손님들에게는 제한된 음식 종류에 조금은 실망했습니다.)에서 화자의 고객인 Dillinger 씨가 실망한 이유는 채식주의자용 음식이 없다는 점 때문이라는 것을 알 수 있다. 따라서 **(A)**가 정답이다.

풀이 전략 적용

Would you be able to provide some more options?(더 많은 종류의 음식을 제공할 수 있으신가요?)라는 문장을 통해서도 현재의 음식 종류가 제한적이라는 점을 짐작할 수 있다.

PARAPHRASING

• the limited choice of dishes → the lack of variety

(B) The cost of a service

(C) The quality of some products

(D) The location of a venue

담화에서 화자는 가격과 품질에 대해 만족감을 드러내고 있으므로 (B)와 (C)는 명백한 오답이며, (D)에 대해서는 전혀 언급된 바가 없다. 일반적으로 지문에 언급된 내용을 이용하여 오답을 만들기 때문에, 내용을 정확하게 이해하지 않으면 실수할 가능성이 높다.

9. What does the speaker imply when she says, "I'm afraid Ms. Dillinger insists"?

(B) A request is nonnegotiable.

Dillinger 씨가 고집하는 부분은 바로 앞 문장인 **8, 9 However, she was slightly disappointed with the limited choice of dishes, especially for guests who do not eat meat. Would you be able to provide some more options?**에서 확인할 수 있다. 즉 주어진 문장은 다양한 음식이 제공되어야 한다는 주장을 Dillinger 씨가 굽히지 않을 것 같다는 의미이므로 (B)가 정답이다.

스크립트 및 해석

W Hi, This is Cathy Chambers from Platinum Event Planning. **7 Thanks for sending me the menus for the food your business will provide at the fundraiser.** My client, Ms. Dillinger, was impressed with the sophistication of the dishes, and she feels that the prices you quoted for your service are reasonable. **8, 9 However, she was slightly disappointed with the limited choice of dishes, especially for guests who do not eat meat. Would you be able to provide some more options? I'm afraid Ms. Dillinger insists.** I hope to hear some positive news from you later today. Thank you.

여 안녕하세요, Platinum Event Planning의 Cathy Chambers입니다. 모금 행사에서 제공할 음식에 대한 메뉴를 보내주셔서 감사합니다. 제 고객인 Dillinger 씨는 세련된 요리에 깊은 인상을 받았고, 귀사의 서비스에 대한 제시된 가격이 합리적이라고 생각하고 있습니다. 하지만, 그녀는 특히 육류를 먹지 않는 손님들에게는 제한된 음식 종류에 조금 실망했습니다. 더 많은 종류의 음식을 제공할 수 있으신가요? Dillinger 씨께서 고집하시는 부분이라서 걱정이 됩니다. 오늘 귀사로부터 좋은 소식을 들을 수 있길 바랍니다. 감사합니다.

7. 청자는 어떤 업체에서 일하는 것 같은가?

(A) 홍보 회사

(B) 자선 재단

(C) 행사 기획 회사

(D) 음식 공급업체

8. 화자의 고객은 무엇에 실망했는가?

(A) 다양한 음식 메뉴 부족

(B) 서비스 비용

(C) 제품의 품질

(D) 업체의 위치

9. 화자가 "Dillinger 씨께서 고집하시는 부분이라 우려가 됩니다."라고 말할 때 그녀는 무엇을 암시하는가?

(A) 이벤트 일정이 변경될 것이다.

(B) 요청 사항은 협상 대상이 아니다.

(C) 계약이 취소되었다.

(D) 수수료는 변경될 수 없다.

정답 **7.** (D)   **8.** (A)   **9.** (B)

어휘 **fundraiser** 기금 모금 행사   **sophistication** 세련, 교양   **quote** 인용하다   **reasonable** 합리적인   **slightly** 약간, 조금   **be disappointed with** ~에 실망하다   **limited** 제한된, 한정된   **option** 선택, 옵션   **positive** 긍정적인

 **기출 변형 10-12** 담화를 듣고 주어진 질문에 가장 알맞은 답을 고르시오.   ◉ 04-04

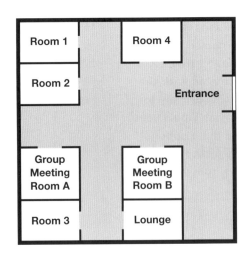

10. What type of business does the
speaker work for?

(A) An accounting firm
(B) An advertisement firm
(C) An electronics company
(D) A marketing company

12. Look at the graphic. Which office does
the speaker work in?

(A) Room 1
(B) Room 2
(C) Room 3
(D) Room 4

11. What does the speaker want to do?

(A) Meet with a colleague
(B) Change a poster
(C) Work in a different department
(D) Draw a manager's attention

⚡ 정답 뽀개기

10. What type of business does the speaker work for?

(C) An electronics company

**¹⁰ I spoke to the board, and they're very concerned about
recent sales of our latest product, the C50 washing
machine.**(이사님들과 말씀을 나누었는데 경영진은 저희의 최신 제품인
C50 세탁기의 최근 판매에 대해 매우 걱정하고 있습니다.)에서 the C50
washing machine(C50 세탁기)을 놓치지 않고 들었다면 정답을 쉽게 찾
을 수 있다. 보기 중 세탁기를 판매하는 회사는 (C)의 '전자 제품 회사'이다.

PARAPHRASING

• twashing machine → electronics

(A) An accounting firm
(B) An advertisement firm
(D) A marketing company

화자의 부서가 마케팅 부서이지, 화자의 회사가 (D)의 '마케팅 회사'인 것은
아니다.

11. What does the speaker want to do?

(A) Meet with a colleague

¹¹ I'd like you to come to my office before the end of the week if you get a chance.(기회가 된다면 주말 전에 제 사무실로 와 주셨으면 합니다.)에서 come to my office(사무실로 와 주세요)라고 했으므로 화자가 원하는 것은 직장 동료와의 회의임을 알 수 있다. 따라서 정답은 (A)이다.

PARAPHRASING
- I'd like you to come to my office → Meet with a colleague

(B) Change a poster
(C) Work in a different department
(D) Draw a manager's attention

담화 중반부에 '지도부가 리더쉽에 변화를 가져왔다.'라는 내용은 언급되었으나 이 문장은 지도부가 했던 행위를 나타내므로 (B)는 정답이 될 수 없다. 부서에 관련된 사항은 상대방과 관련한 부분이기 때문에 (C) 역시 오답이다. 후반부에 언급된 draw라는 단어가 언급이 되었으나 보기에서는 draw a one's attention이 '~의 관심을 끌다'라는 의미이므로 (D)도 오답이다.

12. Look at the graphic. Which office does the speaker work in?

(C) Room 3

담화 후반부에서 화자는 **¹² My office is right next to group meeting room A and across from the lounge.**(제 사무실은 라운지 건너편에 있는 회의실 A 바로 옆에 있습니다.)라고 했으므로, 회의실 A 옆에 있는 사무실인 (C)의 '3호실'이 정답이다.

스크립트 및 해석

M Hello, Sue. This is Dennis. I am going to lead the Marketing Department. **¹⁰ I spoke to the board, and they're very concerned about recent sales of our latest product, the C50 washing machine.** Management has had many changes in leadership, and it is time to take a new approach. As you have worked in the department for a long time, I was hoping to draw on your experience. **¹¹ I'd like you to come to my office before the end of the week if you get a chance. ¹² My office is right next to group meeting room A and across from the lounge.** Thanks.

남 Sue, 안녕하세요, Dennis입니다. 저는 앞으로 마케팅 부서를 이끌어 갈 것입니다. 이사님들과 말씀을 나누었는데 경영진은 저희의 최신 제품인 C50 세탁기의 최근 판매에 대해 매우 걱정하고 있습니다. 지도부에 많은 변화가 있었으며, 이제는 새로운 접근법을 취해야 할 때입니다. 당신이 이 부서에서 오랫동안 일해 왔기 때문에, 저는 당신의 경험으로부터 도움을 얻고 싶습니다. 기회가 된다면 주말 전에 제 사무실로 와 주셨으면 합니다. 제 사무실은 라운지 건너편에 있는 회의실 A 바로 옆에 있습니다. 감사합니다.

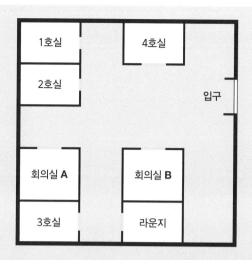

10. 화자는 어떤 업종에서 일하는가?
(A) 회계 회사
(B) 광고 회사
(C) 전자 제품 회사
(D) 마케팅 회사

11. 화자는 무엇을 하기를 원하는가?
(A) 직장 동료와 회의하기
(B) 포스터 변경하기
(C) 다른 부서에서 근무하기
(D) 매니저의 관심 끌기

12. 도표를 보시오. 화자는 어느 사무실에서 일하는가?
(A) 1호실
(B) 2호실
(C) 3호실
(D) 4호실

정답 **10.** (C) **11.** (A) **12.** (C)

어휘 **lead** 이끌다, 지도하다 **board** 이사진 **be concerned about** ~에 대해 걱정하다 **recent** 최근의 **latest** 최신의 **washing machine**
세탁기 **approach** 접근(법) **draw** 끌어내다 **chance** 기회 **next to** ~ 옆에

Unit 02 공지 및 방송

I. 공지

A 빈출 주제

구분	예시
상점	영업 시간 안내, 위치 이전 안내, 할인 정보 제공
도서관	시설 이용 및 개관 시간 안내, 특별 행사 홍보
미술관 및 박물관	보수 기간 안내, 시설 이용시 주의 사항 안내
공연장	공연 시간 안내, 관람시 주의 사항 안내
공항, 역, 터미널	기상 상황으로 인한 연착 안내, 탑승 장소 설명
기타	축제 등 주요 행사의 일정 및 장소 안내, 공사로 인한 교통 통제 안내

B 담화의 구조 및 연계 문제

구분	연계 문제
〈프롤로그〉 인사말	• Where is the announcement most likely being made? 안내 방송이 어디서 이루어질 것 같은가?
〈초반부〉 공지의 목적	• What is the purpose of this announcement? 안내 방송의 목적은 무엇인가? • Why is the store having a sale? 상점은 왜 할인 행사를 하는가? • What caused the delay? 지연의 원인은 무엇인가? • What type of product is the speaker promoting? 화자는 어떤 종류의 제품을 홍보하고 있는가?
〈중반부〉 세부 사항	• How long will arrivals be delayed? 도착이 얼마나 지연되는가? • What problem does the speaker mention? 화자가 언급한 문제는 무엇인가?
〈후반부〉 추가적인 정보	• How can listeners earn a discount? 청자들은 어떻게 할인을 받을 수 있는가? • What can listeners receive for free as they leave? 청자들이 떠나면서 무료로 받을 수 있는 것은 무엇인가?
〈에필로그〉 당부 및 요청	• What does the speaker ask customers to provide? 화자는 고객에게 무엇을 제공하라고 요청하는가?

II. 방송

A 빈출 주제

구분	예시
일기 예보	날씨 예보, 기상 악화에 따른 주의 사항 전달
교통 정보	교통 체증 구간 안내, 도로 폐쇄로 인한 우회 도로 안내
경제 뉴스 관련	기업의 인수 및 합병 소식 보도, 실업률의 증가 혹은 감소 보도
문화 관련	최신 앨범 소개, 베스트셀러 도서 소개, 음악회 등 각종 행사 소개
지역 소식	교각 등의 건설 안내, 공원 혹은 체육 시설의 개장 안내

B 담화의 구조 및 연계 문제

구분	연계 문제
〈프롤로그〉 인사말 및 방송의 취지	• What type of event is being announced? 어떤 행사가 안내되고 있는가? • Who most likely is the speaker? 화자는 누구일 것 같은가?
〈초반부〉 방송의 주제	• What is the main topic of the radio broadcast? 라디오 방송의 주제는 무엇인가? • What is the broadcast mainly about? 방송은 주로 무엇에 관한 것인가? • What is the main purpose of the broadcast? 방송의 목적은 무엇인가?
〈중반부〉 세부 사항	• Why was the event postponed? 행사는 왜 연기되었는가? • How will the weather be this weekend? 주말 날씨는 어떠할 것인가? • What is causing a traffic delay? 무엇 때문에 교통 체증이 발생하고 있는가?
〈후반부〉 요청 사항	• What does the speaker recommend that listeners do? 　화자는 청자들에게 무엇을 할 것을 추천하는가? • What does the speaker suggest listeners do on Friday? 　화자는 금요일에 청자들이 무엇을 할 것을 제안하는가? • What are listeners advised to do? 청자들은 무엇을 하라는 권유를 받는가?
〈에필로그〉 이어질 방송 안내	• What will listeners probably hear next? 청자들은 이다음에 무엇을 듣게 될 것인가?

1. Where does the speaker most likely work?

    (A) At a restaurant

    (B) At a gym

    (C) At a department store

    (D) At a factory

3. What does the speaker offer the listeners?

    (A) An extra vacation day

    (B) A promotion

    (C) A cash bonus

    (D) A gift certificate

2. What problem is mentioned in the announcement?

    (A) A delivery has been delayed.

    (B) A machine has broken down.

    (C) A customer has made a complaint.

    (D) An employee has called in sick.

⚡ 정답 뽀개기

1. Where does the speaker most likely work?

담화 초반부의 [1] **As most of you already know, we are installing a new packaging machine today here at the factory.**(여러분 대부분이 이미 알고 계시겠지만, 저희는 오늘 공장에 새로운 포장 기계를 설치하려고 합니다.)라는 문장에서 at the factory를 놓치지 않고 들었다면 화자의 근무지를 쉽게 파악할 수 있다. 정답은 (D)이다.

정답   **(D) At a factory**

풀이 전략 적용

담화의 첫 번째 또는 두 번째 문장을 통해 담화의 주제, 화자 및 청자의 신원, 그리고 담화가 이루어지고 있는 장소 등을 유추할 수 있는 경우가 많다. 이 담화의 경우에도 초반부 문장에서 담화의 주제(새로운 포장 기계 설치), 화자의 신원(관리자) 및 청자의 신원(근로자), 그리고 담화가 이루어지고 있는 장소(공장)를 파악할 수 있다.

2. What problem is mentioned in the announcement?

[정답] (A) A delivery has been delayed.

[2] **Unfortunately, however, the driver is behind schedule, and he won't arrive here with the equipment until around 8 P.M.** (안타깝게도, 운전기사님이 예정보다 늦어져서 오후 8시쯤에야 장비를 가지고 이곳에 도착할 예정입니다.)에서 정답의 단서를 찾을 수 있다. the driver is behind schedule(운전기사님이 예정보다 늦어져서)가 문제의 원인이므로 (A)가 정답이다.

> **풀이 전략 적용**
>
> Unfortunately, but, actually 등과 같은 역접의 의미를 나타내는 시그널 표현이 등장하면 그 뒤에 문제점이 제시되는 경우가 많다.

[오답] (B) A machine has broken down.

(C) A customer has made a complaint.

(D) An employee has called in sick.

(B)는 machine(기계)을 반복 사용해서 만든 오답이고, (C)는 behind schedule(지연)과 의미상 관련성이 높은 complaint (불만)로, (D)는 factory(공장)와 관련성이 높은 employee(직원)를 이용해서 만든 오답이다.

3. What does the speaker offer the listeners?

[정답] (C) A cash bonus

담화 후반부의 [3] **Those individuals will be given extra pay in cash when the job is complete.**(지원한 직원들은 업무가 끝나면 각각 추가 임금을 현금으로 받을 것입니다.)에서 청자들이 받게 될 것은 현금 보너스라는 점을 알 수 있다. 따라서 (C)가 정답이다.

[오답] (A) An extra vacation day

(B) A promotion

(D) A gift certificate

(A), (B), 그리고 (D)는 혜택과 의미상 관련성이 높은 어휘를 이용해서 만든 오답들로, 담화에서 현금 이외의 혜택들은 논의되지 않았다.

스크립트 및 해석

M Attention, all employees. [1] **As most of you already know, we are installing a new packaging machine today here at the factory.** [2] **Unfortunately, however, the driver is behind schedule, and he won't arrive here with the equipment until around 8 P.M.** We'd really like to install

남 직원 여러분, 주목해 주십시오. 여러분 대부분이 이미 알고 계시겠지만, 저희는 오늘 공장에 새로운 포장 기계를 설치하려고 합니다. 하지만 안타깝게도 운전기사님이 예정보다 늦어져서 오후 8시쯤에야 장비를 가지고 이곳에 도착할 예정입니다. 오늘 저녁에 기계를 꼭 설치해서 내일 아침에 먼저 사용할 수 있게 하고 싶지만, 기계를 작동시키려면 다소 힘든 작업이 필요할 것 같습니다. 그래서,

the machine this evening so that it's ready for use first thing tomorrow morning, but it will require some hard work to get it up and running. So, we're looking for two or three workers who would be happy to stay for additional hours to help with the installation. [3] **Those individuals will be given extra pay in cash when the job is complete.** If you're interested, please come to my office and let me know. Thanks.

설치를 돕기 위해 몇 시간 더 근무할 수 있는 두세 명의 근로자를 찾고 있습니다. 지원한 직원들은 임무가 끝나면 각각 추가 임금을 현금으로 받을 것입니다. 관심 있으시면 사무실로 오셔서 알려주시기 바랍니다. 감사합니다.

1. 화자는 어디에서 일하는 것 같은가?
   (A) 레스토랑에서
   (B) 체육관에서
   (C) 백화점에서
   (D) 공장에서

2. 공지에서 어떤 문제가 언급되었는가?
   (A) 배송이 지연되었다.
   (B) 기계가 고장 났다.
   (C) 고객이 불만을 제기했다.
   (D) 직원이 아프다고 전화했다.

3. 화자는 청자에게 무엇을 제공하는가?
   (A) 추가 휴가일
   (B) 승진
   (C) 현금 보너스
   (D) 상품권

정답 1. (D)   2. (A)   3. (C)

어휘 **install** 설치하다 **packaging machine** 포장 기계 **behind schedule** 예정보다 늦게 **equipment** 시설, 장비 **be ready for** ~할 준비가 되다 **extra** 여분의, 추가의 **installation** 설치 **individual** 개인 **pay** 임금 **cash** 현금

기출 변형 4-6 담화를 듣고 주어진 질문에 가장 알맞은 답을 고르시오. 🔊 04-06

4. Who is Brendan Matthews?

(A) A famous musician
(B) A fashion designer
(C) A sports personality
(D) A local business owner

6. According to the speaker, how can the listeners enter a competition?

(A) By visiting a downtown business
(B) By purchasing a raffle ticket
(C) By logging onto a Web site
(D) By calling the studio

5. What will happen on Saturday?

(A) A store will have its grand opening.
(B) A celebrity will be interviewed.
(C) A city festival will begin.
(D) A new product line will be launched.

⚡ 정답 뽀개기

4. Who is Brendan Matthews?

담화 초반부의 In sports news, basketball fans are excited that **4, 5 the star player of the Chicago Wasps, Brendan Matthews, will be visiting our town this Saturday.**(스포츠 뉴스를 전해 드리겠습니다. 농구 팬들은 Chicago Wasps의 스타 선수인 Brendan Matthews가 이번 주 토요일에 우리 도시를 방문한다는 것에 기뻐하고 있습니다.)라는 문장에서 Brendan Matthews의 신원을 확인할 수 있다. Brendan Matthews는 농구 팬들이 좋아하는 스타 선수로 소개되고 있으므로 (C)가 정답이다.

정답 **(C) A sports personality**

풀이 전략 적용

질문에 언급되는 고유명사는 담화에서 반드시 반복되므로, 해당 고유명사가 언급되는 부분을 집중해서 들어야 한다.

PARAPHRASING

• the star player → a sports personality

오답
(A) A famous musician
(B) A fashion designer
(D) A local business owner

(A)는 스타 선수와 관련이 있는 famous가 있지만, 담화에서 음악가에 대한 언급은 없었다. (B)는 sneakers에서 연상되는 단어인 fashion을, (D)는 shoe store에서 연상되는 local business를 이용한 오답이다.

5. What will happen on Saturday?

정답

(D) A new product line will be launched.

담화 초반부의 [4, 5] **the star player of the Chicago Wasps, Brendan Matthews, will be visiting our town this Saturday. Matthews will be introducing his brand-new line of sneakers at Shoe Emporium in downtown Wakefield** (Chicago Wasps의 스타 선수인 Brendan Matthews가 이번 주 토요일에 우리 도시를 방문한다는 것에 기뻐하고 있습니다. Matthews는 Wakefield 시내에 있는 신발 매장에서 자신의 새로운 운동화를 소개할 예정이며)에서 토요일에 예정된 일을 알 수 있다. introducing his brand-new line of sneakers(새로운 운동화를 소개할 예정이며)라는 표현에 유의하면 (D)가 정답임을 쉽게 알 수 있다.

PARAPHRASING

- introducing his brand-new line of sneakers →
  A new product line will be launched.

오답

(A) A store will have its grand opening.

(B) A celebrity will be interviewed.

(C) A city festival will begin.

지문에 언급된 내용은 신제품 출시와 관련된 내용이지 개점에 관련된 내용이 아니므로 (A)를 정답으로 골라서는 안 된다. (B)는 star player와 관련성이 높은 celebrity를, (C)는 Chicago에서 연상되는 단어인 city를 이용한 오답이다.

6. According to the speaker, how can the listeners enter a competition?

정답

(D) By calling the studio

지문 후반부의 [6] **Simply call us at 555-2877 and answer five questions correctly to be entered into our prize draw.**(555-2877로 전화하셔서 5개의 질문에 정확하게 답하시면 경품 추첨에 참여하실 수 있습니다.)라는 문장에서 청자들이 경품에 응모하기 위해서는 전화로 문제를 풀어야 한다는 점을 알 수 있다. 따라서 (D)가 정답이다.

풀이 전략 적용

지문 후반부에 명령문이 있을 경우 그 뒤에 정답의 단서가 제시되는 경우가 많다. 명령문은 일반적으로 동사의 원형으로 시작하는데, 명령문 앞에 please나 just가 쓰이는 경우도 있다.

M You're listening to WF Local Radio, and I'm your host, Dave Travers. In sports news, basketball fans are excited that [4, 5] **the star player of the Chicago Wasps, Brendan Matthews, will be visiting our town this Saturday. Matthews will be introducing his brand-new line of sneakers at Shoe Emporium in downtown Wakefield,** and he'll also have time to meet with his fans and to sign autographs. The shoe store is expecting a large crowd, so if you plan on going, you'd better get there early! Here at the studio, we're giving you a chance to win a new pair of Matthews's exclusive sneakers. [6] **Simply call us at 555-2877 and answer five questions correctly to be entered into our prize draw.**

남 여러분은 WK Local Radio 방송을 듣고 계십니다. 저는 진행자인 Dave Travers입니다. 지역 뉴스를 전해드리겠습니다. 농구팬들은 Chicago Wasps의 스타 선수인 Brendan Matthews가 이번 주 토요일에 우리 도시를 방문한다는 것에 기뻐하고 있습니다. Matthews는 Wakefield 시내에 있는 신발 매장에서 자신의 새로운 운동화를 소개할 예정이며, 팬들과 만나고 사인을 하는 시간도 가질 예정입니다. 신발 매장에는 많은 사람들이 몰릴 것으로 예상되기 때문에, 방문하실 계획이라면 일찍 도착하는 것이 좋을 것 같습니다. 여기 스튜디오에서는 새로운 Matthews 만의 운동화를 받으실 수 있는 기회를 드리고 있습니다. 555-2877로 전화하셔서 5개의 질문에 정확하게 답하시면 경품 추첨에 참여하실 수 있습니다.

4. Brendan Matthews는 누구인가?
(A) 유명한 음악가
(B) 패션 디자이너
(C) 스포츠 선수
(D) 지역 사업주

5. 토요일에 어떤 일이 일어날 것인가?
(A) 가게는 개점할 것이다.
(B) 유명 인사가 인터뷰를 할 것이다.
(C) 도시 축제가 시작될 것이다.
(D) 새로운 제품이 출시될 것이다.

6. 화자에 따르면, 청자들은 어떻게 행사에 참여할 수 있는가?
(A) 시내 상점을 방문함으로써
(B) 경품 응모권을 구입함으로써
(C) 웹 사이트에 접속함으로써
(D) 스튜디오에 전화함으로써

정답 **4.** (C) **5.** (D) **6.** (D)

어휘 **host** 주최자, 호스트 **local news** 지역 뉴스 **excited** 흥분한 **introduce** 소개하다 **sneakers** 운동화 **autograph** 자필 서명, 사인 **exclusive** 독점적인 **prize draw** 상품 추첨

기출 변형 7-9 담화를 듣고 주어진 질문에 가장 알맞은 답을 고르시오. ◀)) 04-07

7. Where does the announcement most likely take place?

(A) At a bus terminal
(B) At an airport
(C) At a train station
(D) At a harbor

9. What does the speaker tell the listeners to do?

(A) Stand behind the safety line
(B) Wait in the lobby
(C) Go to a different station
(D) Present their tickets

8. According to the speaker, what has been changed?

(A) The boarding procedure
(B) The food to be served
(C) The destination
(D) The place to board

정답 뽀개기

7. Where does the announcement most likely take place?

정답 **(C) At a train station**

담화 초반부의 **7 Attention, passengers boarding the 1:22 train bound for Portland.**(Portland 행 1시 22분 열차에 탑승하실 승객 여러분께 알려드립니다.)라는 문장에서 이 담화는 기차 승객들을 위한 안내 방송임을 알 수 있다. 따라서 방송이 이루어지고 있는 곳은 (C)의 '기차역'이다.

풀이 전략 적용

담화에서 여러 번 등장하는 train, platform과 같은 단어들을 통해서도 담화가 이루어지고 있는 장소를 유추할 수 있다. 이처럼 초반부의 내용을 제대로 듣지 못했더라도 이후에 집중력을 유지하면 다른 곳에서 정답의 단서를 찾을 수 있는 경우가 있다.

8. According to the speaker, what has been changed?

정답 **(D) The place to board**

8 Due to an accident on Platform 3, your train will be departing from Platform 4 instead, which is completely different from the one printed on your ticket.(3번 승강장에서의 사고로 인해 표에 인쇄되어 있는 것과는 완전히 다르게 열차는 4번 승강장에서 출발하게 됩니다.)라는 문장 중 departing from Platform 4 instead라는 어구를 통해 변경된 사항은 (D)의 '탑승 장소'임을 쉽게 알 수 있다.

PARAPHRASING
• departing from Platform 4 instead → the place to board

오답

(A) The boarding procedure

(B) The food to be served

(C) The destination

(A), (B), (C)는 각각 기차와 관련이 있는 단어들인 boarding(탑승), food(음식), destination(목적지)을 이용했지만 변경된 사항들은 아니므로 모두 오답이다.

9. What does the speaker tell the listeners do?

정답

(B) Wait in the lobby

담화의 후반부 **⁹ Please make your way to the information desk if you have any questions. In the meantime, you can wait in the passenger lounge until further notice.**(문의 사항이 있으시면 안내 데스크로 이동해 주세요. 그 동안, 추후 공지가 있을 때까지 승객 대기실에서 기다리시면 됩니다.)에서 기다릴 것을 당부하는 you can wait in the passenger lounge를 wait in the lobby로 적절히 바꿔서 표현한 (B)가 정답이다.

PARAPHRASING
• wait in the passenger lounge → Wait in the lobby

오답

(A) Stand behind the safety line

(C) Go to a different station

(D) Present their tickets

(A), (C), 그리고 (D)는 기차역에서 승객이 할 수 있는 행동이지만 담화에 언급되지 않았으므로 모두 오답이다.

스크립트 및 해석

W **⁷ Attention, passengers boarding the 1:22 train bound for Portland. ⁸ Due to an accident on Platform 3, your train will be departing from Platform 4 instead, which is completely different from the one printed on your ticket.** In addition, your departure time will be delayed by a few hours. Please check the information on the departure screen. We apologize for any inconvenience. **⁹ Please make**

여 Portland행 1시 22분 열차에 탑승하실 승객 여러분께 알려드립니다. 3번 승강장에서의 사고로 인해 표에 인쇄되어 있는 것과는 완전히 다르게 열차는 4번 승강장에서 출발하게 됩니다. 그리고 출발 시간도 몇 시간 지연됩니다. 출발 안내 화면에 있는 정보를 확인해 주세요. 불편함을 끼쳐드려 죄송합니다. 문의 사항이 있으시면 안내 데스크로 이동해 주세요. 그 동안, 추후 공지가 있을 때까지 승객 대기실에서 기다리시면 됩니다. 감사합니다.

your way to the information desk if you have any questions. In the meantime, you can wait in the passenger lounge until further notice. Thank you.

7. 안내 방송은 어디에서 나오고 있는 것 같은가?

(A) 버스 터미널에서
(B) 공항에서
(C) 기차역에서
(D) 항구에서

8. 화자에 따르면, 무엇이 바뀌었는가?

(A) 탑승 절차
(B) 제공될 음식
(C) 목적지
(D) 탑승 장소

9. 화자는 청자들에게 무엇을 하라고 말하는가?

(A) 안전선 뒤에 서기
(B) 로비에서 기다리기
(C) 다른 역으로 이동하기
(D) 표 제시하기

정답 **7.** (C) **8.** (D) **9.** (B)

어휘 **board** 탑승하다 **bound for** ~행의 **due to** ~ 때문에 **accident** 사고 **depart** 떠나다, 출발하다 **different from** ~와 다르다 **apology** 사과 **inconvenience** 불편 **in the meantime** 그동안 **further notice** 추후 공지

기출 변형 10-12 담화를 듣고 주어진 질문에 가장 알맞은 답을 고르시오. ◀)) 04-08

10. What is the main topic of the report?

(A) Road construction
(B) A scientific breakthrough
(C) Sports news
(D) A weather report

11. What does the speaker recommend the listeners do?

(A) Drive slowly
(B) Use public transportation
(C) Take a detour
(D) Join a carpool

12. What will the listeners hear next?

(A) Traffic updates
(B) Updated messaging services
(C) Advertisements
(D) Weather conditions

10. What is the main topic of the report?

정답 **(D) A weather report**

담화 초반부의 **¹⁰ Good morning. This is Maryland's weather forecast.**(안녕하세요, Maryland의 일기예보입니다.)에서 weather (날씨)가 방송의 주제임을 알 수 있다. 정답은 (D)이다.

오답 (A) Road construction
(B) A scientific breakthrough
(C) Sports news

(A)는 담화 중반부에 언급된 road를 이용한 오답이며, (B)는 'weather (날씨)'에서 연상되는 'scientific(과학의)'을 언급한 오답이다. (C)는 담화의 유형을 이용해서 만든 오답인데, 담화의 종류가 뉴스이기는 하지만 스포츠 뉴스는 아니다.

11. What does the speaker recommend the listeners do?

정답 **(A) Drive slowly**

담화 중반부의 **¹¹ If you plan to drive in that area, drive carefully because the roads are wet and slippery.**(그 지역에서 운전하실 계획이 있으시다면 도로가 젖어 미끄러우니 안전 운전 하시기 바랍니다.)에서 화자는 청자들에게 'drive carefully(안전 운전)'을 권고하고 있다. 따라서 'drive slowly(감속 운전)'로 적절히 바꿔서 표현한 (A)가 정답이다.

PARAPHRASING
• drive carefully → Drive slowly

오답 (B) Use public transportation
(C) Take a detour
(D) Join a carpool

(B), (C) 그리고 (D) 모두 교통과 관련이 높은 어휘인 public transportation, detour, carpool을 이용한 오답이다.

12. What will the listeners hear next?

담화의 마지막 문장인 **¹² I will be back with more updates after a few promotional messages.**(광고 후에 더 많은 소식을 가지고 돌아오겠습니다.)에서 청자들이 다음으로 듣게 될 것은 'promotional messages(광고)'임을 알 수 있다. 따라서 이를 advertisements로 바꾸어 쓴 (C)가 정답이다.

정답 **(C) Advertisements**

PARAPHRASING
• promotional messages → advertisements

TMI (상업) 광고를 표현할 때 commercial이라는 표현을 사용하기도 한다.

(A) Traffic updates

(B) Updated messaging services

(D) Weather conditions

담화 후반부에 언급된 updates가 교통에 관련된 내용이기는 하지만, 질문에서 요구하는 정보는 담화 바로 직후에 듣게 되는 내용이어야 하므로 (A)는 정답이 될 수 없다. (B)는 'update, message'라는 표현과 형태적으로 유사한 표현들을 이용했지만 '최신 문자 서비스'는 담화에 언급된 내용이 아니므로 오답이다. (D) 역시 담화 바로 직후에 나오는 내용이 '날씨 정보'가 아니므로 정답이 될 수 없다.

스크립트 및 해석

M **¹⁰ Good morning. This is Maryland's weather forecast.** In the north right now, we are seeing a lot of wind and heavy clouds with temperatures around 28°C. Temperatures will be much lower later. They'll be around 18°C by midnight. To the south, at the moment, we are seeing heavy showers. **¹¹ If you plan to drive in that area, drive carefully because the roads are wet and slippery.** We expect more showers in the evening. Looking at the east, right now along the coastline, we still have some sunshine. Unfortunately, that should turn to rain by the evening. **¹² I will be back with more updates after a few promotional messages.**

남 안녕하세요, Maryland의 일기예보입니다. 지금 북쪽으로는 강풍과 짙은 구름이 보이고 기온은 28도 안팎이 되겠습니다. 기온은 자정까지 18도 정도로, 훨씬 더 낮아지겠습니다. 지금 남쪽으로는 강한 소나기가 내리고 있습니다. 그 지역에서 운전하실 계획이 있으시다면 도로가 젖어 미끄러우니 안전 운전하시기 바랍니다. 저녁에는 소나기가 더 내릴 것으로 예상됩니다. 지금 해안선을 따라 동쪽을 보면 아직 화창한 날씨입니다. 안타깝게도, 이 날씨는 저녁 무렵에 비로 바뀔 것 같습니다. 광고 후에 더 많은 소식을 가지고 돌아오겠습니다.

10. 방송의 주제는 무엇인가?

(A) 도로 공사

(B) 과학계의 중요한 발견

(C) 스포츠 뉴스

(D) 일기 예보

11. 화자는 청중에게 무엇을 하라고 권하는가?

(A) 감속 운전

(B) 대중 교통 이용

(C) 우회하기

(D) 카풀하기

12. 청자들은 다음에 무엇을 듣게 되는가?

(A) 교통 뉴스

(B) 최신 문자 서비스

(C) 광고

(D) 기상 상태

정답 **10.** (D)　**11.** (A)　**12.** (C)

어휘 **temperature** 온도　**midnight** 자정　**at the moment** 지금　**shower** 소나기　**slippery** 미끄러운　**coastline** 해안가　**sunshine** 햇빛
promotional message 광고

Ⓐ 빈출 주제

구분	예시
제품 및 서비스 관련	신제품 광고, TV 및 인터넷 등의 서비스 광고, 법률 서비스 광고
교육 과정 관련	학교 및 교육 기관의 특별 강좌 소개, 여름 학기 프로그램 홍보
행사 관련	세미나 및 워크샵 안내, 경연 대회 등 행사 홍보
기타	매장의 이전 및 확장 안내, 신설 지점 홍보

Ⓑ 담화의 구조

구분	연계 문제
〈프롤로그〉 관심 유발	• Who is the advertisement most likely for? 광고는 누구를 대상으로 하는 것 같은가?
〈초반부〉 광고의 대상 및 목적	• What is being advertised? 무엇이 광고되고 있는가? • What is the topic of this Friday's seminar? 이번 주 금요일의 세미나 주제는 무엇인가?
〈중반부〉 광고 대상의 장점	• What does the speaker emphasize about the business? 화자는 업체에 관해 무엇을 강조하는가? • What is mentioned about the store? 매장에 대해 언급된 것은 무엇인가? • What does the speaker say about the company's products? 화자는 회사의 제품에 대해 무엇을 말하는가?
〈후반부〉 할인 및 혜택	• How can listeners get a discount? 청자들은 어떻게 할인을 받을 수 있는가? • What is available free of charge? 무엇을 무료로 얻을 수 있는가? • What will participants receive? 참가자들은 무엇을 받게 될 것인가?
〈에필로그〉 구입처 등 추가적인 사항	• What is available on the Web site? 웹 사이트에서 무엇을 구할 수 있는가?

1. What is the seminar mainly about?

(A) Managing finances
(B) Dealing with customers
(C) Advertising products
(D) Starting a business

3. How can participants receive free gifts?

(A) By attending an event
(B) By referring a friend
(C) By redeeming a voucher
(D) By signing up online

2. What does the speaker imply when she says, "You are sure to recognize a few of them"?

(A) Some of the topics were covered at a previous seminar.
(B) Most of the attendees have worked together.
(C) Some of the instructors are well-known.
(D) Most of the venues are popular institutions.

⚡ 정답 뽀개기

1. What is the seminar mainly about?

정답 (D) Starting a business

담화 초반부의 ¹ **Do you dream of launching your own company and making it a success?**(당신은 당신의 회사를 창업하여 성공시키는 것을 꿈꾸나요?)에서 launching your own company(당신의 회사를 창업하여)라는 어구에 유의하면 세미나의 주제는 (D)임을 쉽게 알 수 있다. Do you have smart business ideas ～?(현명한 사업 아이디어가 있으신가요?) 및 make your dream company a reality(여러분의 꿈의 회사를 실현하다)와 같은 표현들을 통해서도 세미나 주제를 유추할 수 있다.

풀이 전략 적용
광고 초반부에 의문문이 등장하면 그 의문문 안에 광고의 주제가 드러나는 경우가 많다.

PARAPHRASING

• launching your own company → starting a business

(A) Managing finances

(B) Dealing with customers

(C) Advertising products

(A), (B), 그리고 (C)는 모두 회사와 의미상 관련성이 높은 managing (관리), customers(고객), products(제품)와 같은 어휘들을 이용해 만든 오답이다.

2. What does the speaker imply when she says, "You are sure to recognize a few of them"?

(C) Some of the instructors are well-known

담화 중반부의 **² Several successful business owners will lead the talks and activities during the seminar.**(세미나 기간 동안 몇몇 성공적인 사업주들이 회담과 활동을 주도할 것입니다.)라는 문장에서 successful business owners(성공적인 사업주)라는 부분이 정답의 단서이다. 화자는 연사들이 얼굴이 알려져 있을 정도로 성공한 사업가들이라는 점을 나타내고 있기 때문에 정답은 (C)로 볼 수 있다.

> **TMI**
> '유명한', 혹은 '명성이 높은'이라는 의미는 바꾸어 표현되는 경우가 많다. famous, well-known, popular, celebrated, noted, reputed, renowned, sought-after와 같은 표현들은 모두 비슷한 의미를 나타낸다.

(A) Some of the topics were covered at a previous seminar.

(B) Most of the attendees have worked together.

(D) Most of the venues are popular institutions.

(A), (B), (D)는 각각 잘 알고 있는 대상을 주제(topic), 참석자(attendees), 장소(venue)로 한 오답들이다.

3. How can participants receive free gifts?

(D) By signing up online

담화 후반부의 **³ Anyone who registers directly through our Web site at www.xlseminars.net will receive a complimentary mousepad and coffee mug.**(당사 웹 사이트 www.xlseminars.net을 통해 직접 등록하는 모든 분들에게는 무료 마우스패드와 커피 머그컵을 드리겠습니다.)라는 문장에서 온라인 사이트로 등록하는 경우 마우스패드와 머그컵을 무료로 받을 수 있다는 정보가 안내되고 있다. 따라서 (D)가 정답이다.

PARAPHRASING

• registers directly through our Web site → signing up online

> **TMI**
> 질문의 free gifts는 (D)에서 a complimentary mousepad and coffee mug로 바꾸어 표현되었다.

(A) By attending an event

(B) By referring a friend

(C) By redeeming a voucher

오답

(A), (B), (C) 모두 무료 선물을 받을 수 있는 방법이지만 담화에서 언급되지 않았다.

스크립트 및 해석

W **[1] Do you dream of launching your own company and making it a success?** Do you have smart business ideas that you could convert into profits? If so, then our upcoming seminar at Vardy Trade Center might be the inspiration you need to make your dream company a reality. **[2] Several successful business owners will lead the talks and activities during the seminar.** You are sure to recognize a few of them. You have to sign up at the Vardy Trade Center or visit XL Seminars online in advance. **[3] Anyone who registers directly through our Web site at www.xlseminars.net will receive a complimentary mousepad and coffee mug.**

여 당신은 당신의 회사를 창업하여 성공시키는 것을 꿈꾸나요? 수익으로 전환할 수 있는 좋은 사업 계획이 있으신가요? 그렇다면, Vardy 무역센터에서 곧 개최될 세미나가 여러분의 꿈의 회사를 실현하는 데 필요한 영감을 줄 수 있을 것입니다. 세미나 기간 동안 몇몇 성공적인 사업주들이 강연과 활동을 주도할 것입니다. 여러분은 그들 중 몇 분을 분명히 알아볼 수 있을 것입니다. Vardy 무역센터에서 등록하시거나 미리 온라인으로 XL Seminars를 방문하셔서 등록하셔야 합니다. 당사의 웹 사이트 www.xlseminars.net를 통해 직접 등록하는 모든 분들에게는 무료 마우스 패드와 커피 머그컵을 드리겠습니다.

1. 세미나의 주제는 무엇인가?
   (A) 재정 관리
   (B) 고객 응대
   (C) 상품 광고
   (D) 창업

2. 화자가 "여러분은 그들 중 몇 분을 확실히 알아볼 수 있을 것입니다"라고 말할 때 그녀는 무엇을 암시하는가?
   (A) 일부 주제들은 이전 세미나에서 다루었다.
   (B) 참석자 대부분이 함께 일한 경험이 있다.
   (C) 일부 강사는 잘 알려져 있다.
   (D) 대부분의 장소는 인기 있는 기관이다.

3. 참가자들은 어떻게 사은품을 받을 수 있는가?
   (A) 행사에 참석함으로써
   (B) 친구를 언급함으로써
   (C) 상품권을 현금화함으로써
   (D) 온라인으로 등록함으로써

정답 **1.** (D) **2.** (C) **3.** (D)

어휘 **launch** 시작하다, 착수하다 **convert** 바꾸다, 전환하다 **profit** 이익 **upcoming** 다가오는 **inspiration** 영감, 영감을 주는 것 **reality** 현실 **recognize** 인지하다, 인정하다 **sign up** 등록하다 **complimentary** 무료의 **mug** 머그잔

기출 변형 **4-6** 담화를 듣고 주어진 질문에 가장 알맞은 답을 고르시오. 🔊 04-10

4. What kind of business is being advertised?

(A) A repair company
(B) An appliance manufacturer
(C) An electronics store
(D) A telecom provider

6. Why are customers encouraged to install a mobile application?

(A) To receive an estimate
(B) To view special offers
(C) To make secure purchases
(D) To chat with a representative

5. What benefit does the speaker mention about the business?

(A) Its affordable prices
(B) Its advanced technology
(C) Its experienced workers
(D) Its refund policy

정답 뽀개기

4. What kind of business is being advertised?

정답	(D) A telecom provider	담화 초반부의 **⁴ For the most comprehensive and advanced home Internet, phone, and cable TV packages, get in touch with us here at Icarus.**(가장 종합적이고 고급의 가정용 인터넷, 전화 및 케이블 TV 패키지에 대해서는 Icarus로 문의해 주십시오.)에서 정답의 단서를 찾을 수 있다. 보기 중에서 home Internet, phone, and cable TV packages(가정용 인터넷, 전화 및 케이블 TV 패키지)와 관련된 서비스를 제공하는 곳은 (D)의 '통신사'뿐이다.

PARAPHRASING

• home Internet, phone, and cable TV packages →
a telecom provider

오답	(A) A repair company (B) An appliance manufacturer (C) An electronics store	(A), (B), (C)는 각각 전자제품과 관련이 있는 repair, appliance, electronics를 이용해서 만든 오답이다.

5. What benefit does the speaker mention about the business?

정답	**(A)** Its affordable prices

담화 초반부의 ⁵**We guarantee that we can provide you with a full package at a lower monthly rate than any of our competitors.**(지희는 어떤 경쟁사보다도 낮은 월 사용액으로 풀 패키지를 제공해 드릴 수 있다는 것을 약속합니다.)에서 **at a lower monthly rate**(낮은 월 사용액으로)라는 어구에 유의하면 해당 업체의 장점은 (A)로 볼 수 있다. **at a lower price**(더 저렴한 가격으로) 혹은 **provide you with a further reduction**(추가 가격 인하를 기꺼이 제공하겠습니다)과 같은 표현을 통해서도 정답이 (A)임을 다시 한 번 확인할 수 있다.

PARAPHRASING
- at a lower monthly rate → its affordable prices

오답	**(B)** Its advanced technology **(C)** Its experienced workers **(D)** Its refund policy

advanced라는 단어가 언급되기는 했지만 광고가 진보된 기술을 업체의 이점으로 강조하고 있지는 않으므로 (B)는 오답이다.

6. Why are customers encouraged to install a mobile application?

정답	**(B)** To view special offers

담화 후반부의 ⁶ **don't forget to download and install our cell phone app to find out about monthly deals and discounts on a wide variety of products and services.**(이미 Icarus 고객이시라면 휴대전화 앱을 다운받아 설치하여 월별 다양한 제품 및 서비스에 대한 할인에 대해 알아보시기 바랍니다.)에서 find out about monthly deals and discounts(월별 할인에 대해 알아보시기 바랍니다.)라는 부분에 정답의 단서가 들어 있다. 할인 정보를 안내 받을 수 있는 방편으로 앱 설치를 권유하고 있으므로 (B)가 정답이다.

PARAPHRASING
- find out about monthly deals and discounts → to view special offers

 '특별 할인'이라는 의미는 special deal [offer, promotion, price, sale, price] 등으로 나타낼 수 있다.

오답	**(A)** To receive an estimate **(C)** To make secure purchases **(D)** To chat with a representative

(A), (C), (D) 모두 스마트폰 앱을 통해 받을 수 있는 서비스이기는 하지만 지문에서 언급되지 않았다.

M　**⁴For the most comprehensive and advanced home Internet, phone, and cable TV packages, get in touch with us here at Icarus. ⁵We guarantee that we can provide you with a full package at a lower monthly rate than any of our competitors.** And if you do manage to find a provider who can offer you the same services at a lower price, then we will be happy to provide you with a further reduction. Call us today at 555-0011 or visit us at www.icarustel.net. If you are already an Icarus customer, **⁶don't forget to download and install our cell phone app to find out about monthly deals and discounts on a wide variety of products and services.**

남　가장 종합적이고 앞선 기술의 가정용 인터넷, 전화 및 케이블 TV 패키지 상품을 찾고 계시다면 저희 Icarus로 문의해 주십시오. 저희는 어떤 경쟁사보다도 낮은 월 사용액으로 풀 패키지를 제공해 드릴 수 있다는 것을 약속합니다. 그리고 만약 더 저렴한 가격으로 동일한 서비스를 제공할 수 있는 공급자를 찾으신다면, 추가 가격 인하를 기꺼이 제공하겠습니다. 오늘 555-0011로 전화 주시거나 www.icarustel.net으로 방문해 주십시오. 이미 Icarus의 고객이시라면, 휴대전화 앱을 다운받아 설치하여 월별 다양한 제품 및 서비스의 할인에 대해 알아보시기 바랍니다.

4. 어떤 업체가 광고되고 있는가?
(A) 수리 회사
(B) 가전 제품 제조업체
(C) 전자 제품 매장
(D) 통신사

5. 화자가 사업체에 대해 언급하고 있는 이점은 무엇인가?
(A) 저렴한 가격
(B) 진보된 기술
(C) 경험이 풍부한 직원
(D) 환불 정책

6. 고객에게 휴대 전화 애플리케이션을 설치하도록 권장하는 이유는 무엇인가?
(A) 견적서를 받기 위해서
(B) 특별 할인을 보기 위해서
(C) 안전한 구매를 하기 위해서
(D) 대표 직원과 대화를 하기 위해서

정답 **4.** (D)　**5.** (A)　**6.** (B)

어휘 **comprehensive** 포괄적인　**advanced** 진보한, 발전된　**get in touch with** ~와 연락하다　**guarantee** 보장하다　**competitor** 경쟁자
further 더, 더 나아가　**reduction** 감소　**a wide variety of** 매우 다양한

Unit 04 회의 및 연설

I. 회의

Ⓐ 빈출 주제

구분	예시
소개	새로운 기기 및 프로그램 소개, 신입 직원 소개
통보	새로운 방침 및 정책 통보, 교육 일정 안내, 공사 또는 수리 관련 공지
업무 관련	업무 지시, 업무 협조 요청
감사 표시	우수 사원에 대한 칭찬, 은퇴 직원에 대한 고마움 표시

Ⓑ 담화의 구조

구분	연계 문제
〈프롤로그〉 회의 참석에 대한 감사 인사	• Who most likely are the listeners? 청자들은 누구인 것 같은가? • Where does the speaker most likely work? 화자는 어디에서 일하는 것 같은가?
〈초반부〉 안건 및 회의 주제	• What is the purpose of the meeting? 회의의 목적은 무엇인가? • What is the talk mainly about? 담화는 주로 무엇에 관한 것인가?
〈중반부〉 세부 사항	• What does the speaker offer the listeners? 화자는 청자들에게 무엇을 제안하는가?
〈후반부〉 추가 공지	• What does the speaker ask the listeners to do? 화자는 청중에게 무엇을 하라고 요청하는가?
〈에필로그〉 요청 사항 및 다음에 할 일	• What will the speaker do after the meeting? 화자는 회의 이후에 무엇을 할 것인가?

II. 연설

A 빈출 주제

구분	예시
일반 직원 교육	시간 관리(time management) 글쓰기 또는 말하기 기술(writing or speaking skills) 효율성(efficiency, effectiveness) 생산성(productivity)
부서별 직원 교육	판매 기술(sales techniques) 고객 서비스(customer service) 연구 조사 방법(research methods)

B 담화의 구조

구분	연계 문제
〈프롤로그〉 환영사 및 행사 참석에 대한 감사 인사	• Where is the talk taking place? 담화는 어디에서 이루어지는가? • Who most likely is the speaker? 화자는 누구인 것 같은가? • What most likely is the speaker's occupation? 화자의 직업은 무엇인 것 같은가?
〈초반부〉 연설 주제	• What is the purpose of the speech? 연설의 목적은 무엇인가? • What is the topic of today's seminar? 오늘 세미나의 주제는 무엇인가?
〈중반부〉 세부 사항	• What will happen in October? 10월에 어떤 일이 일어날 것인가?
〈후반부〉 추가 공지	• What does the speaker offer the listeners? 화자는 청자들에게 무엇을 제안하는가?
〈에필로그〉 제안 사항 및 다음에 할 일	• What will the speaker do next? 화자는 다음에 무엇을 할 것인가? • What will the participants do after the seminar? 참가자들은 세미나 이후에 무엇을 할 것인가? • What will probably happen next? 다음에 어떤 일이 발생할 것 같은가?

 담화를 듣고 주어진 질문에 가장 알맞은 답을 고르시오. ◀)) 04-11

1. What is the purpose of the meeting?

(A) To discuss a Web site layout
(B) To plan a marketing campaign
(C) To design product packaging
(D) To choose a company logo

3. What does the speaker ask the listeners to do?

(A) Watch a presentation
(B) Review some designs
(C) Read some pamphlets
(D) Assign a group leader

2. What aspect of the business does the speaker wish to emphasize?

(A) Its affordable goods
(B) Its experience in the industry
(C) Its diverse workforce
(D) Its ecofriendly practice

⚡ 정답 뽀개기

1. What is the purpose of the meeting?

정답	(D) To choose a company logo	담화 초반부의 ¹ **I asked you all to meet today so that we can look at some potential designs for our new logo and decide which one we are going to use.**(저는 오늘 새로운 로고 디자인을 살펴보고 어떤 디자인을 사용할지 결정할 수 있도록 여러분에게 회의를 요청했습니다.)에서 our new logo and decide which one(어떤 로고 디자인을 사용할지 결정할 수 있도록)이라는 부분을 통해서 회의의 목적은 (D)임을 알 수 있다. **PARAPHRASING** • our new logo and decide which one → to choose a company logo
오답	(A) To discuss a Web site layout (B) To plan a marketing campaign (C) To design product packaging	담화의 마지막에 discuss(논의하다)가 언급되고 있기는 하지만, Web site layout을 위한 논의가 아니므로 (A)는 정답이 될 수 없다. (C)는 초반부에 언급된 design을 반복하여 만든 오답이다.

2. What aspect of the business does the speaker wish to emphasize?

2 We pride ourselves on our commitment to protecting the environment, particularly our use of recycled materials
(저희는 특히 재활용 자재 사용함으로써 환경 보호에 대한 헌신적인 노력에 자부심을 가지고 있습니다.)라는 문장에서 화자는 재활용을 통한 환경 친화적인 작업 방식을 강조하고자 한다는 점을 확인할 수 있다. 따라서 (D)가 정답이다.

정답
(D) Its ecofriendly practice

PARAPHRASING
- protecting the environment / our use of recycled materials → its ecofriendly practices

> **TMI**
> '환경 친화적인' 혹은 '친환경적인'이라는 의미는 environment-friendly로도 나타낼 수 있다.

오답
(A) Its affordable goods

(B) Its experience in the industry

(C) Its diverse workforce

(A), (B), (C) 모두 회사에서 내세울 만한 사항들이기는 하지만, 담화에서 언급된 내용은 아니다.

3. What does the speaker ask the listeners to do?

담화 후반부의 **3 Take a good look at them and write down some notes, and then we can discuss them as a group.**
(그것들을 잘 보시고, 의견을 작성해 주시면, 그룹으로 토론할 수 있습니다.)에서 them이 회사 로고 디자인을 가리킨다는 점을 이해하면 정답을 쉽게 찾을 수 있다. 화자는 청자들에게 로고 디자인에 대해 논의할 것을 당부하고 있으므로 (B)가 정답이다.

정답
(B) Review some designs

PARAPHRASING
- Take a good look at them → Review some designs

오답
(A) Watch a presentation

(C) Read some pamphlets

(D) Assign a group leader

청자가 봐야 하는 것은 디자인이지 발표(presentation)나 소책자(pamphlet)가 아니므로 (A)와 (C)는 정답이 될 수 없다. '그룹으로 토론한다(discuss them as a group)'는 정보는 언급되었지만, 그룹의 리더를 정한다는 내용은 없으므로 (D) 또한 오답이다.

W Good morning, fellow members of the board. **¹ I asked you all to meet today so that we can look at some potential designs for our new logo and decide which one we are going to use.** Our graphic design team has been working hard to produce three very attractive samples, and we need to consider which one suits our company in terms of our goals and philosophies. **² We pride ourselves on our commitment to protecting the environment, particularly our use of recycled materials,** so I'd like to choose a logo that focuses on that. Next, I'm going to give each of you three cards, each showing one of the potential designs. **³ Take a good look at them and write down some notes, and then we can discuss them as a group.**

여 안녕하세요, 이사진 여러분. 저는 오늘 새로운 로고 디자인을 살펴보고 어떤 디자인을 사용할지 결정할 수 있도록 여러분에게 회의를 요청했습니다. 저희 그래픽 디자인 팀은 매우 매력적인 세 가지 샘플 디자인을 생산하기 위해 열심히 노력해왔고, 목표와 철학에 있어서 어느 것이 우리 회사에 적합한지를 고려해야 합니다. 저희는 특히 재활용 자재를 사용함으로써 환경 보호에 대한 헌신적인 노력에 자부심을 가지고 있기 때문에, 저는 그것에 초점을 맞춘 로고를 선택하고자 합니다. 다음으로, 저는 여러분께 세 장의 카드를 드리려고 하는데, 각각의 카드는 잠재적인 디자인을 보여 줍니다. 그것들을 잘 보시고, 의견을 작성해 주시면, 그룹 토론을 할 수 있습니다.

1. 회의의 목적은 무엇인가?
   (A) 웹 사이트 배치에 대해 논의하기 위해서
   (B) 마케팅 캠페인을 계획하기 위해서
   (C) 제품 포장을 설계하기 위해서
   (D) 회사 로고를 선택하기 위해서

2. 화자는 회사의 어떤 면을 강조하고 싶어하는가?
   (A) 합리적인 가격의 제품
   (B) 업계에서의 경험
   (C) 다양한 인력
   (D) 친환경적인 작업 방식

3. 화자가 청자에게 부탁하는 것은 무엇인가?
   (A) 프레젠테이션 보기
   (B) 디자인 검토하기
   (C) 팜플렛 읽기
   (D) 그룹 리더 정하기

정답 1. (D)   2. (D)   3. (B)

어휘 **board** 이사진 **so that ~ can** ~하기 위하여 **potential** 잠재적인 **logo** 로고 **attractive** 매력적인 **suit** 적합하다 **in terms of** ~의 견지에서 **philosophy** 철학 **pride oneself on** ~에 대해 자부하다 **environment** 환경 **recycled** 재활용된 **material** 재료 **focus on** ~에 초점을 맞추다 **write down** ~을 적다, 필기하다

4. Who most likely are the listeners?

(A) Customer service managers
(B) Warehouse employees
(C) Delivery drivers
(D) Checkout clerks

6. What will the listeners probably do next?

(A) Install some equipment
(B) Watch a demonstration
(C) Read an instruction manual
(D) Serve some customers

5. According to the speaker, why is the supermarket making a change?

(A) To increase inventory capacity
(B) To provide faster service
(C) To reduce customer complaints
(D) To increase store security

 정답 뽑기

4. Who most likely are the listeners?

정답	(D) Checkout clerks	담화 초반부의 **4 You all work so hard on checking out customers here at the supermarket**(여러분 모두 여기 슈퍼마켓 계산대에서 열심히 일하고 계십니다)이라는 문장을 통해 청자들은 슈퍼마켓 계산대에서 근무하는 직원들임을 알 수 있다. 따라서 (D)가 정답이다. **installing brand-new advanced checkout equipment**(새로운 고급 계산대 장비를 설치), **already set up one of the new checkout counters**(이미 새로운 계산 장비 중 하나를 설치) 등의 어구를 통해서도 청중의 신원을 짐작할 수 있다.
오답	(A) Customer service managers (B) Warehouse employees (C) Delivery drivers	(A)는 customer를 반복한 오답이며, (B)는 지문과 관련성이 높은 employees를 이용한 오답이다. (C)는 supermarket에서 연상되는 단어인 delivery를 이용한 오답이다.

5. According to the speaker, why is the supermarket making a change?

담화 중반부의 **⁵The main reason for this change is so that we can serve our customers more quickly and conveniently.** (이러한 변화의 주된 이유는 고객에게 보다 빠르고 편리하게 서비스를 제공할 수 있기 때문입니다.)라는 문장에 변화의 이유를 찾을 수 있다. serve our customers more quickly(고객에게 보다 빠른 서비스를 제공)라는 언급에 유의하면 (B)가 정답임을 알 수 있다.

정답 **(B) To provide faster service**

풀이 전략 적용

질문과 연관이 있는 시그널 표현을 이용하면 정답의 단서를 보다 쉽게 찾을 수 있다. 이 문제의 경우, 질문의 의문사인 why와 연관이 있는 the main reason이 시그널 표현으로 등장하고 있다.

PARAPHRASING
- serve our customers more quickly → to provide faster service

오답
(A) To increase inventory capacity
(C) To reduce customer complaints
(D) To increase store security

(A), (C), 그리고 (D)는 모두 상점과 관련성이 높은 inventory, customer, store 등의 어휘를 이용해서 혼동을 유발시키려는 오답이다.

6. What will the listeners probably do next?

담화의 마지막 문장 **⁶ I'm going to show you how to use it.** (어떻게 사용하는지 보여드리겠습니다.)을 통해 화자는 곧 새로운 장비에 대한 시연을 할 것임을 짐작할 수 있다. 따라서 청자들이 하게 될 행동은 (B)이다.

정답 **(B) Watch a demonstration**

PARAPHRASING
- show you how → watch a demonstration

오답
(A) Install some equipment
(C) Read an instruction manual
(D) Serve some customers

we'll be installing brand-new advanced checkout equipment over the next few weeks라는 언급을 통해 (A)의 '장비 설치'는 담화 직후에 이루어질 일도 아니고, 청자들이 하게 될 일도 아님을 알 수 있다.

M Thanks for coming in early for the meeting this morning. I have some exciting news for all of you. **4 You all work so hard on checking out customers here at the supermarket,** but we want to make your job easier and more enjoyable. So I'm happy to tell you that we'll be installing brand-new advanced checkout equipment over the next few weeks. **5 The main reason for this change is so that we can serve our customers more quickly and conveniently.** The added bonus is that the new technology will also be more convenient for you. Now, I'd like you to join me on the shop floor. We already set up one of the new checkout counters, and **6 I'm going to show you how to use it.**

남 오늘 아침 회의에 일찍 와 주셔서 감사합니다. 여러분 모두를 위한 흥미로운 소식이 있습니다. 여러분 모두 여기 슈퍼마켓 계산대에서 열심히 일하고 계시지만, 저희는 여러분의 일을 더 쉽고 즐겁게 만들어 드리고 싶습니다. 그래서, 몇 주 동안에 걸쳐 새로운 앞선 기술의 계산대 장비를 설치한다는 소식을 여러분께 전할 수 있게 되어 기쁩니다. 이러한 변화의 주된 이유는 고객에게 보다 빠르고 편리하게 서비스를 제공하기 위해서입니다. 추가되는 이점은 새로운 기술이 여러분에게 더 편리할 것이라는 점입니다. 이제, 여러분이 일하는 곳에서 저와 함께 해 주셨으면 합니다. 이미 새로운 계산대 중 하나를 설치했고, 어떻게 사용하는지 보여드리겠습니다.

4. 청자들은 누구일 것 같은가?
(A) 고객 서비스 관리자
(B) 창고 직원
(C) 배달 기사
(D) 계산대 직원

6. 청자들은 다음에 무엇을 할 것 같은가?
(A) 장비를 설치한다.
(B) 시연을 본다.
(C) 사용 설명서를 읽는다.
(D) 고객을 응대한다.

5. 화자에 따르면, 왜 슈퍼마켓에 변화를 주고 있는가?
(A) 재고량을 늘리기 위해서
(B) 더 빠른 서비스를 제공하기 위해서
(C) 고객의 불만을 줄이기 위해서
(D) 상점 보안을 강화하기 위해서

정답 **4.** (D) **5.** (B) **6.** (B)

어휘 **checkout counter** (슈퍼마켓의) 계산대 | **install** 설치하다 | **advanced** 고급의 | **equipment** 장비 | **conveniently** 편리하게

Workshop Talks

Title	Name
The Benefits of Training New Employees	Jennifer Rodriguez
Customer Service with Computer Programs	Marlene Taylor
The Importance of Time Management	James Johnson
The Development of New Software	David Smith

7. Who are the listeners?

(A) Architects
(B) Managers
(C) Accountants
(D) Programmers

8. Where is the workshop taking place?

(A) At an IT firm
(B) At a local hotel
(C) At an appliance store
(D) At a design company

9. Look at the graphic. Which talk is not going to take place?

(A) The Benefits of Training New Employees
(B) Customer Service with Computer Programs
(C) The Importance of Time Management
(D) The Development of New Software

 정답 뽑개기

7. Who are the listeners?

 (D) Programmers

[7] **Good morning and welcome to today's workshop for programmers.**(안녕하세요, 오늘 프로그래머들을 위한 워크숍에 오신 것을 환영합니다.)라는 인사말에서 해당 워크숍은 (D)의 '프로그래머들' 대상으로 하는 행사임을 알 수 있다.

8. Where is the workshop taking place?

정답 (A) At an IT firm

담화 초반부의 **8 Today, I am going to introduce some new scheduling software** for training newly hired employees that **we made here at BRC Tech, Inc.**(오늘 저는 BRC Tech 주식회사에서 만든 새로운 일정 소프트웨어를 소개하려고 합니다.)라는 문장에서 정답의 단서를 찾을 수 있다. 담화가 이루어지고 있는 장소인 BRC Tech Inc.라는 회사는 소프트웨어를 만드는 회사로 설명되어 있으므로 (A)가 정답이다.

PARAPHRASING
- Tech Inc. → IT firm

오답
(B) At a local hotel
(C) At an appliance store
(D) At a design company

(B)는 워크숍이 열릴 수 있는 장소이기는 하지만 담화에서 언급된 장소가 아니다. (C)는 workshop의 shop 부분을 듣고 연상되는 단어인 store를 이용한 오답이며, (D)는 담화 초반부에 언급된 designed를 이용해서 만든 오답이다.

9. Look at the graphic. Which talk is not going to take place?

정답 (D) The Development of New Software

담화 후반부의 **9 However, I am afraid that the talk that was scheduled with David Smith isn't going to be held today due to an unexpected scheduling conflict.**(하지만, David Smith가 진행하기로 예정되어 있던 강연이 예상치 못한 일정 충돌로 인해 오늘 열리지 않을 것 같습니다.)에서 David Smith의 강연이 취소되었음을 알 수 있다. 도표에서 이 사람이 진행할 강연을 찾으면 결국 취소된 강연은 (D)의 '새로운 소프트웨어의 개발'임을 알 수 있다.

오답
(A) The Benefits of Training New Employees
(B) Customer Service with Computer Programs
(C) The Importance of Time Management

(A)와 (B)는 각각 training, customer를 반복한 오답이며, (C)는 시간과 의미상 연관성이 높은 어휘인 schedule을 이용하여 만든 오답이다.

스크립트 및 해석

W ⁷ **Good morning and welcome to today's workshop for programmers.** ⁸ **Today, I am going to introduce some new scheduling software** for training newly hired employees that **we made here at BRC Tech, Inc.** This software is designed

여 안녕하세요, 오늘 프로그래머들을 위한 워크숍에 오신 것을 환영합니다. 오늘 저는 신입사원 교육을 위해 BRC Tech 주식회사에서 만든 새로운 일정 소프트웨어를 소개하려고 합니다. 이 소프트웨어는 직원들이 근무 시간을 보다 효율적으로 확인하고, 시간을 더 유연하게 사용할 수 있게 설계되었습니다. 그리고 직원과 고객 모두에게

to check work hours more efficiently and to give employees more flexible hours. There are also a few more benefits to both employees and customers. Here is a list of today's informative talks, which will be led by our experts. **9 However, I am afraid that the talk that was scheduled with David Smith isn't going to be held today due to an unexpected scheduling conflict.** Nevertheless, I am sure you can enjoy the others thoroughly.

몇 가지 혜택이 더 있습니다. 여기 우리 전문가들이 주도하는 유익한 깅연 목록이 있습니다. 하지만, David Smith가 진행하기로 예정되어 있던 강연이 예상치 못한 일정 충돌도 인해 오늘 일티지 잃을 깃 같습니다. 그렇기는 히지만, 저는 여러분이 나머지 강연들은 충분히 즐길 수 있다고 확신합니다.

워크샵 강연

제목	연사
신입 사원 교육의 이점	Jennifer Rodriguez
컴퓨터 프로그램을 통한 고객 서비스	Marlene Taylor
시간 관리의 중요성	James Johnson
새로운 소프트웨어의 개발	David Smith

7. 청자들은 누구인가?

(A) 건축가

(B) 관리자

(C) 회계사

(D) 프로그래머

8. 워크숍은 어디에서 열리고 있는가?

(A) IT 회사

(B) 지역 호텔

(C) 가전 제품 상점

(D) 디자인 회사

9. 도표를 보시오. 어떤 강연이 취소되었는가?

(A) 신입 사원 교육의 이점

(B) PC 프로그램을 통한 고객 서비스

(C) 시간 관리의 중요성

(D) 새로운 소프트웨어의 개발

정답 **7.** (D)　**8.** (A)　**9.** (D)

어휘　**design** 고안하다, 설계하다　**efficiently** 효과적으로　**flexible** 유연한　**benefit** 혜택　**informative** 정보를 주는, 유익한　**unexpected** 예상치 못한　**conflict** 충돌; 갈등　**nevertheless** 그렇기는 하지만, 그럼에도 불구하고　**thoroughly** 철저히

10. Why are the investors visiting?

　(A) To complete a deal
　(B) To borrow money
　(C) To inspect a plant
　(D) To perform a credit check

12. What will the speaker do next?

　(A) Launch a new campaign
　(B) Share some opinions
　(C) Place an order
　(D) Go to the east plant

11. What are the listeners asked to do?

　(A) Visit an office
　(B) E-mail the speaker
　(C) Make a call
　(D) Operate a new machine

정답 뽑기기

10. Why are the investors visiting?

정답	(C) To inspect a plant

담화 초반부의 **¹⁰ They're going to take a look at our east plant** (그들은 동쪽 공장을 살펴보면서)라는 부분에서 투자자들의 방문 목적이 드러나 있다. 공장 시설을 보기 위해 방문하는 것이므로 (C)가 정답이다.

PARAPHRASING

• take a look at our east plant → to inspect a plant

오답	(A) To complete a deal
	(B) To borrow money
	(D) To perform a credit check

(A), (B), (D)는 각각 investors(투자자), invest(투자하다)와 의미상 관련이 있는 단어인 deal, money, credit 등을 이용하여 만든 오답들이다.

11. What are the listeners asked to do?

정답	(A) Visit an office

담화의 중반부의 **¹¹ Please come to my office immediately if there is anything to report before they come.**(그들이 방문하기 전에 보고할 것이 있으면 즉시 제 사무실로 방문해 주십시오.)에서 사무실 방문을 요청하고 있으므로 정답은 (A)이다.

PARAPHRASING
- come to my office → Visit an office

오답
(B) E-mail the speaker
(C) Make a call
(D) Operate a new machine

이메일과 전화도 보고 수단이 될 수 있지만 담화문에 언급되지 않았으므로 (B)와 (C)는 정답이 될 수 없다. 담화 마지막 부분에 언급된 machine (기계)을 반복했지만 화자가 청자들에게 직접 기계 작동을 요청한 것은 아니므로 (D)도 오답이다.

12. What will the speaker do next?

정답
(B) Share some opinions

담화의 후반부의 **12 Now, let's share some ideas on the new ad campaign for the latest model of our washing machine.** (지금부터, 최신 모델의 세탁기에 대한 새로운 광고 아이디어를 공유해 보겠습니다.)에서 'Now'라는 표현을 사용해 바로 이어서 하게 될 활동이 아이디어를 공유하는 것이라고 말하고 있다. 따라서 (B)가 정답이다.

오답
(A) Launch a new campaign
(C) Place an order
(D) Go to the east plant

담화 후반부에 나온 campaign을 반복했지만 의견을 공유하자고 했지 지금 바로 광고 캠페인을 시작하자고 말한 것은 아니므로 (A)는 오답이다. 동쪽 공장을 살펴볼 준비를 하자고 말했을 뿐 지금 이동하자고 지시한 것은 아니므로 (D)도 오답이다.

스크립트 및 해석

M Thanks for coming, everyone. First of all, I'd like to mention that we have investors from Belgium coming next week. **10 They're going to take a look at our east plant** to see if they want to invest in our operations here. **11 Please come to my office immediately if there is anything to report before they come.** Let's all be ready to see that everything's in fine working order, especially at the east plant. **12 Now, let's share some ideas on the new ad campaign for the latest model of our washing machine.**

남 여러분, 참석해 주셔서 감사합니다. 제가 먼저 말씀 드리고 싶은 것은 다음 주에 벨기에서 투자자가 방문한다는 것입니다. 그들은 동쪽 공장을 살펴보고 우리의 사업에 투자 여부를 결정할 것입니다. 그들이 방문하기 전에 보고할 것이 있으면 즉시 제 사무실로 방문해 주십시오. 특히 동쪽 공장에서 모든 것이 잘 작동하는지 확인할 준비를 해주시기 바랍니다. 지금부터, 최신 모델의 세탁기에 대한 새로운 광고 아이디어를 공유해 보겠습니다.

10. 투자자들은 왜 방문을 하는가?

(A) 거래를 완료하기 위해서

(B) 돈을 빌리기 위해서

(C) 공장을 살펴보기 위해서

(D) 신용조회를 하기 위해서

11. 청자들은 무엇을 하도록 요청 받는가?

(A) 사무실 방문하기

(B) 화자에게 이메일 발송하기

(C) 전화하기

(D) 새로운 기계 작동시키기

12. 화자는 다음에 무엇을 할 것 같은가?

(A) 새로운 캠페인 시작하기

(B) 의견 공유하기

(C) 주문하기

(D) 동쪽 공장으로 이동하기

정답 **10.** (C)   **11.** (A)   **12.** (B)

어휘 **mention** 언급하다 **investor** 투자가 **plant** 공장 시설 **invest** 투자하다 **operations** 사업 **order** 질서; 순서 **immediately** 즉시

기출 변형 13-15 담화를 듣고 주어진 질문에 가장 알맞은 답을 고르시오. ◀》 04-15

13. Who are the listeners?

(A) Sales associates

(B) Department managers

(C) Job seekers

(D) Board members

14. According to the speaker, what is the speaker going to do with Michelle?

(A) Visit a Web site

(B) Take a tour of the store

(C) Introduce a new model

(D) Represent their company

15. What will the listeners do in the afternoon?

(A) Discuss company policies

(B) Work with supervisors

(C) Talk about a company retreat

(D) Implement new safety regulations

13. Who are the listeners?

정답

(A) Sales associates

화자기 담화 초반부 **¹³ let me start by giving the full details of your job as sales representatives here at the Roman Department Store.**(Roman 백화점 영업사원으로서 해야 할 여러분의 업무에 대해 자세히 말씀 드리겠습니다.)에서 직접적으로 청중의 신분을 말하고 있으므로 정답은 (A)이다.

PARAPHRASING

• sales representatives → Sales associates

오답

(B) Department managers

(C) Job seekers

(D) Board members

As the head of the Human Resources Department는 화자의 신분이고, our department manager는 Michelle의 신분이므로 (B)는 오답이다. job seekers, board members는 담화와 관련성은 있으나 언급된 내용이 아니므로 (C)와 (D)도 정답이 될 수 없다.

14. According to the speaker, what is the speaker going to do with Michelle?

담화 초반부의 **¹⁴ After that, Michelle, our department manager, and I are going to show you around**(그 후에, 저와 부서장인 Michelle이 여러분을 견학시켜 드릴 것입니다.)에서 미래에 하게 될 행위가 견학임을 알 수 있다. 따라서, (B)가 정답이다.

정답

(B) Take a tour of the store

 풀이 전략 적용 ▶

문제에 나온 고유명사는 담화에 반복되므로, 해당 고유명사가 들려올 때 집중해서 정답의 단서를 찾으면 된다.

PARAPHRASING

• show you around → Take a tour of the store

오답

(A) Visit a Web site

(C) Introduce a new model

(D) Represent their company

담화에 online이 있었지만 visit a Web site(웹사이트 방문하기)는 언급된 내용이 아니므로 (A)는 오답이다. introduce(소개하다) 역시 담화에 있었지만 사람을 소개한다는 내용이므로 (C)역시 오답이다. (D)는 담화에 형태적으로 비슷한 representative(직원)가 있었지만 represent(대표하다)라는 내용은 없으므로 이 또한 정답이 될 수 없다.

15. What will the listeners do in the afternoon?

담화 후반부의 **15 Before we talk about our store's policies and safety regulations in the workplace in the afternoon**(오후에는 우리 백화점의 정책과 업무 현장에서의 안전 규정에 대해 말씀 드리겠습니다.)에서 화자는 오후에 하게 될 활동이 '정책과 안전 규정'에 대해 이야기 나누는 것이라고 말하고 있으므로 (A)가 정답이다.

정답

(A) Discuss company policies

PARAPHRASING
- talk about our store's policies → Discuss company policies

오답

(B) Work with supervisors

(C) Talk about a company retreat

(D) Implement new safety regulations

청중은 직속 상사와 일을 하지만, 문제에서 요구하는 정보는 오전이 아닌 오후에 하게 될 활동이므로 (B)는 정답이 될 수 없다. 오후에 나누게 될 이야기의 주제는 '정책'이므로 (C)는 오답이다. implement(시행하다)는 담화에 언급되지 않았으므로 (D) 역시 오답이다.

스크립트 및 해석

M Good morning, everybody. As the head of the Human Resources Department, **13 let me start by giving the full details of your job as sales representatives here at the Roman Department Store. 14 After that, Michelle, our department manager, and I are going to show you around** to familiarize you with how we operate here as well as our online store. You will also be introduced to every staffer and manager in the clothing, cosmetics, furniture, accessories, and other departments. **15 Before we talk about our store's policies and safety regulations in the workplace in the afternoon,** you will work with your immediate supervisor later in the morning.

남 안녕하세요, 여러분. 인사과장으로서, Roman 백화점 영업사원으로서 해야 할 여러분의 업무에 대해 자세히 말씀 드리겠습니다. 그 후에, 저와 부서장인 Michelle이 온라인 상점뿐만 아니라 백화점에서 영업하는 방식에 여러분이 익숙해 질 수 있도록 견학시켜 드릴 것입니다. 또한 의류, 화장품, 가구, 액세서리 및 기타 부서의 모든 직원과 관리자에게 여러분을 소개시켜 드리겠습니다. 오후에는 우리 백화점의 정책과 업무 현장에서의 안전 규정에 대해 말씀 드리겠습니다. 늦은 오전 시간까지는 직속 상사의 감독을 받으며 일하게 될 것입니다.

13. 청중은 누구인가?

(A) 영업사원

(B) 부서장

(C) 구직자

(D) 이사

14. 화자에 따르면, 화자는 Michelle과 무엇을 할 예정인가?

(A) 웹사이트를 방문하기

(B) 회사 견학하기

(C) 새로운 모델 소개하기

(D) 회사 대표하기

15. 청중은 오후에 무엇을 할 것인가?

(A) 회사 정책에 대해 논의하기

(B) 상사와 함께 작업하기

(C) 회사 야유회에 대해 이야기하기

(D) 새로운 안전 규정을 시행하기

정답 **13.** (A)   **14.** (B)   **15.** (A)

어휘   **Human Resources** 인사(부)   **details** 세부 사항   **sales representative** 영업사원   **show around** 견학시켜주다   **familiarize** 친숙하게 하다   **staffer** 직원   **cosmetics** 화장품   **policy** 정책   **safety regulations** 안전 규정   **immediate** 직속의

 기출 변형 16-18 담화를 듣고 주어진 질문에 가장 알맞은 답을 고르시오.   ◉ 04-16

16. Where does the talk most likely take place?

(A) At a company outing

(B) At a product demonstration

(C) At an IT discussion

(D) At a medical conference

17. What will Dr. West talk about?

(A) Internet safety

(B) Effective fund management

(C) Marketing strategies

(D) New PC software

18. According to the speaker, what can listeners do after the discussion?

(A) Network with fellow attendees

(B) Speak to the lecturers

(C) Pay the registration fee

(D) Learn more about next year's event

16. Where does the talk most likely take place?

정답

(C) At an IT discussion

담화 초반부의 **16 It's really an honor to speak to so many wonderful audience members at our third seminar on online digital solutions.**(제 3차 온라인 디지털 솔루션 세미나에서 이렇게 많은 훌륭한 청중들과 이야기를 나눌 수 있게 되어 정말 영광입니다.)라는 문장에서 online digital solutions가 논의의 주제임을 알 수 있다. 보기에서 이러한 주제를 다룰 수 있는 행사는 (C)의 'IT 토론회'뿐이다. social media, viral marketing, PC messaging 등의 어휘를 통해서도 행사의 성격을 파악할 수 있다.

PARAPHRASING

- seminar on online digital solutions → at an IT discussion

오답

(A) At a company outing

(B) At a product demonstration

(D) At a medical conference

담화에서 언급된 장소는 야유회(company outing), 제품 시연회(product demonstrating), 의료 학회(medical conference)가 아니므로 (A), (B), (D)는 모두 오답이다.

17. What will Dr. West talk about?

정답

(A) Internet safety

17 Dr. West will discuss how to use PC messaging services more easily as well as threats to online security.(West 박사는 온라인 보안 위협뿐만 아니라 PC 문자 서비스를 보다 쉽게 사용하는 방법에 대해 설명합니다.)라는 문장을 놓치지 않고 들었다면 West 박사의 강연 주제는 (A)의 '인터넷 보안'임을 쉽게 알 수 있다.

PARAPHRASING

- online security → Internet safety

오답

(B) Effective fund management

(C) Marketing strategies

(D) New PC software

(C)의 '마케팅 전략'은 West 박사가 아니라 Green 박사의 강연 주제이다. (D)는 PC를 반복해서 만든 오답이다.

18. According to the speaker, what can listeners do after the discussion?

정답

(B) Speak to the lecturers

담화 마지막 문장 [18] **At the end of the talk, please feel free to ask any questions one on one.**(강연이 끝나면, 1대 1로 질문해 주시기 바랍니다.)에서 강연이 끝난 후에는 강사에게 1대1로 질문이 가능하다고 했으므로 보기 중 강연 후 청자들이 할 수 있는 행동은 (B)이다.

PARAPHRASING

- ask any questions one on one → speak to the lecturers

오답

(A) Network with fellow attendees

(C) Pay the registration fee

(D) Learn more about next year's event

나머지 보기들은 모두 토론 후에 할 수 있는 행동이기는 하지만 담화에 언급되지 않은 것들이다.

스크립트 및 해석

M Good morning. [16] **It's really an honor to speak to so many wonderful audience members at our third seminar on online digital solutions.** I'd like to thank our valued speakers, Dr. Raymond Green and Dr. Phyllis West. Dr. Green will be discussing the future of social media and how companies can develop viral marketing strategies and avoid bad publicity. [17] **Dr. West will discuss how to use PC messaging services more easily as well as threats to online security.** [18] **At the end of the talk, please feel free to ask any questions one on one.**

남 안녕하세요. 제 3차 온라인 디지털 솔루션 세미나에서 이렇게 많은 훌륭한 청중들과 이야기를 나눌 수 있게 되어 정말 영광입니다. 저희의 저명한 연사이신 Raymond Green 박사님과 Phyllis West 박사님께 감사 드립니다. Green 박사님은 소셜 미디어의 미래와 기업들이 어떻게 바이럴 마케팅 전략을 개발하고 나쁜 평판을 피할 수 있는지에 대해 말씀해 주실 예정입니다. West 박사님은 온라인 보안 위협뿐만 아니라 PC 문자 서비스를 보다 쉽게 사용하는 방법에 대해 설명해 주실 겁니다. 강연이 끝나면, 1대 1로 질문해 주시기 바랍니다.

16. 강연은 어디에서 열리고 있는가?

(A) 회사 야유회

(B) 제품 시연회

(C) IT 토론회

(D) 의료 학회

17. West 박사는 무엇에 관해 연설을 할 것인가?

(A) 인터넷 보안

(B) 효과적인 자금 관리

(C) 마케팅 전략

(D) 새로운 PC 소프트웨어

18. 화자에 따르면, 청자들은 토론 후에 무엇을 할 수 있는가?

(A) 동료와 인맥을 구축한다.

(B) 강사에게 질문을 한다.

(C) 등록비를 지불한다.

(D) 내년 행사에 대해 자세히 알아본다.

정답 **16.** (C) **17.** (A) **18.** (B)

어휘 **honor** 명예, 영광 **audience** 청중 **valued** 중요한, 소중한 **develop** 발전시키다, 개발하다 **viral marketing** 바이럴 마케팅 **strategy** 전략 **publicity** 평판 **as well as** ~뿐만 아니라 **security** 보안 **feel free to** 자유롭게 ~하다, 마음껏 ~하다 **one to one** 1대1의

기출 변형 19-21 담화를 듣고 주어진 질문에 가장 알맞은 답을 고르시오. ◀)) 04-17

19. What is the main topic of the speech?

(A) Use of Internet commerce

(B) Tips on what to avoid in business

(C) Economic myths in Asia

(D) Changes in social media

20. According to the speaker, how can the listeners get a discount?

(A) By enrolling in advance

(B) By registering with an acquaintance

(C) By taking classes online

(D) By choosing at least two classes

21. What will the speaker do next?

(A) Talk about the lecturers

(B) Discuss the enrollment form

(C) Describe his business experience

(D) Answer any questions

⚡ 정답 뽑개기

19. What is the main topic of the speech?

	정답
정답	(A) Use of Internet commerce	담화 초반부의 [19-1] **Thank you for attending this seminar about studying information technology**(정보 기술 연구 세미나에 참석해 주셔서 감사합니다.) 중 about studying information technology (정보 기술 연구에 관한)라는 언급과 [19-2] **Here, you'll experience the finest program devoted to marketing and e-commerce strategies anywhere.**(이곳에서는 마케팅 및 전자상거래 전략에 집중하는 최고의 프로그램을 어디서나 경험하실 수 있습니다.) 중 marketing and e-commerce strategies(마케팅 및 전자상거래 전략)라는 어구에 유의하면 담화의 주제는 (A)로 볼 수 있다.
오답	(B) Tips on what to avoid in business (C) Economic myths in Asia (D) Changes in social media	(B)와 (C)는 classes와 의미상 관련이 있는 lecture, talk 등의 어휘를 이용해 만든 오답이다. 하지만, '비즈니스에서 피해야 할 사항' 및 '경제 신화'에 대한 언급은 어디에서도 찾아 볼 수 없다.

20. According to the speaker, how can the listeners get a discount?

정답	(B) By registering with an acquaintance	[20] **If you enroll with a friend, you can receive a 30% discount on tuition.**(친구와 함께 등록하시면 30%의 등록금을 할인 받으실 수 있습니다.)이라는 언급을 통해 다른 사람과 동시에 등록을 하면 30%의 할인 혜택을 받을 수 있음이 안내되고 있다. 따라서 (B)가 정답이다. PARAPHRASING • enroll with a friend → by registering with an acquaintance
오답	(A) By enrolling in advance (C) By taking classes online (D) By choosing at least two classes	(A)는 enroll을 반복한 오답인데, 사전 등록을 해야 할인을 받는 것은 아니다. (C)와 (D)는 모두 classes를 반복하였으나 온라인 수업이나 최소 2개 강좌를 신청하는 것이 할인의 조건은 아니므로 모두 오답이다.

21. What will the speaker do next?

정답	(A) Talk about the lecturers	담화 마지막 문장 [21] **Now I'd like to introduce our instructors.**(지금부터 저희 강사를 소개하겠습니다.)를 통해 담화 직후에는 강사 소개 시간이 이어질 것임을 짐작할 수 있다. 따라서 (A)가 정답이다.

- introduce our instructors → talk about the lecturers

스크립트 및 해석

W **19-1** **Thank you for attending this seminar about studying information technology at the Whyte Technical Center. 19-2 Here, you'll experience the finest program devoted to marketing and e-commerce strategies anywhere.** We offer classes that explore the differences between online and offline sales as well as Web design and graphic design across the full range of advertising contexts. **20 If you enroll with a friend, you can receive a 30% discount on tuition.** The classes will be held three times a week. This makes the program suitable for busy schedules such as yours. **21 Now I'd like to introduce our instructors.**

여 Whyte Technical Center에서 열린 정보 기술 연구 세미나에 참석해 주셔서 감사합니다. 이곳에서는 마케팅 및 전자상거래 전략에 노력을 기울인 최고의 프로그램을 어디서나 경험하실 수 있습니다. 우리는 온라인과 오프라인 판매, 웹 디자인 및 그래픽 디자인 간의 차이를 모든 광고 맥락에서 탐구하는 수업을 제공합니다. 친구와 함께 등록하시면 30%의 등록금을 할인 받으실 수 있습니다. 수업은 일주일에 세 번 열릴 것입니다. 이것은 여러분과 같은 일정이 바쁘신 분들에게 적합하게 만들어져 있습니다. 지금부터 저희 강사를 소개하겠습니다.

19. 연설의 주제는 무엇인가?
(A) 인터넷 상거래의 이용
(B) 비즈니스에서 피해야 할 사항에 대한 조언
(C) 아시아에서의 경제 신화
(D) 소셜 미디어의 변화

20. 화자에 따르면, 청자들은 어떻게 할인을 받을 수 있는가?
(A) 미리 등록함으로써
(B) 지인과 등록함으로써
(C) 온라인으로 수업을 들음으로써
(D) 두 개 이상의 강좌를 선택함으로써

21. 화자는 다음에 무엇을 할 것인가?
(A) 강사에 대해 이야기한다.
(B) 등록 양식에 대해 설명한다.
(C) 그의 사업 경험을 이야기한다.
(D) 질문에 답변을 한다.

정답 **19.** (A) **20.** (B) **21.** (A)

어휘 **experience** 경험하다 **devote** 헌신하다, 바치다 **e-commerce** 전자상거래 **context** 맥락 **enroll** 등록하다 **tuition** 수업료, 학비 **suitable for** ~에 적합한 **instructor** 강사

Unit 05 관광 및 견학 안내

A 빈출 주제

구분	예시
공장 및 생산 시설	작업 절차 안내, 공정 소개, 주의 사항 안내
미술관 및 박물관	견학 순서 소개, 소장품 소개, 주의 사항 안내
국립 공원 및 유적지	관광 일정 안내, 관광 명소 및 명물 소개, 주의 사항 안내

B 담화의 구조

구분	연계 문제
〈프롤로그〉 인사 및 자기 소개	• Who is the speaker? 화자는 누구인가? • Who is the talk for? 누구를 위한 담화인가? • Where does the speaker most likely work? 화자는 어디에서 일하는 것 같은가?
〈초반부〉 관광 및 견학 장소 소개	• What does the speaker say about the museum? 화자는 박물관에 대해 무엇을 말하는가? • What is the speaker introducing? 화자는 무엇을 소개하는가?
〈중반부〉 세부 사항 (일정 및 관람 대상 설명)	• Which collection will the visitors see first? 관람객들은 제일 먼저 어떤 전시품을 보게 될 것인가?
〈후반부〉 당부 및 주의 사항	• What is the group asked to do? 사람들은 무엇을 하라는 요청을 받는가? • What does the speaker ask listeners to avoid doing? 화자는 청자들에게 무엇을 하지 말라고 요청하는가? • What does the speaker ask visitors not to do? 화자는 방문객들에게 무엇을 하지 말라고 부탁하는가?
〈에필로그〉 다음 관람 및 견학 장소 소개	• Which display hall will be visited last? 제일 마지막으로 방문하게 될 전시관은 어디인가? • Where will the people probably go next? 사람들은 다음에 어디로 갈 것 같은가?

기출 변형 1-3 담화를 듣고 주어진 질문에 가장 알맞은 답을 고르시오. ◀) 04-18

1. Where most likely are the listeners?

(A) At a museum
(B) At an art gallery
(C) At a department store
(D) At an auction

2. According to the speaker, what are the listeners able to see?

(A) Splendid paintings
(B) Traditional markets
(C) Beautiful buildings
(D) Talented performers

3. What will the listeners most likely do outside?

(A) Purchase some gifts
(B) Buy some pictures
(C) Take pictures
(D) Get on a bus

1. Where most likely are the listeners?

정답	(B) At an art gallery	담화 초반부의 ¹ **I'd like to thank you all so much for being a part of this tour of the largest, most celebrated art gallery in the city.**(이 도시에서 가장 크고 유명한 미술관 견학에 참여해 주신 여러분께 정말 감사 드립니다.)에서 청자들이 있는 곳은 (B)의 '미술관'임을 알 수 있다.
오답	(A) At a museum (C) At a department store (D) At an auction	(A), (C), (D)는 모두 예술 작품과 관련이 있는 장소들을 이용하여 만든 오답이다.

2. According to the speaker, what are the listeners able to see?

정답	(A) Splendid paintings	담화 중반부의 ² **I am sure you will find this tour very interesting because you will see various paintings and photographs**(다양한 그림과 사진들을 보실 수 있기 때문에 이번 견학이 많은 흥미를 드릴 것이라고 확신합니다)라는 문장을 놓치지 않고 들었다면 청자들이 보게 될 것은 (A)의 '그림'임을 쉽게 알 수 있다.

(B) Traditional markets

오답
(B) Traditional markets
(C) Beautiful buildings
(D) Talented performers

전통 시장에서 그림과 사진을 구입할 수 있지만 담화에 전통 시장이 언급되지 않았으므로 (B)는 오답이고, 청자들이 보게 될 것은 그림과 사진이지 건물이 아니므로 (C)도 오답이다.

3. What will the listeners most likely do outside?

정답
(C) Take pictures

담화 후반부의 [3] **please refrain from taking any pictures until we reach the outdoor terrace, where our sculpture garden is located.**(저희 정책의 일환으로 조각 정원이 있는 야외 테라스에 도착할 때까지 사진 촬영은 자제해 주시기 바랍니다.)에서 refrain from taking any pictures until we reach the outdoor terrace(야외 테라스에 도착할 때까지 사진 촬영은 자제)라는 부분에 유의해 정답을 찾도록 한다. 미술관에서는 사진 촬영이 금지되고 있지만 야외에서는 가능하다는 의미를 나타내고 있으므로 청중들이 야외에서 할 수 있는 행동은 (C)이다.

풀이 전략 적용

관광 및 견학과 관련된 담화의 후반부에는 특정 행위를 하지 말아달라는 당부의 말을 자주 들을 수 있다. 이때 금지 행위와 관련된 시그널 표현들로 Do not ~, restricted(제한된), prohibited(금지된), not allowed(허락되지 않는다), not permitted(허용되지 않는다)와 같은 표현들이 종종 등장한다.

오답
(A) Purchase some gifts
(B) Buy some pictures
(D) Get on a bus

나머지 보기들도 모두 미술관을 견학한 다음에 할 수 있는 행동이기는 하지만 담화에서 언급되지 않았다.

스크립트 및 해석

W [1] **I'd like to thank you all so much for being a part of this tour of the largest, most celebrated art gallery in the city.** You will gain a nice appreciation of all of the work that the artists of this city have donated to this fine local institution. [2] **I am sure you will find this tour very interesting because you will see various paintings and photographs** of the past and current times in our city. Looking at these works, for instance, will give you an idea of the beauty and richness of our area. As part of our policy, [3] **please refrain**

여 이 도시에서 가장 크고 유명한 미술관 투어에 참여해 주신 여러분께 정말 감사 드립니다. 이 도시의 예술가들이 이 훌륭한 지역 미술관에 기증한 모든 작품에 대한 고마움을 진정으로 느낄 수 있을 것입니다. 우리 도시의 과거와 현재를 담은 다양한 그림과 사진들을 보실 수 있기 때문에 이번 견학이 많은 흥미를 드릴 것이라고 확신합니다. 예를 들어, 이 작품들을 보면 우리 지역의 아름다움과 풍요로움을 알 수 있습니다. 저희 정책의 일환으로 조각 정원이 있는 야외 테라스에 도착할 때까지 사진 촬영은 자제해 주시기 바랍니다.

from taking any pictures until we reach the outdoor terrace, where our sculpture garden is located.

1. 청자들은 어디에 있는 것 같은가?
   (A) 박물관
   (B) 미술관
   (C) 백화점
   (D) 경매장

2. 화자에 따르면 청자들이 볼 수 있는 것은 무엇인가?
   (A) 훌륭한 그림
   (B) 전통시장
   (C) 아름다운 건물
   (D) 재능 있는 연기자

3. 청자들은 야외에서 무엇을 할 것 같은가?
   (A) 선물 구입하기
   (B) 사진 구입하기
   (C) 사진 촬영하기
   (D) 버스에 승차하기

정답 1. (B)　2. (A)　3. (C)

[어휘] **celebrated** 기념하는; 유명한　**appreciation** 감상　**donate** 기부하다　**institution** 기관　**for instance** 예를 들어　**richness** 풍부함, 부유함　**policy** 정책, 방침　**refrain** 삼가다　**reach** 도착하다　**outdoor terrace** 야외 테라스　**sculpture garden** 조각 공원

 기출 변형 4-6 담화를 듣고 주어진 질문에 가장 알맞은 답을 고르시오. ◀)) 04-19

4. What does the speaker emphasize about Dunning Castle?

   (A) Its impressive size
   (B) Its excellent condition
   (C) Its interesting history
   (D) Its scenic surroundings

5. What does the speaker imply when he says, "We will therefore not be visiting the east wing"?

   (A) The east wing is closed for repairs.
   (B) The listeners should join a different tour.
   (C) The listeners will receive a partial refund.
   (D) The east wing contains some private rooms.

6. What are the listeners encouraged to do?

   (A) Take photographs
   (B) Stay with the group
   (C) Ask questions
   (D) Check a tour map

4. What does the speaker emphasize about Dunning Castle?

정답	**(B) Its excellent condition**	담화 중반부의 **⁴ This explains why the castle has been preserved and maintained so well, and it remains in almost perfect condition to this day.**(바로 이 부분이 왜 성이 이렇게 잘 보존되고 유지되어 왔는지 설명해 주고 있으며, 오늘날까지 거의 완벽한 상태를 유지하고 있습니다.)라는 문장 중 preserved and maintained so well 그리고 perfect condition이 정답의 단서이다. 이를 통해 화자가 강조하는 부분은 (B)의 '양호한 상태'임을 알 수 있다.
오답	(A) Its impressive size (C) Its interesting history (D) Its scenic surroundings	(A), (C), (D)는 성의 특징이 될 수 있는 사항들을 이용하여 만든 오답이다.

5. What does the speaker imply when he says, "We will therefore not be visiting the east wing"?

정답	**(D) The east wing contains some private rooms.**	주어진 문장의 the East Wing이 어떤 곳인지를 파악해야 주어진 문장의 의도를 알 수 있다. 담화 중반부의 **⁵ please note that some rooms are off limits to the public because they are still used by those who live here.**(일부 객실은 일반인의 출입이 금지되어 있습니다. 이 객실은 여전히 이곳에 거주하는 사람들이 사용하고 있기 때문입니다.)라는 문장에서 the east wing은 some rooms에 포함된다는 점을 알 수 있다. 따라서 이곳은 현재 건물 주인들이 사용 중인, 일반인들의 출입이 금지된 장소라는 점을 유추할 수 있으므로 주어진 문장의 의미는 (D)로 볼 수 있다.
오답	(A) The east wing is closed for repairs. (B) The listeners should join a different tour. (C) The listeners will receive a partial refund.	(A)와 (B)는 각각 east wing과 tour를 반복하여 만든 오답이다.

6. What are the listeners encouraged to do?

정답	(C) Ask questions	화자는 담화 후반부에 **⁶ And don't hesitate to stop me if you'd like to ask something about the castle.**(그리고 성에 대해 궁금한 점이 있으시면 주저하지 말고 저를 멈춰 주세요.)이라고 말하면서 청자들에게 질문을 해도 좋다는 뜻을 내비치고 있다. 따라서 (C)가 정답이다.

> **TMI** Don't hesitate, Feel free to 등으로 시작하는 문장은 요청이나 권유를 나타내는 시그널 표현이다.

(A) Take photographs

(B) Stay with the group

(D) Check a tour map

(A), (B), (D)는 모두 투어 중인 청중들이 할 수 있는 행동이지만 담화에서 언급되지 않은 내용들이다.

스크립트 및 해석

M Good morning, ladies and gentlemen. My name is Russell, and I'll be your guide for today's tour of Dunning Castle. The castle was built in 1712, and it has always been occupied by various members of the Dunning family over the years. **4 This explains why the castle has been preserved and maintained so well, and it remains in almost perfect condition to this day.** Before we set off, **5 please note that some rooms are off limits to the public because they are still used by those who live here. We will therefore not be visiting the east wing.** However, the rest of the castle is ours to enjoy. **6 And don't hesitate to stop me if you'd like to ask something about the castle.** Okay, let's start in the main hall.

남 신사 숙녀 여러분, 좋은 아침입니다. 저는 오늘 Dunning Castle 견학을 담당할 투어 가이드 Russell입니다. 이 성은 1712년에 지어졌으며, 여러 해 동안 항상 Dunning 가문의 다양한 구성원들이 소유 했습니다. 바로 이 부분이 왜 성이 이렇게 잘 보존되고 유지되어 왔는지, 그리고 오늘날까지 거의 완벽한 상태를 유지하고 있는지 설명해주고 있습니다. 출발하기 전에, 일부 객실은 일반인의 출입이 금지되어 있습니다. 이 객실은 여전히 이곳에 거주하는 사람들이 사용하고 있기 때문입니다. 동쪽 별관은 방문하지 않을 것입니다. 하지만, 그 이외의 곳은 우리가 즐기며 견학할 수 있습니다. 그리고 성에 대해 궁금한 점이 있으시면 주저하지 말고 말씀해주세요. 네, 그럼 중앙 홀에서 견학을 시작하겠습니다.

4. 화자가 Dunning Castle에 대해 강조하는 점은 무엇인가?

(A) 놀라운 크기

(B) 양호한 상태

(C) 흥미로운 역사

(D) 경치가 좋은 환경

6. 청자들은 무엇을 하라고 요청을 받는가?

(A) 사진 촬영하기

(B) 그룹에 머무르기

(C) 질문하기

(D) 관광안내지도 확인하기

5. 화자가 "우리는 동쪽 별관은 방문하지 않을 것입니다." 라고 말했을 때 그는 무엇을 암시하는가?

(A) 동쪽 별관은 수리를 위해 폐쇄했다.

(B) 청자들은 다른 견학에 참여해야 한다.

(C) 청자들은 부분 환불을 받을 것이다.

(D) 별관에는 사적으로 사용되는 방이 있다.

정답 **4.** (B)   **5.** (D)   **6.** (C)

어휘 **castle** 성 **occupy** 차지하다; 점령하다 **various** 다양한 **preserve** 보존하다 **maintain** 유지하다, 관리하다 **perfect** 완벽한 **set off** 떠나다, 출발하다 **off limits** 출입 금지의 **hesitate** 주저하다

7. Who most likely is the speaker?

(A) A keynote speaker

(B) A performer

(C) A museum staff member

(D) A security guard

9. What are the listeners asked to do?

(A) Put their personal things in lockers

(B) Watch their belongings

(C) Record the performance

(D) Switch off their mobile phones

8. What is special about this month's performance compared to the last one?

(A) It features Asian clothes.

(B) It includes a jazz concert.

(C) It starts with some drum playing.

(D) It has traditional dancing.

7. Who most likely is the speaker?

담화 초반부의 ⁷ **I'm Andrea Lee, the curator here at the Museum of Asian Culture.**(저는 여기 아시아 문화 박물관의 큐레이터인 Andrea Lee입니다.)라는 문장에서 화자의 직업을 짐작할 수 있다. curator를 museum staff로 적절히 바꿔서 표현한 (C)가 정답이다.

정답 **(C) A museum staff member**

PARAPHRASING

• a curator → A museum staff member

오답 (A) A keynote speaker

(B) A performer

(D) A security guard

화자가 설명하는 사람이기는 하지만 기조연설자는 아니므로 (A)는 정답이 아니다. 공연을 관람하겠다는 것일 뿐 화자가 공연을 한다는 것은 아니므로 (B) 역시 정답이 될 수 없다. 마지막으로 (D)는 담화 후반부에 언급된 '촬영 금지'에서 연상되는 security(보안)를 이용한 오답이다.

8. What is special about this month's performance compared to the last one?

| 정답 | (D) It has traditional dancing | [8] **Unlike last month's performances, this month only, the performances will include traditional women's dancing.** (지난달 공연과 달리, 이번 달에는 여성 전통 춤이 공연됩니다.)이라는 문장에서 이번 달에는 여성들의 전통춤 공연이 예정되어 있다는 사실을 알 수 있다. 따라서 (D)가 정답이다. |
| 오답 | (A) It features Asian clothes.
(B) It includes a jazz concert.
(C) It starts with some drum playing. | (A)는 담화 초반부에 언급된 표현 Asian, clothes를 이용한 오답이며, (B)와 (C)는 '공연'과 관련이 있는 어휘인 concert, some drum playing을 이용한 오답이다. |

9. What are the listeners asked to do?

| 정답 | (A) Put their personal things in lockers | 담화 후반부 [9] **please make sure to leave your belongings, including your cameras and mobile phones, in lockers.** (카메라와 휴대폰을 포함한 개인 소지품은 사물함에 보관하기기 바랍니다.)에서 화자는 청중에게 소지품을 사물함에 넣어 두라고 당부하고 있다. 따라서 정답은 (A)이다. |

PARAPHRASING

- leave your belongings, including cameras and mobile phones, in lockers → Put their personal things in lockers

| 오답 | (B) Watch their belongings
(C) Record the performance
(D) Switch off their mobile phones | (B)는 belongings를 사용했지만 소지품을 살펴보라고 요청한 것은 아니므로 오답이다. 담화 후반부에서 모든 녹음/녹화는 금지되어 있다고 했으므로 (C)도 오답이고, 휴대 전화는 사물함에 보관하라고 했으므로 (D) 역시 오답이다. |

> **풀이 전략 적용**
>
> 관광, 견학 유형의 담화의 후반부에는 일반적으로 화자가 권하는 내용과 금지하는 내용이 함께 언급되는 경우가 많다. 문제를 정확히 파악해야 정답을 정확히 찾을 수 있다.

M Good afternoon. **7 I'm Andrea Lee, the curator here at the Museum of Asian Culture.** Today, I am going to show you many different kinds of clothes and instruments. I am sure you will enjoy the various string instruments and drums exhibited here as well as the concerts that we host every month. After viewing them, we are going to watch a musical performance, which includes traditional Asian instruments. **8 Unlike last month's performances, this month only, the performances will include traditional women's dancing.** Before we start our tour with the first section of the museum, **9 please make sure to leave your belongings, including your cameras and mobile phones, in lockers.** As you already know, all recordings and pictures are strictly forbidden.

남 안녕하세요. 저는 여기 아시아 문화 박물관의 큐레이터인 Andrea Lee입니다. 오늘은 다양한 종류의 옷과 악기를 모여 드리겠습니다. 서희가 매달 개최하는 연주회뿐만 아니라, 여기에 전시되어 있는 다양한 현악기와 드럼도 즐기실 수 있을 거라고 확신합니다. 그것들을 본 후에, 우리는 아시아 전통 악기를 포함한 음악 공연을 볼 것입니다. 지난달 공연과 달리, 이번 달에는 여성 전통 춤이 공연됩니다. 박물관 첫 번째 장소의 견학을 시작하기 전에, 카메라와 휴대폰을 포함한 개인 소지품은 사물함에 보관하시기 바랍니다. 이미 아시는 바와 같이 모든 녹음과 사진은 엄격히 금지 되어 있습니다.

---

7. 화자는 누구일 것 같은가?
  (A) 기조 연설자
  (B) 공연자
  (C) 박물관 직원
  (D) 경비원

8. 이번 달 공연은 지난 달에 비해 어떤 점이 특별한가?
  (A) 아시아의 옷을 특징으로 하고 있다.
  (B) 재즈 콘서트를 포함한다.
  (C) 드럼 연주로 시작한다.
  (D) 전통춤을 포함한다.

9. 청자들은 무엇을 하도록 요청 받는가?
  (A) 사물함에 개인 소지품을 넣기
  (B) 소지품 살펴보기
  (C) 공연 녹화하기
  (D) 휴대 전화 끄기

정답 **7.** (C) **8.** (D) **9.** (A)

어휘 **clothes** 옷, 의류 **instrument** 도구, 악기 **string instrument** 현악기 **exhibit** 전시하다 **musical performance** 뮤지컬 공연 **traditional** 전통적인 **belongings** 소지품 **include** 포함하다 **strictly** 엄격하게 **forbidden** 금지된

Part 4

Directions: You will hear some talks given by a single speaker. You will be asked to answer three questions about what the speaker says in each talk. Select the best response to each question and mark the letter (A), (B), (C), or (D) on your answer sheet. The talks will not be printed in your test book and will be spoken only one time.

1. According to the speaker, what will take place next month?

   (A) A film festival
   (B) The grand opening of a hotel
   (C) Road construction
   (D) A fashion show

2. What is the speaker concerned about?

   (A) VIP membership
   (B) Booking cancelations
   (C) An employee handbook
   (D) A returned item

3. What does the speaker remind the employees to do?

   (A) Refund deposits
   (B) Review a new policy
   (C) Schedule an event date
   (D) Check the rooms available

4. Where is the speaker now?

   (A) At a plant
   (B) At a conference
   (C) At an office
   (D) At a hardware shop

5. What does the speaker mention about the problem?

   (A) Plant machinery is broken.
   (B) Installation is incomplete.
   (C) Technicians are short-staffed.
   (D) Heavy equipment is needed.

6. What does the speaker ask Daniela to do?

   (A) Repair some faulty parts
   (B) Meet with a client
   (C) Find a replacement machine
   (D) Contact a department

GO ON TO THE NEXT PAGE

7. What is the speaker mainly discussing?

   (A) A training program
   (B) A large promotion
   (C) A new kind of software
   (D) A company outing

8. What does the speaker require the listeners to do?

   (A) Stock items in the storage room
   (B) Sell products more aggressively
   (C) Prepare for the company's year-end party
   (D) Purchase more calculators

9. What does the speaker say the listeners should do?

   (A) Check their e-mail
   (B) Look at sales figures
   (C) Read the employee manual
   (D) Review customer feedback

10. According to the speaker, what does Hannah want to do?

    (A) Obtain new health insurance
    (B) Increase her investments
    (C) Complete her portfolio
    (D) Apply for relocation within the company

11. Why is Dennis unable to meet with Hannah?

    (A) He needs time to make a portfolio.
    (B) He is retiring soon.
    (C) He will give a speech at a conference.
    (D) He has some personal business.

12. What does the man mean when he says, "Tomorrow, I only have half of my normal workload"?

    (A) The company is going out of business.
    (B) He feels too sick to work a full day.
    (C) The listener's vacation begins tomorrow.
    (D) He has a chance to meet with the listener.

13. What is the purpose of the talk?

    (A) To focus on local developments
    (B) To introduce financial tips
    (C) To welcome a marketing specialist
    (D) To apply to a financial institution

14. Who is Connor Green?

    (A) A teacher
    (B) An economist
    (C) A celebrity
    (D) An investor

15. What are listeners asked to do?

    (A) Participate in a financial program
    (B) Make a phone call
    (C) Watch a promotional video
    (D) Sign up for a free messaging service

16. What is special about the movie?

    (A) It is set to be released next month.
    (B) It is one of the best films ever.
    (C) It is the lead actor's first appearance in an action film.
    (D) It is the director's first film.

17. Who is Albert Benchley?

    (A) A film director
    (B) A program organizer
    (C) A movie star
    (D) A comic actor

18. What does the speaker mean when she says, "He's never worked with someone like Bradley"?

    (A) He believes that Bradley is a famous comic actor.
    (B) He wants more passion from Bradley.
    (C) He does not want to work with Bradley.
    (D) He thinks Bradley is a very dedicated actor.

19. What is this podcast mainly about?

    (A) Weight training
    (B) Doing yoga
    (C) Exercise tips
    (D) Meditation classes

20. What opinion does the speaker say is a myth?

    (A) Riding a bicycle causes more muscle fatigue than any other exercises.
    (B) Stationary bikes are inefficient ways to train one's body.
    (C) Exercise is more important than diet for health.
    (D) Losing weight is more beneficial to men than women.

21. What does the speaker suggest doing?

    (A) Stretching before and after using a bike
    (B) Getting an expensive bike
    (C) Doing more muscle-strengthening exercises
    (D) Avoiding getting on a bike

22. What is the show mainly about?

    (A) The relationship between science and society
    (B) The link between education and success
    (C) The impact of health on beauty
    (D) The effects of mental health on physical well-being

23. Who is the guest on the show?

    (A) An athlete
    (B) An architect
    (C) A researcher
    (D) An inventor

24. What does the speaker recommend listeners do?

    (A) Make donations
    (B) Attend the show
    (C) Visit the office
    (D) Wear a suit

Management Conference (First session)

October 2 ······· Creating Better Evaluations
October 9 ······· Motivating Employees
October 16 ······· Giving More Effective Presentations
October 23 ······· Using Devices More Efficiently

25. Look at the graphic. On which date is the seminar taking place?

    (A) October 2
    (B) October 9
    (C) October 16
    (D) October 23

26. What will the listeners do after the first session has concluded?

    (A) Go for lunch
    (B) Talk about images and charts
    (C) Pay the registration fee
    (D) Speak to one of the staff

27. What does the speaker remind the listeners to do?

    (A) Look at a map
    (B) Display the proper identification
    (C) Write down any questions they have
    (D) Wear appropriate clothes

GO ON TO THE NEXT PAGE

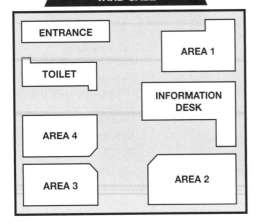

YARD SALE

ENTRANCE

TOILET

AREA 1

INFORMATION DESK

AREA 4

AREA 3

AREA 2

28. Who is the speaker?

   (A) A town representative
   (B) A local politician
   (C) A sales representative
   (D) A security guard

29. Look at the graphic. Where will furniture be sold?

   (A) Area 1
   (B) Area 2
   (C) Area 3
   (D) Area 4

30. What will the speaker do next?

   (A) Speak to the owner of a property
   (B) Talk to residents in the neighborhood
   (C) Ask for safety information
   (D) Attract many customers

정답 및 해설 p.354

정답 및
해설

🏆 실전 문제 연습 I

p.049

정답
1 (D)　　**2** (C)　　**3** (C)　　**4** (C)　　**5** (B)　　**6** (C)

1

(A) He is putting away some tools.
(B) He is trimming some trees.
(C) He is removing weeds from the lawn.
(D) He is raking leaves into a pile.

(A) 남자가 연장을 치우고 있다.
(B) 남자가 나무를 다듬고 있다.
(C) 남자가 잔디밭에서 잡초를 제거하고 있다.
(D) 남자가 갈퀴로 낙엽을 쌓아 올리고 있다.

어휘 **put away** (다 쓰고 난 물건을) 치우다　**trim** 가지를 치다, 다듬다　**remove** 제거하다, 없애다　**weed** 잡초; 잡초를 뽑다　**lawn** 잔디　**rake** 갈퀴; 갈퀴질을 하다

해설 **rake**는 명사로 사용되는 경우 '갈퀴'라는 의미를, 동사로 사용되는 경우 '갈퀴질을 하다'라는 뜻이다. 사진에서 남자가 갈퀴로 낙엽을 긁어 모아 더미를 만들고 있으므로 (D)가 정답이다. rake(갈퀴)는 도구이지만, 남자가 갈퀴를 치우고 있지는 않으므로 (A)는 오답이며, 사진에서 나무는 볼 수 있지만, 남자가 가지를 자르고 있지는 않기 때문에 (B) 또한 정답이 아니다. 사진에서 잔디가 보이기는 하지만, 남자가 잡초를 뽑고 있지는 않으므로 (C)도 정답이 될 수 없다.

2

(A) She is looking at a computer monitor.
(B) She is carrying a microscope.
(C) She is working in a laboratory.
(D) She is putting on safety glasses.

(A) 여자가 컴퓨터 모니터를 보고 있다.
(B) 여자가 현미경을 들고 있다.
(C) 여자가 실험실에서 일하고 있다.
(D) 여자가 보안경을 쓰고 있다.

어휘 **look at** (어떤 대상에) 시선을 두고 바라보다　**microscope** 현미경　**laboratory** 실험실, 연구실

해설 사진 속의 여자가 실험실에서 일을 하고 있으므로 (C)가 정답이다. 컴퓨터 모니터가 보이기는 하지만 여자가 모니터를 보고 있지 않기 때문에 (A)는 정답이 될 수 없다. 사진 속 여자가 현미경을 보고 있을 뿐, 현미경을 들고 있거나 운반하고 있지는 않기 때문에 (B) 또한 오답이다. 참고로 telescope(망원경)와 microscope(현미경)는 발음이 비슷하기 때문에 주의해야 한다. 여자가 보안경을 쓰는 동작을 하고 있지는 않으므로 (D) 또한 오답이다. 만약 'She is wearing safety glasses.'와 같이 wear를 사용하여 보안경을 착용하고 있는 상태를 묘사하는 경우, 이는 정답이 될 수 있다.

3

(A) A woman is typing on a keyboard.
(B) A woman is reaching for a pencil.

(C) A woman is wearing a hard hat.

(D) A woman is repairing a machine.

(A) 여자가 키보드를 치고 있다.
(B) 여자가 연필을 잡으려고 손을 뻗고 있다.
(C) 여자가 안전모를 쓰고 있다.
(D) 여자가 기계를 수리하고 있다.

어휘 reach for (~을 잡으려고) 손을 뻗다 type 타이핑하다
hard hat 안전모 repair 고치다, 수리하다 machine 기계, 기기

해설 사진 속의 여자가 안전모를 착용하고 있으므로 (C)가 정답이다. 만약 'A woman is putting on a hard hat.'처럼 put on을 이용해 안전모를 쓰고 있는 동작을 묘사하는 문장은 정답이 될 수 없다. 참고로 safety helmet 역시 '안전모'를 나타낸다. 키보드가 보이기는 하지만 여자가 '타이핑(typing)'을 하고 있지는 않기 때문에 (A)는 오답이다. 여자가 손을 뻗고 있기는 하지만 잡으려는 대상이 연필은 아니므로 (B) 또한 정답이 아니다. 여자는 기계를 수리하고 있는 것이 아니라 기계를 작동하고 있는 것으로 보이므로 (D) 역시 오답이다.

4

(A) He is chopping down a tree.

(B) He is turning on a machine.

(C) He is leaning over some branches.

(D) He is putting leaves into sacks.

(A) 남자가 나무를 자르고 있다.
(B) 남자가 기계를 켜고 있다.
(C) 남자가 나뭇가지 위쪽으로 몸을 숙이고 있다.
(D) 남자가 나뭇잎을 자루에 넣고 있다.

어휘 chop 자르다, 썰다 turn on (기계, 장비 따위를) 켜다
lean 몸을 숙이다; (사물이) 기울어져 있다 sack 자루, 봉지

해설 사진에서 남자가 나뭇가지 위쪽으로 몸을 숙이고 있으므로 (C)가 정답이다. lean은 '(몸을) 숙이다', 혹은 '(사물이) 기울어져

있다'는 뜻으로서, 'A ladder is leaning against the wall. (사다리가 벽에 기대어 있다.)'와 같이 사용된다. 나무가 보이기는 하지만 나무는 이미 잘려 있고, 남자가 나무를 자르고 있지도 않으므로 (A)는 오답이다. 남자 뒤에 기계가 보이기는 하지만 남자가 기계를 켜고 있는 모습은 아니기 때문에 (B) 역시 정답이 될 수 없다. 나뭇잎이 보이기는 하지만 남자가 이를 자루에 넣고 있지는 않으므로 (D) 또한 정답이 될 수 없다.

5

(A) She is taking notes on a notepad.

(B) She is resting an elbow on the desk.

(C) She is arranging objects on a workbench.

(D) She is adjusting a computer monitor.

(A) 여사가 메모장에 메모를 하고 있다.
(B) 여자가 책상 위에 팔꿈치를 대고 있다.
(C) 여자가 작업대 위에 물건을 배치하고 있다.
(D) 여자가 컴퓨터 모니터를 조정하고 있다.

어휘 take notes 메모하다, 필기하다 notepad 메모지, 메모장
rest 휴식을 취하다; 받치다, 기대다 elbow 팔꿈치 arrange
정리하다; 배열[배치]하다 workbench 작업대 adjust 조정
[조절]하다

해설 여자가 책상 위에 팔꿈치를 대고 있는 모습을 적절히 설명하고 있는 보기는 (B)이다. 여기에서 rest는 '(어떤 것에) 받치다' 혹은 '기대다'라는 의미로 사용되었지만, '휴식을 취하다'라는 의미도 가지고 있어서, 'A man is resting on a bench.(남자가 의자 위에서 쉬고 있다.)'와 같이 사용될 수 있다. 사진에서 메모장과 필기도구는 볼 수 있지만 여자가 메모를 하고 있는 것은 아니므로 (A)는 정답이 아니다. 작업대 위에 다양한 물건들이 보이기는 하지만 여자가 이를 배치하고 있는 것은 아니므로 (C) 또한 오답이다. (D)의 경우, 여자는 모니터를 들여다 보고 있을 뿐 모니터를 조정하고 있지는 않다.

6

(A) He is strolling along a riverbank.

(B) He is arranging items on a dock.

(C) He is sitting at the water's edge.

(D) He is taking a fishing rod out of a case.

(A) 남자가 강둑을 따라 거닐고 있다.

(B) 남자가 부두에서 물건을 정리하고 있다.

(C) 남자가 물가에 앉아 있다.

(D) 남자가 가방에서 낚싯대를 꺼내고 있다.

어휘 stroll (한가로이) 거닐다, 산책하다 riverbank 강둑 dock 부두; 부두에 배를 대다 edge (가운데에서 가장 먼) 끝, 가장자리, 모서리 water's edge 물가 take A out of B A를 B에서 꺼내다 fishing rod 낚싯대

해설 남자가 물가에 앉아 있는 모습을 정확히 묘사하고 있으므로 (C)가 정답이다. 강둑이 보이기는 하지만 남자가 그 위를 거닐고 있는 것은 아니므로 (A)는 오답이다. (B)의 경우 부두에 물건들이 보이기는 하지만 남자가 정리정돈을 하고 있는 것은 아니기 때문에 정답이 될 수 없다. 참고로 dock이 동사로 사용되는 경우 '(배를) 부두에 대다'라는 의미를 가지고 있어서, 'A boat is docked at a pier.(배가 부두에 정박해 있다.)'와 같이 사용될 수 있다. 사진에서 '낚싯대(fishing rod)'가 보이기는 하지만, 남자가 낚싯대를 가방에서 꺼내고 있는 것은 아니므로 (D) 또한 정답이 될 수 없다.

1

(A) Drinking glasses are arranged in a row.

(B) Customers are ordering from menus.

(C) Some dishes are being cleared away.

(D) Some people are seated around the table.

(A) 잔이 일렬로 배열되어 있다.

(B) 고객이 메뉴에서 주문하고 있다.

(C) 접시를 치우고 있다.

(D) 사람들이 테이블 주위에 앉아 있다.

어휘 row 열, 줄(= line) in a row 일렬로 order 주문하다 dish 접시; 요리 clear away ~을 치우다, 청소하다 seat 앉히다; 좌석

해설 사람들이 테이블 주위에 착석해 있는 모습을 적절히 묘사했으므로 (D)가 정답이다. 테이블 위에 잔이 보이지만 '일렬로(in a row)' 놓여 있는 것은 아니므로 (A)는 오답이며, 사진에 메뉴판도 보이지 않고 사람들이 주문을 하는 것도 아니므로 (B) 역시 정답이 아니다. 사진에 요리와 접시가 보이기는 하지만 이를 치우는 장면을 찾아볼 수 없으므로 (C)도 정답이 될 수 없다.

2

(A) All of the chairs are unoccupied.

(B) People are queuing outside a restaurant.

(C) Decorations have been hung from the ceiling.

(D) Tables are being set for a meal.

(A) 의자가 모두 비어 있다.

(B) 사람들이 식당 밖에서 줄을 서고 있다.

(C) 천장에 장식이 걸려 있다.

(D) 식사를 위해 식탁을 차리고 있다.

어휘 unoccupied 비어 있는, 사용하고 있지 않은 queue(기다리는 사람들의) 줄 decoration 장식 ceiling 천장 set a table 상을 차리다

해설 천장에 여러 종류의 장식이 매달려 있는 모습을 적절히 묘사한 (C)가 정답이다. 사람들이 사용하고 있는 의자도 있기 때문에 '모든 의자'가 비어 있다는 뜻의 (A)는 정답이 될 수 없다. 식당 밖의 모습은 사진만으로 확인할 수 없으므로 (B) 역시 오답이다. (D)의 경우 테이블이 보이기는 하지만 식사를 위해 식탁을 차리고 있는 사람의 모습은 볼 수 없기 때문에 이 또한 정답이 아니다.

3

(A) Bags have been placed in a display case.

(B) A woman is reaching for some merchandise.

(C) Shoppers are waiting at a checkout counter.

(D) A man is holding onto a shopping cart.

(A) 가방이 진열장에 놓여 있다.

(B) 여자가 상품에 손을 뻗고 있다.

(C) 쇼핑객들이 계산대에서 기다리고 있다.

(D) 남자가 쇼핑 카트를 잡고 있다.

어휘 display case 진열장, 진열대 merchandise 물품, 상품 shopper 쇼핑객 checkout counter 계산대 shopping cart 쇼핑 카트

해설 쇼핑 카트의 손잡이를 잡고 있는 남자의 모습을 적절히 묘사하고 있는 (D)가 정답이다. 사진에 가방이 보이기는 하지만 진열장이 아니라 벽에 걸려 진열되어 있으므로 (A)는 정답이 아니다. 여자가 이미 상품을 잡고 있는 상황이기 때문에 여자가 '손을 뻗고 있다(reaching for some merchandise)'는 내용의 (B) 역시 오답이다. 사진 속 인물들은 '계산대(a checkout counter)'가 아니라 상품이 진열된 통로에 있으므로 (C) 또한 정답이 될 수 없다.

4

(A) They're looking at a document.

(B) They're wearing some safety gear.

(C) They're taking some measurements.

(D) They're opening the windows.

(A) 사람들이 서류를 보고 있다.

(B) 사람들이 안전장비를 착용하고 있다.

(C) 사람들이 치수를 재고 있다.

(D) 사람들이 창문을 열고 있다.

어휘 document 문서, 서류 safety gear 보호 장비 measurement (어떤 것의) 치수/크기/길이

해설 사진 속 두 사람 모두 '안전 장비(safety gear)', 즉, 안전모를 착용하고 있으므로 (B)가 정답이다. 참고로 safety gear는 '안전 장비'를 의미하는데, 여기에는 안전을 위해 착용하는 safety gloves(보호 장갑), safety goggles(보안경), safety clothing(안전용 피복) 등이 포함된다. 사진 속의 한 남자가 도면을 들고 있기는 하지만, 이를 '바라보고 있는 것(looking at a document)'은 아니므로 (A)는 오답이다. 사진 속 장소가 공사 현장처럼 보이기는 하나, 사람들이 '치수를 재고 있는(taking some measurements)' 모습은 보이지 않기 때문에 (C) 또한 오답이다. 창문은 보이지만 한 남자가 손으로 창문 쪽을 가리키고 있을 뿐, 창문을 열고 있지는 않으므로 (D) 역시 정답이 될 수 없다.

5

(A) Shadows are being cast on the grass.

(B) People are strolling along a path.

(C) Some buildings overlook a park.

(D) One person is flying a kite.

(A) 그림자가 풀밭에 드리워지고 있다.

(B) 사람들이 길을 따라 산책하고 있다.

(C) 건물에서 공원이 내려다보인다.

(D) 한 사람이 연을 날리고 있다.

어휘 shadow 그림자 cast (그림자를) 드리우다 grass 풀밭, 잔디 stroll (한가로이) 거닐다, 산책하다 along ~을 따라 overlook 내려다보다 fly 날다; 날리다; 비행하다 kite 연

해설 풀밭에 그림자가 드리워지고 있는 모습을 정확히 표현하고 있는 (A)가 정답이다. 'Trees are casting shadows on the grass.'와 같이 능동태 문장으로도 사진을 묘사할 수 있다. 사진에 사람들이 보이기는 하지만, 길을 따라 산책하는 사람들은 보이지 않으므로 (B)는 오답이다. 사진의 장소가 공원일 수는 있지만, 이를 내려다보는 건물은 보이지 않으므로 (C)도 정답이 아니다. 참고로 overlook(내려다보다)은 어떤 대상이 내려다보일 때, 즉 아래에 위치하고 있을 때 쓸 수 있는 동사이다. '연을 날리고 있는 (flying a kite)' 사람은 사진 속에서 찾아볼 수 없으므로 (D)는 잘못된 설명이다.

6

(A) They're measuring a piece of wood.

(B) The woman is writing on a clipboard.

(C) They're putting on work gloves.

(D) The man is handing a tool to the woman.

(A) 사람들이 목재의 치수를 재고 있다.

(B) 여자가 클립보드에 글을 쓰고 있다.

(C) 사람들이 작업용 장갑을 끼고 있다.

(D) 남자가 여자에게 도구를 건네주고 있다.

어휘 measure (치수를) 재다, 측정하다 clipboard 클립보드 work gloves 작업용 장갑 hand 건네

해설 사람들이 목재의 길이를 재고 있으므로 (A)가 정답이다. 여자가 필기 도구를 쥐고 있기 때문에 무엇인가를 쓰고 있다고 볼 수도 있겠지만, 사진에 '클립보드 (clipboard)'는 보이지 않으므로 (B)는 오답이다. 사진 속 인물들이 모두 작업용 장갑을 착용하고 있으므로 (C)는 정답이 될 수 없다. 'They are wearing work gloves.'와 같은 문장으로 바꾸어야 정답이 될 수 있다. 사진에서 도구가 보이기는 하지만 남자가 이것을 건네 주는 행동을 하고 있지는 않으므로 (D) 역시 오답이다.

⊛ 실전 문제 연습 III p.079

정답					
1 (D)	**2** (C)	**3** (C)	**4** (A)	**5** (A)	**6** (D)

1

(A) A group of people are waiting for a traffic signal.

(B) Some traffic lights are being installed.

(C) Vehicles have been parked in a car park.

(D) Cars have stopped at an intersection.

(A) 한 무리의 사람들이 신호를 기다리고 있다.

(B) 신호등이 설치되고 있다.

(C) 차량이 주차장에 주차되어 있다.

(D) 차가 교차로에서 멈춰 있다.

어휘 pedestrian 보행자 crosswalk 횡단보도 traffic light 신호등 install 설치하다 car park 자동차 주차장 intersection 교차로

해설 교차로에 자동차가 정차해 있으므로 (D)가 정답이다. 'Cars are stopped at an intersection.'과 같이 현재시제를 이용하여 사진을 묘사할 수도 있다. (A)의 경우 사람들이 신호를 기다리는 것이 보이지 않기 때문에 정답이 될 수 없다. '신호등(traffic lights)'은 설치 중이 아니라 이미 설치되어 있으므로 (B)도 정답이 될 수 없다. 차량은 보이지만 차량이 있는 곳이 '주차장(a car park)'은 아니기 때문에 (C) 역시 오답이다. 참고로 주차장은 parking lot, parking area, parking garage 등으로도 나타낼 수 있다.

2

(A) A truck is entering a construction site.
(B) Sand is being swept into piles.
(C) Heavy machinery is being operated.
(D) A crane is lifting some building materials.

(A) 트럭이 공사장으로 들어가고 있다.
(B) 모래를 쓸어서 쌓고 있다.
(C) 중장비를 가동하고 있다.
(D) 크레인이 건축자재를 들어올리고 있다.

어휘 construction site 공사장 sand 모래 heavy machinery 중장비(= heavy equipment) operate 가동하다; 수술하다 crane 크레인 lift 들어올리다 building material 건축 자재

해설 굴착기가 흙을 퍼서 트럭에 담고 있는 모습을 볼 수 있다. 따라서 굴착기를 '중장비(heavy machinery)'로 나타낸 (C)가 적절한 설명이다. 트럭이 이미 공사장에 들어와 있으므로 트럭이 '공사장에 들어가는 중(entering a construction site)'이라고 표현한 (A)는 오답이다. 굴착기가 '모래를 쓸어 쌓고 있는(being swept into piles)' 것은 아니므로 (B)도 정답이 될 수 없다. (D)의 주어인 '크레인(a crane)'은 사진에서 찾아볼 수 없는 장비이다.

3

(A) Suitcases have been piled on a platform.
(B) A train is approaching a station.
(C) A curved roof covers some tracks.
(D) Passengers are presenting tickets.

(A) 여행용 가방이 플랫폼에 쌓여 있다.
(B) 열차가 역에 접근하고 있다.
(C) 곡면 지붕이 선로를 덮고 있다.
(D) 승객들이 표를 제시하고 있다.

어휘 suitcase 여행용 가방 platform 승강장, 플랫폼 approach 접근하다, 다가오다 curved 곡선의 cover 씌우다, 가리다, 덮다 passenger 승객 present 보이다, 제시하다

해설 열차 위의 '둥근 지붕(a curved roof)'이 선로 위에 있는 장면을 정확히 묘사한 (C)가 정답이다. 사진에 '여행 가방(suitcases)'을 끌고 가는 승객들이 보이기는 하지만, 여행 가방이 쌓여있지는 않으므로 (A)는 잘못된 설명이다. 이미 기차가 역에 들어와 있기 때문에 (B)는 올바른 설명이 될 수 없다. 'The train has pulled into the station.'과 같은 문장은 정답이 될 수 있다. 승객들은 보이지만 '표를 제시하고 있는(presenting tickets)' 모습은 보이지 않기 때문에 (D) 또한 오답이다.

4

(A) Some baskets have been arranged on shelves.

(B) Price stickers have been placed on some produce.

(C) Fruit is being displayed inside a grocery store.

(D) Oranges are being unloaded onto a sidewalk.

(A) 바구니가 선반에 놓여 있다.
(B) 가격 스티커가 농산품에 부착되어 있다.
(C) 과일이 식료품점 안에 전시되고 있다.
(D) 오렌지를 인도에 내려놓고 있다.

어휘 basket 바구니, 바스켓 price sticker 가격표 produce 생산하다; 농산품 fruit 과일 grocery store 식료품점 unload (짐을) 내리다 sidewalk 인도

해설 선반에 바구니가 가지런히 놓여 있는 모습을 정확히 묘사하고 있으므로 (A)가 정답이다. 사진에 '가격표(price stickers)'는 보이지 않으므로 (B)는 오답이다. 실외를 찍은 사진이므로 inside (~의 내부에)로 시작되는 전치사구 표현의 (C)는 어울리지 않는다. 오렌지는 이미 바구니에 담겨 있으므로 (D) 역시 적절한 설명이 될 수 없다.

5

(A) Lamps are positioned on either side of a door.

(B) Some steps lead down to a garden.

(C) Curtains have been drawn over some windows.

(D) A building is surrounded by flowers.

(A) 전등이 문 양쪽에 놓여 있다.
(B) 계단이 정원 쪽으로 이어져 있다.
(C) 창문에 커튼을 쳐 놓았다.
(D) 건물이 꽃으로 둘러싸여 있다.

어휘 either 둘 중 하나의, 각각 step 계단; 걸음, 스텝 lead to ~으로 이어지다 curtain 커튼 draw 끌어당기다; (커튼 등을) 치다 surround 둘러싸다, 에워싸다

해설 '문 양쪽에(on either side of a door)' 전등이 설치되어 있으므로 (A)가 정답이다. on either side of(~의 양쪽에)는 both sides of로 바꾸어 쓸 수도 있다. 사진에 '계단(steps)'은 보이지만 '정원(a garden)' 쪽으로 이어져 있는지는 확인할 수 없으므로 (B)는 정답이 아니다. 사진에서 창문은 볼 수 있지만, '커튼(curtains)'은 보이지 않으므로 (C) 역시 오답이다. (D)의 경우, 건물과 꽃은 보이지만 '꽃이 건물을 둘러싸고(surrounded by flowers)' 있지는 않으므로 사진을 적절하게 묘사하고 있지 않다.

6

(A) Steps descend into the water.

(B) Boats are being tied to the dock.

(C) Some buildings overlook a street.

(D) A footbridge spans the canal.

(A) 계단이 물 속으로 이어져 내려간다.
(B) 보트를 부두에 묶고 있다.
(C) 건물에서 거리가 내려다보인다.
(D) 도보교가 운하를 가로지르고 있다.

어휘 descend into ~으로 내려가다 tie 매다, 묶다 dock 부두 footbridge 도보교 span 가로지르다 canal 운하

해설 '도보교(a footbridge)'가 운하를 가로지르고 있는 장면을 적절하게 묘사하고 있으므로 (D)가 정답이다. 사진에 '계단(steps)'이 보이지 않으므로 (A)는 오답이며, 배는 이미 정박해 있으므로 (B)도 오답이다. (B)의 경우 만일 'Boats are tied to the dock.'와 같이 표현되었다면 정답이 될 수 있다. 사진에 '거리(a street)'는 보이지 않으므로 (C)는 오답이다. 'Some buildings overlook the water.'와 같이 사진을 묘사한다면 정답이 될 수 있다.

실전 문제 연습 I

p.116

정답

1 (C)	**2** (C)	**3** (A)	**4** (B)	**5** (B)
6 (C)	**7** (B)	**8** (B)	**9** (C)	**10** (B)
11 (A)	**12** (C)	**13** (A)	**14** (B)	**15** (B)
16 (C)	**17** (B)	**18** (B)	**19** (C)	**20** (B)
21 (A)	**22** (C)	**23** (C)	**24** (C)	**25** (B)

1

When can I get my registration card?
(A) You can get your car back.
(B) On 7th Avenue.
(C) **Before March 5.**

등록증은 언제 받을 수 있나요?
(A) 차를 돌려받을 수 있어요.
(B) 7번가에서요.
(C) **3월 5일 이전에요.**

어휘 registration card 등록증 avenue 거리

해설 '등록증은 언제 받을 수 있나요?'라는 시점을 묻는 질문에 '3월 5일 이전에요.'라고 적절히 응답하고 있는 (C)가 정답이다. 보기 (A)는 질문에 사용된 get을 반복하고, car와 유사한 발음의 단어인 card를 이용해서 만든 오답이다. (B)는 의문사 where과 when의 발음이 유사하다는 점을 이용하였다. 의문사 where와 when의 발음에 항상 주의해야 한다.

2

Why didn't Jake send the promotional pamphlets to the customers?
(A) Sure, no problem.
(B) He will be promoted.
(C) **Joseph probably knows it.**

Jake는 왜 고객들에게 홍보용 팜플렛을 보내지 않았나요?
(A) 물론이죠, 문제없어요.
(B) 그는 승진될 거예요.
(C) **아마도 Joseph은 알고 있을 거예요.**

어휘 promotional 홍보의 promote 승진시키다

해설 'Jake는 왜 고객들에게 홍보용 팜플렛을 보내지 않았나요?'라고 이유를 묻는 질문에 '(저는 잘 모르겠어요.) 아마도 Joseph은 알고 있을 거예요.'라고 직접적인 대답이 아닌 우회적으로 응답하고 있는 (C)가 정답이다. 다른 사람이 알고 있다고 답했으므로 이 문제의 답변은 IDK(= I don't know) 유형이다. (A)는 'Why don't you ~?' 형식의 제안하는 질문에 적절한 응답이며, (B)는 질문에 있는 promotional과 발음이 유사한 promoted를 이용해서 만든 오답이다.

3

When will the representatives get to our office?
(A) **Shortly after 10 o'clock.**
(B) Near the subway station.
(C) Last Saturday.

영업 사원들은 언제 사무실에 도착하나요?
(A) **10시 조금 지나서요.**
(B) 지하철역 근처에요.
(C) 지난 토요일에요.

어휘 representative 대표(자, 직원), (영업) 사원 shortly 얼마 안 되어, 곧

해설 '영업 사원들은 언제 사무실에 도착하나요?'라는 시점을 묻는 질문에 '10시 조금 지나서요.'라고 시점을 직접적으로 응답하고 있는 (A)가 정답이다. (B)는 의문사 where과 when의 발음이 유사하다는 점을 이용한 오답이다. 의문사 where과 when의 발음에 항상 주의해야 한다. (C)는 시점 표현이기는 하지만 '과거' 시점 표현이므로 정답이 될 수 없다.

4

Where did you learn how to drive a car?
(A) She learned a lot.
(B) **From my father.**
(C) At 10 o'clock.

자동차 운전은 어디서 배웠어요?
(A) 많이 배웠어요.
(B) **아버지로부터요.**
(C) 10시에요.

어휘 learn 배우다, 학습하다

해설 '자동차 운전은 어디서 배웠어요?'라는 질문에 '아버지로부터요.'라고 응답하며 출처를 적절히 알려주고 있는 (B)가 정답이다. 'From + 사람 명사' 형태의 표현에는 사람 명사가 포함되어 있지

만 전치사 from이 있기 때문에 where 의문사이 정답이 될 수 있다는 점에 주의해야 한다. (A)는 질문에 있는 learn을 반복해서 만든 오답이다. 시간을 언급하고 있는 (C)는, 의문사 where과 when의 발음이 유사하다는 점을 이용한 오답이다.

5

How many nights will you stay at the hotel?
(A) That's right.
(B) Two nights.
(C) Some people will join us.

호텔에서 며칠 묵으실 건가요?

(A) 그렇습니다.
(B) 2박요.
(C) 몇 분이 오셔서 함께 하실 거예요.

어휘 stay 묵다, 숙박하다   join 함께하다, 합류하다

해설 '호텔에서 며칠 묵으실 건가요?'라는 질문에 '2박요'라고 숫자를 이용해 적절히 응답하고 있는 (B)가 정답이다. (A)는 질문에 있는 night와 발음이 유사한 right를 이용해서 만든 오답이다. (C)는 질문에서 언급된 stay at the hotel과 의미적으로 관련성이 있는 join us를 이용해서 만든 오답이다.

6

Who is going to cover Jessica's shift while she is out of town?
(A) Why are all the tables covered?
(B) Throughout the weekend.
(C) It hasn't been decided yet.

Jessica가 출장 갔을 때 그녀의 업무를 누가 대신할 건가요?

(A) 왜 모든 탁자가 덮여 있죠?
(B) 주말 내내요.
(C) 아직 정해지지 않았어요.

어휘 cover 덮다; 대신하다   shift 교대 근무 (시간)   throughout ~동안 쭉, 내내

해설 Jessica가 출장 갔을 때 그녀의 업무를 누가 대신할 것인지를 묻는 질문에 대해 '아직 정해지지 않았어요.'라고 우회적으로 답한 (C)가 정답이다. 'It hasn't been decided yet.'은 IDK(= I don't know.) 정답 유형들 중 하나로서, 이는 '아직 정해지지 않아서 잘 모르겠어요.'라는 의미이다. (A)는 질문에 사용된 cover를 반복해서 만든 오답이다. (B)는 질문에 있는 out이 포함된 단어인 throughout을 이용한 오답이다.

7

Could you print the results of the analysis?
(A) She will be starting as an analyst.
(B) No problem. Do you need it now?
(C) I thoroughly analyzed it.

분석 결과를 출력해 주실 수 있나요?

(A) 그녀는 분석가로 시작할 거예요.
(B) 문제없어요. 지금 필요하세요?
(C) 철저히 분석했어요.

어휘 result 결과   analysis 분석   analyst 분석가   thoroughly 철저히   analyze 분석하다

해설 분석 결과를 출력해 달라고 부탁하는 질문에 대해 '문제없어요. 지금 필요하세요?'라며 수락의 표현으로 적절히 응답하고 있는 (B)가 정답이다. (A)와 (C)는 각각 질문에 사용된 analysis와 발음도 유사하고 의미적으로 관련성도 높은 단어인 analyst와 analyzed를 이용해서 만든 오답이다.

8

Why don't you sign up for the safety training course?
(A) You'd better take a train.
(B) I will do that later.
(C) After I signed the lease.

안전교육 과정에 등록하는 게 어때요?

(A) 기차를 타는 게 좋겠어요.
(B) 나중에 할게요.
(C) 임대계약서에 서명한 후에요.

어휘 sign up for 등록하다   safety training 안전 교육   lease 임대 계약서

해설 '안전교육 과정에 등록하는 게 어때요?'라고 제안하는 질문에 '나중에 할게요.'라고 적절히 응답하고 있는 (B)가 정답이다. (A)는 질문에 사용된 training과 발음이 유사한 단어 train을 이용해서 만든 오답이며, (C)는 질문에 있는 sign을 반복한 오답이다.

9

Shouldn't these samples be sent to Dr. Phillips before 6:00 P.M.?

(A) On page six.

(B) At the general hospital in town.

(C) He will stop by tomorrow.

이 샘플들은 Phillips 박사님께 오후 6시 전에 보내야 하지 않을까요?

(A) 6쪽에요.

(B) 시내 종합병원에서요.

(C) 그는 내일 들를 거예요.

어휘 general hospital 종합병원 stop by 잠시 들르다

해설 '이 샘플들은 Phillips 박사님께 오후 6시 전에 보내야 하지 않을까요?'라는 질문에 대해 '그는 내일 들를 거예요.'라고 우회적으로 답한 (C)가 정답이다. 이는 '그래서, 보내지 않아도 돼요.'라는 의미를 내포하고 있다. (A)는 질문에 사용된 숫자 '6'을 반복한 오답이다. (B)는 질문에 있는 'Dr.'와 의미적으로 관련성이 높은 hospital을 이용해서 만든 오답이다.

10

Last night's piano performance was rather boring, wasn't it?

(A) Yes, I took a training course.

(B) It was really disappointing.

(C) I'd rather take a break.

어젯밤 피아노 연주는 좀 지루했어요, 그렇지 않았나요?

(A) 네, 연수 과정을 수강했어요.

(B) 정말 실망스러웠어요.

(C) 쉬는 게 낫겠어요.

어휘 performance 공연, 연주회 boring 지루한
disappointing 실망스러운 take a break 휴식을 취하다

해설 '어젯밤 피아노 연주는 좀 지루했어요, 그렇지 않았나요?'라는 질문에 대해 또 다른 감정 표현인 disappointing을 이용하여 의견에 동의하고 있는 (B)가 정답이다. (A)는 'Yes'로 시작하기는 했지만, 답변의 내용이 질문과 상관 없으므로 오답이다. (C)는 질문에 사용된 rather를 반복한 오답이다.

11

Who would like to work on this short-term project?

(A) Susan said she would.

(B) We paid $200 for this projector.

(C) This scarf belongs to Jennifer.

단기 프로젝트 작업을 누가 하고 싶어하죠?

(A) Susan이 하겠다고 했어요.

(B) 영사기에 200달러를 지불했습니다.

(C) 이 목도리는 Jennifer의 것이에요.

어휘 short-term 단기의 scarf 목도리 belong to ~의 소유이다

해설 단기 프로젝트 작업을 하고 싶어 하는 사람이 누구인지 '인물'을 묻는 문제에 대해 Susan이라는 사람 이름으로 적절히 답한 (A)가 정답이다. (B)는 질문에 언급된 project와 발음이 유사한 projector를 이용해서 만든 오답이다. (C)는 Jennifer라는 사람의 이름이 포함되어 있기는 하지만 답변의 내용이 질문과 상관이 없으므로 정답이 될 수 없다. 이는 사람 이름을 이용해서 오히려 더 혼란스럽게 만든 오답이다.

12

What is the first thing to do to relocate the office?

(A) Yes, he was relocated.

(B) It's the first time.

(C) Pack up your belongings.

사무실을 이전하기 위해서 가장 먼저 해야 하는 것은 무엇인가요?

(A) 네, 그는 전근 갔어요.

(B) 처음이에요.

(C) 개인 소지품을 챙기는 것이오.

어휘 relocate 이동하다, 이전하다 pack up (짐을)싸다, 챙기다
belongings 소지품

해설 사무실을 이전하기 위해 가장 먼저 해야 할 일이 무엇인지를 묻는 질문에 '개인 소지품을 챙기는 것'이라고 구체적으로 알려주고 있는 (C)가 정답이다. (A)는 질문에 있는 relocate를 반복한 오답이며, (B)는 first를 반복해서 만든 오답이다.

13

Why don't we go to another place for a cup of coffee?

(A) Sounds great.

(B) 3 copies.

(C) Place it on the table.

커피 한 잔 하러 다른 곳으로 가는 게 어때요?

(A) 좋아요.

(B) 3장이오.

(C) 탁자 위에 놓으세요.

place 장소, 놓아두다

커피 한 잔 하러 다른 곳으로 가자는 제안에 대해 '좋아요.'라는 수락의 표현으로 적절히 응답하고 있는 (A)가 정답이다. (B)는 질문에 있는 coffee와 발음이 유사한 단어인 copies를 이용해서 만든 오답이며, (C)는 질문에 사용된 place를 반복한 오답이다.

14

Do you want me to fill out this application for you, or can you do it on your own?

(A) Yes, it can be reached by train.

(B) I think I need some help here.

(C) He will be an assistant manager.

신청서를 대신 작성해 드릴까요, 아니면 혼자서 작성하시겠어요?

(A) 네, 기차로 갈 수 있어요.

(B) 여기 도움이 좀 필요한 것 같아요.

(C) 그는 부팀장이 될 거예요.

fill out 작성하다 on your own 혼자 힘으로 reach 도착하다

'신청서를 대신 작성해 드릴까요, 아니면 혼자서 작성하시겠어요?'라고 선택을 요구하는 질문에 '여기 도움이 좀 필요한 것 같아요.'라고 답한 (B)가 정답이다. 이는 우회적인 답변으로서 '(혼자서 작성하기가 힘드니) 도와달라'는 의미이다. (A)의 경우 선택의 문문의 앞쪽과 뒤쪽 문장 모두 일반의문문이어서 'Yes'로 응답할 수는 있지만, 보기의 내용이 질문과 상관 없다. (C)는 질문에 있는 fill out this application과 의미적으로 관련성이 높은 직책명 (assistant manager)을 이용해서 만든 오답이다.

15

We've cut the amount of food waste in half.

(A) We're still waiting for John.

(B) That's very impressive.

(C) About half an hour.

음식물 쓰레기 양을 절반으로 줄였어요.

(A) 우리는 아직 John을 기다리고 있어요.

(B) 정말 인상적이네요.

(C) 30분 정도요.

amount 양 waste 쓰레기, 폐기물 in half 절반으로 impressive 인상적인

음식물 쓰레기 양을 절반으로 줄였다는 정보를 전달하는 말에 '정말 인상적이네요.'라고 응답하며 놀라운 감정을 표현하고 있는 (B)가 정답이다. (A)는 질문에 있는 waste와 발음이 유사한 단어인 waiting을 이용한 오답이다. (C)는 질문에 사용된 half를 반복해서 만든 오답이다.

16

Can you take payments over the phone?

(A) I'll call James.

(B) The building has an underground parking lot.

(C) Only if you give me your credit card information.

전화로 지불할 수 있나요?

(A) James에게 전화할게요.

(B) 건물에는 지하 주차장이 있어요.

(C) 신용카드 정보를 알려주셔야만 가능해요.

payment 지불, 지급, 납입 underground 지하의 parking lot 주차장

전화로 지불할 수 있는지 여부를 묻는 질문에 대해 (신용카드 정보를 알려줘야 가능하다는) 조건을 언급하고 있는 (C)가 적절한 응답이다. (A)는 질문의 마지막 단어인 phone과 의미적으로 관련성이 높은 call을 이용한 오답이다. (B)는 질문에 언급된 over를 듣고 연상되는 under가 포함된 단어인 underground를 이용해서 만든 오답이다.

17

Have you prepared for the interview tomorrow?

(A) Yes, it should be repaired again.

(B) I was offered another job.

(C) It has an ocean view.

내일 있을 면접 준비는 다 됐어요?

(A) 네, 다시 수리해야 해요.

(B) 다른 일을 제안 받았어요.

(C) 바다 전망을 가지고 있어요.

prepare 준비하다 interview 면접 repair 수리하다 offer 제안하다, 제공하다 view 전망

'내일 있을 면접 준비는 다 됐어요?'라며 확인을 요구하는 질문에 '다른 일을 제안 받았어요.'라고 우회적으로 답한 (B)가 정답이다. 이는 '그래서, 면접 준비할 필요가 없어요.'라는 의미이다. (A)는 질문의 prepared와 발음이 비슷한 repaired를 이용해서

마든 오답이며, (C)는 interview이 일부분인 view를 활용한 오답이다.

부분인 cab을, (B)는 sale을 반복해시 민든 오답이다.

18

> The warranty for our photocopier expired last month, didn't it?
>
> (A) Let's make several copies of our contract.
>
> **(B) Yes, but it has been extended.**
>
> (C) I wouldn't buy it.

복사기 보증기간이 지난달에 만료됐어요, 그렇지 않아요?

(A) 계약서의 사본을 여러 장 만들어요.

(B) 네, 하지만 연장되었어요.

(C) 구입하지 않을 거예요.

어휘 warranty 품질보증서 expire 만료되다 extend 연장하다

해설 복사기 보증기간이 지난달에 만료됐는지 여부를 확인하려는 질문에 대해 'Yes.(네, 지난달에 보증기간이 만료되었어요.)'라고 응답한 다음 '보증기간이 연장이 되어서 문제될 것이 없다.'라고 적절히 부연 설명을 하고 있으므로 (B)가 정답이다. (A)는 질문에 있는 photocopier의 copier와 발음이 유사한 copies를 이용해서 만든 오답이다. (C)는 질문에 사용된 photocopier와 의미적으로 관련성이 높은 단어인 'buy it(복사기를 구입하다.)'을 이용해서 만든 오답이다.

19

> You put the sales report in the file cabinet, didn't you?
>
> (A) Yes, I called a cab earlier.
>
> (B) It's for sale.
>
> **(C) The manager is reviewing it now.**

판매 보고서를 파일 캐비닛에 넣으셨죠, 그렇지 않아요?

(A) 네, 조금 전에 택시를 불렀어요.

(B) 판매용이에요.

(C) 지금 부장님께서 검토하고 계세요.

어휘 sales report 판매 보고서 cab 택시 for sale 판매용인 review 검토하다

해설 '판매 보고서를 파일 캐비닛에 넣으셨죠, 그렇죠?'라고 확인을 요구하는 질문에 대해 '지금 부장님께서 검토하고 계세요.'라고 우회적으로 답한 (C)가 적절한 응답이다. 이는 그래서, 파일 캐비닛에 넣지 못했다는 의미이다. (A)는 질문에 언급된 cabinet의 앞

20

> It is time to finish our negotiation with State Steel.
>
> (A) At the new factory.
>
> **(B) Just a few more revisions are needed.**
>
> (C) It's not stated in the contract.

State Steel과의 협상을 마무리 할 때입니다.

(A) 새 공장에서요.

(B) 몇 가지 수정이 필요해요.

(C) 계약서에 명시되어 있지 않아요.

어휘 negotiation 협상 contract 계약서

해설 'State Steel과의 협상을 마무리할 때입니다.'라는 정보를 전달하는 평서문에 대해 '몇 가지 수정이 필요해요.'라고 답한 (B)가 정답이다. 이는 '그래서, 지금 마무리할 수 없다.'라고 우회적으로 답한 응답이다. (A)는 장소 정보이므로 where 의문사 유형에 어울리는 응답이다. (C)는 질문에 언급된 회사명인 State Steel에서 state를 반복해서 만든 오답이다.

21

> How long has the new museum been under construction?
>
> **(A) Since April.**
>
> (B) Five days are enough.
>
> (C) It will have new facilities.

새 박물관은 얼마 동안 공사가 진행되고 있나요?

(A) 4월부터요.

(B) 5일이면 충분해요.

(C) 새로운 설비를 갖게 될 거예요.

어휘 museum 박물관 under construction 공사 중인 facility 시설, 설비

해설 얼마 동안 공사가 진행되고 있는지 '기간'을 묻는 질문에 대해 'Since(~로부터 지금까지)'라는 기간을 나타내는 표현으로 답하고 있는 (A)가 정답이다. (B)의 'Five days'가 기간을 나타내는 표현이기는 하지만 '5일이면 충분하다'는 내용은 질문에 대한 대답으로 적절하지 않다. (C)는 질문에 있는 new를 반복해서 만든 오답이다.

22

Which restaurant would you like to visit for lunch today?

(A) I don't mind going for lunch.

(B) Yes, it was a fine restaurant.

(C) Whichever is nearest.

오늘 점심 식사하러 어느 식당으로 가고 싶나요?

(A) 점심 먹으러 가도 괜찮아요.

(B) 네, 괜찮은 식당이었어요.

(C) 어디든 가장 가까운 곳이오.

어휘 mind 꺼리다   fine 좋은, 괜찮은   nearest 가장 가까운

해설 '오늘 점심 식사 하러 어느 식당으로 가고 싶나요?'라고 선택을 요구하는 질문에 '가장 가까운 곳'이라고 선택한 (C)가 정답이다. 선택을 요구하는 질문에서는 whichever나 whatever가 정답으로 제시되는 경우가 많다. (A)는 질문에 있는 lunch를, (B)는 restaurant을 반복해서 만든 오답이다.

23

Aren't we going to hire more sales representatives for Christmas?

(A) No, we aren't going there.

(B) There are enough sale items.

(C) The manager will conduct an interview tomorrow.

크리스마스 때 영업사원을 더 채용하지 않나요?

(A) 아니요, 우리는 그곳에 가지 않아요.

(B) 할인 품목이 충분히 있어요.

(C) 내일 부장님께서 면접을 진행하실 거예요.

어휘 hire 고용하다   sales representative 영업 사원(담당자)
sale item 할인 품목   conduct 시행하다

해설 '크리스마스 때 영업사원을 더 채용하지 않나요?'라고 묻는 질문에 '내일 부장님께서 면접을 진행하실 거예요.'라고 답한 (C)가 정답이다. 이는 '크리스마스 때 더 채용한다.'는 사실을 우회적으로 알려 주고 있다. (A)는 질문에 있는 'Aren't we going'을 반복해서 만든 오답이며, (B)는 sales를 반복한 오답이다.

24

Did you review the report from the Marketing Department?

(A) I'm looking for another apartment.

(B) The view is lovely.

(C) I was busy handling customer complaints.

마케팅 부서의 보고서를 검토하셨나요?

(A) 다른 아파트를 찾고 있어요.

(B) 경치가 아주 좋아요.

(C) 소비자 불만 사항들을 처리하느라 바빴어요.

어휘 review 검토하다   view 전망   handle 다루다
complaint 불만 사항

해설 마케팅 부서의 보고서를 검토했는지 여부를 확인하는 질문에 '고객 불만 사항들을 처리하느라 바빴어요.'라고 우회적으로 답한 (C)가 적절한 응답이다. 이는 '그래서, 검토하지 못했어요.'라는 의미이다. (A)는 질문에 있는 department와 발음이 유사한 apartment를, (B)는 질문의 review와 발음이 비슷한 view를 이용한 오답이다.

25

Would you like me to give you the minutes after the meeting?

(A) Sorry, but I can't attend.

(B) By e-mail, please.

(C) Let's wait for 10 minutes.

회의 후에 회의록을 드릴까요?

(A) 죄송하지만 저는 참석할 수 없어요.

(B) 이메일로 부탁해요.

(C) 우리 10분 동안 기다려요.

어휘 minutes 회의록   attend 참석하다

해설 '회의 후에 회의록을 드릴까요?'라는 질문에 대해 '이메일로 부탁해요'라고 보내달라는 의미를 우회적으로 표현한 (B)가 적절한 응답이다. (A)는 질문의 meeting과 의미적으로 관련이 높은 attend(참석하다)를 이용해서 만든 오답이다. (C)는 질문에 사용된 minutes를 반복한 오답이다.

🎯 실전 문제 연습 II

p.160

정답

1 (B)	**2** (B)	**3** (C)	**4** (B)	**5** (C)
6 (A)	**7** (C)	**8** (B)	**9** (C)	**10** (B)
11 (B)	**12** (C)	**13** (B)	**14** (C)	**15** (A)
16 (C)	**17** (B)	**18** (B)	**19** (A)	**20** (B)
21 (B)	**22** (C)	**23** (A)	**24** (A)	**25** (C)

1

When can we test the prototype of the car?
(A) How fast can you type?
(B) Probably at the end of this year.
(C) Will you be paying in cash or by credit card?

그 차의 시제품은 언제 테스트할 수 있나요?
(A) 타자는 얼마나 빨리 칠 수 있으세요?
(B) 아마 올해 말에요.
(C) 현금으로 지불 하시겠어요, 아니면 카드로 지불 하시겠어요?

어휘 prototype 시제품 probably 아마도

해설 '그 차의 시제품은 언제 테스트할 수 있나요?'라고 시점을 묻는 질문에 '아마 올해 말에요.'라고 시간 표현을 이용해 직접적으로 응답하고 있는 (B)가 정답이다. (A)는 질문에 있는 prototype의 type을 반복해서 만든 오답인데, 여기에서 type은 동사로써 '타자를 치다'라는 의미로 사용되었다. (C)는 질문의 마지막 단어인 car와 발음이 유사한 card를 이용해서 만든 오답이다. 이는 자동차와 의미적으로 관련성이 높은 '구매할 때 지불 수단(in cash or by credit card)'을 이용해서 만든 오답이기도 하다.

2

How much are round-trip tickets to Thailand?
(A) For two adults and three children, please.
(B) Less than 100 dollars.
(C) Some tips for a trip.

태국행 왕복 티켓은 얼마인가요?
(A) 어른 2명, 아이 3명 주세요.
(B) 100달러 미만이에요.
(C) 여행에 대한 몇 가지 팁이 있어요.

어휘 round-trip ticket 왕복표 less than ~보다 적은

해설 '태국행 왕복 티켓은 얼마인가요?'라고 가격을 묻는 질문에 '100달러 미만이에요.'라고 가격을 직접적으로 언급하여 적절히

용답한 (B)가 정답이다. (A)는 질문에 있는 tickets와 의미석으로 관련성이 높은 표현을 이용해서 만든 오답인데, (A)에 언급된 숫자는 '개수'이므로 가격을 묻는 질문에 대한 정답이 될 수 없다. (C)는 질문의 trip을 반복한 오답이다.

3

Which computer should I use?
(A) It's better to fix the computer.
(B) He majored in computer science.
(C) The nearest one.

어떤 컴퓨터를 사용해야 하나요?
(A) 컴퓨터를 수리하는 것이 더 좋겠어요.
(B) 그는 컴퓨터 공학을 전공했어요.
(C) 가장 가까이에 있는 것이오.

어휘 major 전공하다 computer science 컴퓨터 공학 nearest 가장 가까운

해설 '어떤 컴퓨터를 사용해야 하나요?'라고 선택을 요구하는 질문에 'The nearest one(질문자를 기준으로 가장 가까이에 있는 컴퓨터)'이라는 표현으로 특정한 것을 가리키고 있으므로 (C)가 정답이다. (A)와 (B) 모두 질문에 있는 computer를 반복해서 만든 오답이다.

4

How many flyers do I need for the event?
(A) Many flying schools.
(B) A bit more than the last one.
(C) You can find direct flights online.

행사에 전단지가 몇 장 필요한가요?
(A) 많은 항공 학교요.
(B) 지난번보다 조금 더 많이 필요해요.
(C) 온라인에서 직항편을 찾을 수 있어요.

어휘 flyer 전단지; 비행사 flying school 항공 학교 direct flight 직항편

해설 행사에 전단지가 몇 장 필요한지를 묻는 질문에 대해 '지난번보다 조금 더 많이 필요해요.'라고 답한 (B)가 정답이다. 정확한 개수로 답하는 대신 우회적인 표현으로 응답하고 있다. (A)는 질문에 사용된 flyer와 발음이 유사한 표현인 flying을 이용하였을 뿐만 아니라, 질문의 many를 반복해서 만든 오답이다. '학교에 전단지를 뿌린다'라는 내용도 연상될 수 있으므로 주의해야 한다. (C)는 비행사라는 의미로도 쓰일 수 있는 flyer와 의미적으로 관련성

이 높은 단어인 flight을 이용해서 만든 오답이다.

5

Who can give me some technical advice?
(A) I really appreciate it.
(B) Because of a mechanical problem.
(C) Someone in the Tech Support Department.

누가 저에게 기술적인 조언을 해줄 수 있을까요?

(A) 정말 감사해요.
(B) 기계적인 문제 때문이에요.
(C) 기술지원부 직원이요.

어휘 technical 기술적인　appreciate 고마워하다
mechanical 기계적인　Tech Support Department 기술
지원부

해설 '누가 저에게 기술적인 조언을 해줄 수 있을까요?'라며 인물을 묻는 질문에 대해 인물을 나타낼 수 있는 표현 중 하나인 'Someone(어떤 사람/직원)'을 이용해 적절히 응답하고 있는 (C)가 정답이다. 'Someone / Anyone / No one / Everyone'은 'who 의문사' 유형의 정답으로 자주 등장하는 표현들이다. (A)는 'technical advice(기술적인 조언)'라는 표현에서 연상될 수 있는 '(기술적인 조언을 해 주셔서) 정말 감사해요'라는 표현을 이용해서 만든 오답이다. (B)는 질문에 있는 technical과 발음이 유사한 mechanical을 이용해서 만든 오답이다. 이는 because of로 시작하고 있으므로 'why 의문사'에 적절한 응답이다.

6

Where will the leadership development workshop be held this year?
(A) Meeting room C would be fine.
(B) New software for this year.
(C) Wednesday would work for me.

올해 리더십 개발 워크숍은 어디에서 개최되나요?

(A) C 회의실이 좋을 것 같아요.
(B) 올해의 새로운 소프트웨어요.
(C) 수요일이면 좋을 것 같아요.

어휘 leadership 지도자, 지도력, 지도부　development 개발

해설 올해 리더십 개발 워크숍은 어디에서 개최되는지 '장소'를 묻는 질문에 'Meeting room C'라는 장소 정보를 알려 주고 있는 (A)가 적절한 응답이다. (B)는 질문의 마지막에 언급된 this year를 반복해서 만든 오답이다. 이는 질문에 나온 development와

이미적으로 관련성이 높은 표현이 software를 이용한 오답이기도 하다. (C)는 질문에 언급된 workshop의 앞부분인 work를 반복한 오답이다. (C)는 시간 정보를 알리는 내용으로서 'when 의문사'에 대한 응답이다.

7

When do you expect the item to arrive?
(A) At the loading dock.
(B) Large, medium, and small.
(C) It will take one or two days.

물건이 언제쯤 도착할 것 같나요?

(A) 하역장이요.
(B) 대, 중, 그리고 소요.
(C) 하루나 이틀 걸릴 거예요.

어휘 arrive 배달되다, 도착하다　loading dock 하역장

해설 '물건이 언제쯤 도착할 것 같나요?'라고 '시점'을 묻는 질문에 대해 하루나 이틀이 걸릴 것이라며 적절한 시간 정보를 알려 주고 있는 (C)가 정답이다. (A)는 질문에 있는 the item to arrive와 의미상 관련이 있는 loading dock을 이용해서 만든 오답이다. (B)는 질문에 나온 item과 연관이 있는 '(상자의) 크기'를 나타내는 표현을 이용해서 만든 오답이다.

8

Are you supposed to give a presentation to the board?
(A) They got bored waiting for him.
(B) Yes, I am nervous.
(C) He wasn't at the presentation.

당신이 이사회에 발표하기로 되어 있나요?

(A) 그들은 그를 기다리는 것에 지루해졌어요.
(B) 네, 긴장이 되네요.
(C) 그는 발표회에 없었어요.

어휘 be supposed to ~하기로 되어 있다　presentation
발표　board 이사회　bored 지루한　nervous 초조해 하는

해설 이사회에 발표하기로 되어 있는지를 확인하려는 질문에 대해 '네 (발표하기로 되어 있고요), (그래서) 지금 긴장이 되네요.'라고 확인시켜주고 있는 (B)가 정답이다. (A)는 질문에 있는 board(이사회)와 발음이 같은 bored를 이용해서 만든 오답이며, (C)는 presentation을 반복한 오답이다. (C)의 경우 주어가 3인칭 단수인 'He'인 것도 정답이 될 수 없는 이유이다.

9

> Shouldn't we take extra copies to the workshop?
> (A) Some of them have already taken classes.
> (B) The photocopier works well.
> **(C) That sounds like a good idea.**

워크숍에 복사물을 추가로 가져가야 하지 않을까요?

(A) 그들 중 몇몇은 이미 수업을 들었어요.

(B) 그 복사기가 잘 작동해요.

(C) 좋은 생각인 것 같군요.

어휘 extra 추가의 photocopier 복사기

해설 '워크숍에 복사물을 추가로 가져가야 하지 않을까요?'라는 제안에 대해 좋은 생각인 것 같다며 동의하고 있는 (C)가 정답이다. (A)는 질문에 있는 take의 형태를 변형한 taken을 이용해서 만든 오답이다. (B)는 질문에 있는 copies와 의미상 관련이 있는 photocopier를 이용해서 만든 오답이다.

10

> Our supervisor is going to talk about our sales goals at today's meeting.
> (A) He is a goal-oriented person.
> **(B) That's not what I heard.**
> (C) From the Sales Department.

오늘 회의에서 우리의 판매 목표에 대해 관리자님께서 말씀하실 거예요.

(A) 그는 목표 지향적인 사람이에요.

(B) 그것은 제가 들은 내용이 아니에요.

(C) 영업부에서요.

어휘 supervisor 관리자, 감독관 sales goal 매출 목표 goal-oriented 목표 지향적인

해설 '오늘 회의에서 우리의 판매 목표에 대해 관리자님께서 말씀하실 거예요.'라고 정보를 전달하는 말에 '그것은 제가 들은 내용이 아니에요. (즉, 질문자가 언급한 내용이 응답자가 들은 내용과는 다르다. 그 정보가 틀린 정보일 수도 있다.)'라고 적절히 응답하고 있는 (B)가 정답이다. (A)는 질문에 있는 표현 'goal'을 반복해서 만든 오답인데, 질문의 주어인 supervisor(관리자)와 의미적으로 관련성이 높은 'He / person'을 이용해서 만든 오답이기도 하다. (C)는 질문에 나온 sales를 반복한 오답인데, 이는 출처를 의미하고 있으므로 where 의문문에 어울리는 응답이다.

11

> Anderson is in charge of payroll, isn't he?
> (A) The next payment is due on May 5.
> **(B) No, but he used to be.**
> (C) It must be paid in cash.

Anderson이 급여를 담당하고 있어요, 그렇지 않나요?

(A) 다음 지불 기일은 5월 5일입니다.

(B) 아니요, 지금은 아니지만 예전에는 담당자였어요.

(C) 현금으로 지불해야 해요.

어휘 in charge of ~을 담당하고 있는 payroll 급여 payment 지불, 납입, 지급 used to ~하곤 했다

해설 부가의문문 문제에서는 부가의문문에 상관없이 질문의 내용만을 고려하여 정답을 고르면 된다. Anderson이 급여를 담당하고 있는지를 확인하는 질문인데, 이에 대해 '지금은 아니지만 예전에는 담당자였다.'라고 응답한 (B)가 정답이다. (A)는 질문에 있는 payroll (급여)과 의미적으로 관련성이 높은 표현 payment (지불)를 이용해서 만든 오답이다. 두 단어의 첫 부분이 pay로 같다는 점을 이용한 오답이기도 하다. (C)는 질문에 나온 pay의 형태를 변형한 paid를 이용해서 만든 오답이다.

12

> What topic will be discussed at the staff meeting?
> (A) In the meeting room.
> (B) I guess it was February.
> **(C) A business trip.**

직원 회의에서는 어떤 주제에 대해 논의될 예정인가요?

(A) 회의실에서요.

(B) 지난 2월이었던 것 같아요.

(C) 출장요.

어휘 discuss 논의하다 staff meeting 직원 회의 business trip 출장

해설 '직원 회의에서는 어떤 주제에 대해 논의될 예정인가요?'라고 회의의 주제를 묻는 질문에 대해 '출장요.'라고 주제를 직접 언급하고 있는 (C)가 정답이다. (A)는 질문의 마지막 단어 meeting을 반복해서 만든 오답인데, '회의 장소가 회의실이다.'라고 연상할 수 있으므로 주의해야 한다. (B)는 meeting과 의미상 관련성이 있는 시점 표현을 이용해서 만든 오답이다.

13

> Why was the flight delayed an hour?
> (A) A few hours from now.
> (D) Due to a technical problem.
> (C) No, at the beginning of May.

왜 비행기가 한 시간 연착되었나요?

(A) 지금부터 몇 시간 후에요.
(B) 기술적 문제 때문에요.
(C) 아니요, 5월 초에요.

어휘 flight 항공편, 비행기 delay 지연시키다

해설 비행기가 연착된 이유를 묻는 질문에 'Due to(~때문에)'라는 표현을 이용하여 적절히 응답하고 있는 (B)가 정답이다. (A)는 질문의 마지막 단어인 hour를 반복해서 만든 오답이다. 이유를 묻는 'why 의문사' 형태의 질문에 'Yes/No'로 답할 수 없으므로 (C) 또한 오답이다. 다만, 'why 의문사 유형' 중에서 'why don't you/we/I~?' 형태의 질문은 '제안'을 의미하기 때문에, 이에 대해서는 'Yes/No'로 답하여 수락하거나 거절하는 것이 가능하다는 점에 주의해야 한다.

14

> Who is going to restore the operating system?
> (A) The extra folders are stored in the cabinet.
> (B) Our hours of operation are 1:00 P.M. to 6:00 P.M.
> (C) We'd better call a technician.

누가 운영 체제를 복원할 건가요?

(A) 추가 폴더는 캐비닛에 보관돼요.
(B) 영업 시간은 오후 1시부터 6시까지예요.
(C) 기술자를 불러야겠어요.

어휘 restore 회복시키다 operating system 운영 체제
hours of operation 영업 시간, 운영 시간 technician 기술자

해설 '누가 운영 체제를 복원할 건가요?'라고 인물을 묻는 질문에 대해 technician(기술자)이라는 표현을 이용해 응답한 (C)가 정답이다. (A)는 질문의 restore와 발음이 유사한 store를 이용해서 만든 오답인데, 이때 store는 '저장하다', '보관하다'라는 의미로 사용되었다. (B)는 질문의 operating의 변형된 형태인 operation을 이용해서 만든 오답이다.

15

> Would you like to wait here in Mr. Edgardo's office or in my office downstairs?

> (A) Is there a café around here?
> (B) I'd like one more ticket.
> (C) The lobby is spacious enough.

여기 Edgardo 씨 사무실에서 기다리시겠어요, 아니면 아래층에 있는 제 사무실에서 기다리시겠어요?

(A) 이 근처에 카페가 있나요?
(B) 한 장 더 주세요.
(C) 로비는 충분히 넓어요.

어휘 downstairs 아래층에 spacious 널찍한

해설 'Edgardo 씨 사무실에서 기다리시겠어요, 아니면 제 사무실에서 기다리시겠어요?'라고 선택을 요구하는 질문에 대해 근처에 카페가 있는지 물으면서 우회적으로 제 3의 장소를 언급하고 있는 (A)가 정답이다. (B)는 질문의 시작 표현인 'Would you like ~'에 대해 응답하는 표현인 'I'd like ~'을 이용해서 만든 오답이다. (C)는 질문의 wait과 의미상 관련성이 높은 장소 표현 lobby를 이용한 오답이다.

16

> How do you like your new office?
> (A) A very fine restaurant.
> (B) That sounds good.
> (C) It has bigger windows.

새 사무실은 어때요?

(A) 아주 좋은 식당이오.
(B) 그거 좋겠네요.
(C) 더 큰 창문이 있어요.

어휘 how do you like ~? ~은 어때요? fine 좋은, 괜찮은

해설 새 사무실은 어때요?"라는 질문에 '(전에 사용했던 사무실보다) 더 큰 창문이 있어요. (그래서, 마음에 들어요.)'라고 새 사무실의 장점을 적절히 묘사하고 있는 (C)가 정답이다. (A)와 (B)는 각각 질문의 office를 묘사할 수 있는 표현인 fine과 good을 이용해서 만든 오답들이다.

17

> Don't you have a laser printer that works well with my laptop?
> (A) He is working on the printer.
> (B) Let me check one for you.
> (C) We need several copies.

제 노트북과 잘 호환되는 레이저 프린터는 없나요?

(A) 그는 프린터 작업을 하고 있어요.

(B) 제가 제품을 확인해 드릴게요.

(C) 복사본 몇 부가 필요해요.

어휘 several 몇몇의

해설 '제 노트북과 잘 호환되는 레이저 프린터는 없나요?'라는 질문에 '제가 (고객님의 휴대용 컴퓨터와 잘 호환되는) 제품을 확인해 보겠다.'라고 적절히 응답하고 있는 (B)가 정답이다. 질문에 있는 명사를 반복하기 보다는 다른 명사 표현으로 바꾸어 표현하는 경우가 많은데, 특히 부정대명사 'one / ones'를 이용한 정답이 많이 등장한다. (A)는 질문에 있는 printer를 반복해서 만든 오답이며, (C)는 printer에서 연상할 수 있는 단어인 copies를 이용한 오답이다.

18

I am sorry, but I can't find my seat.

(A) Ask for volunteers.

(B) The number is shown on the back of each seat.

(C) I found it very disappointing.

죄송하지만 제 자리를 찾을 수가 없어요.

(A) 자원봉사자를 요청하세요.

(B) 좌석 번호는 자리 뒷면에 표시되어 있어요.

(C) 매우 실망스러웠어요.

어휘 seat 자리, 좌석 volunteer 자원 봉사자 disappointing 실망스러운

해설 '죄송하지만 제 자리를 찾을 수가 없어요.'라고 문제점을 언급한 질문에 대해 좌석 뒷면에 표시되어 있다며 해결책을 제시하고 있는 보기인 (B)가 정답이다. (A)는 질문의 내용이 문제점이기 때문에 'ask for(~을 요청하다)'라는 해결책을 요청할 때 사용하는 표현을 이용해서 만든 오답이다. (C)는 질문의 find의 다른 형태인 found를 이용해서 만든 오답이다.

19

Which position did you apply for?

(A) Actually, all the positions have already been filled.

(B) I put it in the supply cabinet.

(C) There are more applications than expected.

어느 자리에 지원하셨어요?

(A) 사실은 이미 모든 자리가 다 찼어요.

(B) 소모품 캐비닛에 넣어두었어요.

(C) 예상보다 많은 지원서가 있어요.

어휘 position 자리; 직책 application 지원(서) expect 예상하다, 기대하다

해설 '어느 자리에 지원하셨어요?'라는 질문에 대해 우회적이지만 일자리와 관련된 현재 상황을 적절히 설명해 주고 있는 (A)가 정답이다. (B)는 질문에 나온 apply와 발음이 유사한 supply를 이용해서 만든 오답이며, (C)는 apply에서 파생된 명사인 applications를 이용한 오답이다.

20

Would you like a booth for the job fair inside or outside?

(A) I would love to.

(B) It is better to have it outdoors.

(C) They met at last year's trade show.

채용 박람회에서 실내 부스와 실외 부스 중 어느 것을 원하세요?

(A) 그러고 싶어요.

(B) 실외 부스가 더 좋을 것 같아요.

(C) 그들은 작년 무역 박람회에서 만났어요.

어휘 job fair 채용 박람회 trade show 무역 박람회

해설 실내 부스와 실외 부스 중 어느 것을 원하는지를 선택해 달라는 질문에 대해 outdoors를 outside로 바꾸어 표현하여 응답한 (B)가 정답이다. (A)는 'would you like ~?'라는 제안 질문에 이어질 수 있는 수락 표현인 'I would love to.'를 이용해서 만든 오답이다. (C)는 질문에 있는 'booth, fair'와 의미적으로 관련성이 높은 표현 'trade show'를 이용한 오답이다.

21

There has been a decrease in our sales.

(A) It's for recently hired employees.

(B) Where did you hear that?

(C) A reliable sales representative.

매출이 감소했어요.

(A) 이것은 신입사원들을 위한 거예요.

(B) 어디에서 들으셨나요?

(C) 신뢰할 수 있는 영업 담당자요.

어휘 decrease 감소 reliable 신뢰할 수 있는 representative 대표(자), 직원

매출이 감소했다는 정보를 전달하는 말에 정부의 출처를 묻고 있는 내용의 (B)가 정답이다. (A)는 질문에 나온 'decrease in our sales'라는 문제점에 대한 해결책이 될 수 있는 'hired employees'를 이용하여 만든 오답이다. 문장 전체의 내용을 이해하지 못하고 일부 어구만 듣고 문제의 정답을 고르려고 한다면 이러한 오답을 정답으로 고르는 실수를 할 수 있다. (C)는 질문에 있는 sales를 반복해서 만든 오답이다.

22

> Why was the history class postponed?
> (A) We need it for our class.
> (B) At the post office on Main Street.
> **(C) Because the professor called in sick.**

왜 역사 수업이 연기되었나요?
(A) 우리 학급을 위해 필요해요.
(B) Main Street에 있는 우체국에서요.
(C) 교수님께서 편찮으시다고 전화하셔서요.

어휘 postpone 연기하다 professor 교수 call in sick 병결을 알리다

해설 역사 수업이 연기된 이유를 묻는 질문에 대해 'Because (~때문에)'로 답하면서 그 이유를 설명하고 있는 (C)가 정답이다. (A)는 질문에 나온 class를 반복하였고, (B)는 postponed의 앞부분인 post를 이용하여 만든 오답이다. (B)는 장소 정보를 전달하고 있으므로 'where 의문문'에 적절한 응답이다.

23

> Would the manager like us to work on Sunday?
> **(A) Yes, he said the deadline has been moved up.**
> (B) No, I'd rather walk.
> (C) He was asked to leave work.

부장님께서 일요일에 우리가 일하기를 바라시나요?
(A) 네, 마감일이 앞당겨졌다고 말씀하셨어요.
(B) 아니요, 차라리 걷는 게 낫겠어요.
(C) 그에게 퇴근하라고 하셨어요.

어휘 deadline 마감일 move up 앞당기다 leave work 퇴근하다

해설 '부장님께서 일요일에 우리가 일하기를 바라시나요?'라고 확인하는 질문에 대해 '네, 마감일이 앞당겨졌다고 말씀하셨어요.'라고 답하면서 일요일에 추가 근무를 해야 하는 이유를 설명하고 있는 (A)가 적절한 응답이다. (B)는 질문에 있는 work와 발음이

유사한 walk를 이용해서 만든 오답이며, (C)는 work을 반복하고 있다.

24

> I can't seem to access the Internet here.
> **(A) Why don't you update your computer?**
> (B) A different Internet service provider.
> (C) It is easily accessible by car.

여기서는 인터넷에 접속할 수가 없는 것 같아요.
(A) 컴퓨터를 업데이트하는 것이 어때요?
(B) 다른 인터넷 서비스 공급자요.
(C) 자동차로 쉽게 접근할 수 있어요.

어휘 access 접근, 접속 provider 공급자, 제공자 accessible 접근 가능한

해설 '여기서는 인터넷에 접속할 수가 없는 것 같아요.'라고 인터넷 접속이 안 된다는 문제점을 언급한 질문에 대해 컴퓨터를 업데이트하라는 해결책을 제시하고 있는 (A)가 정답이다. (B)는 질문에 있는 Internet을 반복한 오답이며, (C)는 질문의 access의 형용사형인 accessible을 이용해서 만든 오답이다.

25

> The inspector is going to visit our construction site tomorrow.
> (A) The construction schedule is very tight.
> (B) On the company Web site.
> **(C) I've already heard.**

검사관이 내일 우리 공사 현장을 방문할 예정이에요.
(A) 공사 일정이 매우 빠듯해요.
(B) 회사 웹사이트에요.
(C) 이미 들었어요.

어휘 inspector 조사관, 검사관 construction site 공사 현장 construction schedule 공사 일정

해설 '검사관이 내일 우리 공사 현장을 방문할 예정이에요.'라는 정보를 전달하는 말에 대해 '저도 이미 들었어요. (그래서 그 내용을 알고 있어요)'라고 적절히 응답하고 있는 (C)가 정답이다. (A)는 질문의 construction을, (B)는 site를 반복해서 만든 오답이다.

PART 3 대화문

실전 문제 연습
p.246

정답

1 (B)	**2** (D)	**3** (C)	**4** (A)	**5** (C)
6 (B)	**7** (C)	**8** (D)	**9** (B)	**10** (B)
11 (C)	**12** (D)	**13** (C)	**14** (A)	**15** (B)
16 (D)	**17** (C)	**18** (C)	**19** (D)	**20** (B)
21 (A)	**22** (D)	**23** (A)	**24** (D)	**25** (B)
26 (D)	**27** (C)	**28** (D)	**29** (C)	**30** (C)
31 (C)	**32** (B)	**33** (A)	**34** (C)	**35** (C)
36 (D)	**37** (B)	**38** (C)	**39** (D)	

[1-3]

W Good morning and **¹ welcome to the new branch of Orion Gym. I'm Melissa, one of the instructors here.** Are you already a member?

M Hi. Yes, I joined in advance through your Web site. **² I was just wondering when your yoga and strength training classes are held.**

W The yoga sessions run at 11:00 A.M. and 6:00 P.M. on Fridays, and you can join us for strength training on Thursdays at 10 A.M. or 7:00 P.M.

M Thanks! The evening ones would be perfect for me.

W Great! **³ And don't forget that if you invite any friends along, they can join one session for free even if they aren't members.**

여 안녕하세요, Orion 체육관의 새 분점에 오신 것을 환영합니다. 저는 Melissa이며, 여기서 근무하는 강사 중 한 명입니다. 회원이신가요?

남 안녕하세요. 네, 웹사이트를 통해 미리 가입했습니다. 요가와 근력 훈련 수업이 언제인지 궁금해서요.

여 요가 수업은 금요일 오전 11시와 오후 6시에 진행되며, 목요일 오전 10시나 오후 7시에 근력 훈련 수업을 함께 하실 수 있습니다.

남 감사합니다! 저녁 수업이 저한테 딱 맞을 것 같아요.

여 좋습니다! 그리고 만약 친구를 초대하신다면, 회원이 아니더라도 수업에 무료로 참여할 수 있다는 것 잊지 마세요.

어휘 | branch 지사, 분점 instructor 강사 session (특정 활동을 위한) 시간, 기간 in advance 미리

1

여자는 누구일 것 같은가?

(A) 웹 사이트 디자이너
(B) 피트니스 강사
(C) 대학 강사
(D) 채용 담당자

해설 | 여자의 첫 번째 대사 ¹ **welcome to the new branch of Orion Gym. I'm Melissa, one of the instructors here.**(오리온 체육관의 새 분점에 오신 것을 환영합니다. 저는 Melissa입니다. 여기 있는 강사 중 한 명입니다.)에서 gym과 instructors가 언급되었으므로 정답은 (B)이다. 보기에서는 gym이 fitness로 표현되었다. (A)는 대화 초반부에 언급된 'Web site'를 반복해서 만든 오답이다. (C)는 대화 초반부에 언급된 instructor와 의미가 유사한 lecturer를 이용했지만, 여자는 college lecturer(대학 강사)가 아니므로 이는 정답이 될 수 없다.

2

화자들은 무엇에 대해 주로 이야기하고 있는가?

(A) 영업시간
(B) 공석
(C) 지사 위치
(D) 강좌 일정

해설 | 남자는 첫 번째 대사에서 ² **I was just wondering when your yoga and strength training classes are held.**(요가와 근력 훈련 수업이 언제인지 궁금합니다.)라고 했으므로 정답은 (D)이다. 'when your yoga and strength training classes are held'를 'class schedules'로 간략하게 표현하였다. (A)의 'business hours(영업 시간)'는 대화 중반부에 언급된 시간 표현들과 의미적으로 관련성이 있지만, 대화문에 언급된 시간은 강습 시간이지 영업시간이 아니므로 (A)는 정답이 될 수 없다. (B)의 경우 대화 중반부에 언급된 instructor에서 연상할 수 있는 단어인 job이 있기는 하지만, 이 대화는 공석에 관련된 내용이 아니다.

3

여자가 추천하는 것은 무엇인가?

(A) 온라인으로 등록하기
(B) 일찍 도착하기
(C) 친구 데려오기
(D) 멤버십 업그레이드하기

해설 | 여자의 마지막 대사는 ³ **And don't forget that if you invite any friends along, they can join one session for free even if they aren't members.**(그리고 만약 친

구를 초대하신다면, 회원이 아니더라도 수업에 무료로 참여할 수 있다는 것 잊지 마세요.)인데, invite any friends along을 bringing friends로 바꾸어 표현한 (C)가 정답이다. (A)의 registering(등록)은 대화 초반부에 언급된 join(가입)과 관련이 있지만, 대화에서 온라인 휘워 등록은 과거에 한 행위이기 때문에 (A)는 정답이 될 수 없다. (D)에는 대화 초반부와 후반부에 언급된 members(회원)와 의미적으로 관련성이 있는 membership이 있지만, 대화에서 upgrading과 관련된 내용은 언급되지 않았다.

[4-6]

> **M** **4 I'd like to start this morning's meeting by letting Samantha talk to us about the designs of our new appliances.** Take it away, Samantha.
>
> **W** Thanks, Bill. Well, sales of our products have fallen recently, and it's clear to me why that has happened. **5 The reason is that consumers are no longer satisfied with the cheap, inferior materials we have been using.**
>
> **M** That's exactly what my department learned through our market research survey, too. So assuming you can increase your budget, do you have any ideas on how to solve the problem?
>
> **W** **6 Yes, I'm going to find some firms that can supply better components for our products and weigh the pros and cons of each company.** I'll update you all once I've chosen the most suitable one.

남 오늘 아침 회의를 시작하겠습니다. Samantha가 새 가전제품의 디자인에 대해 저희에게 말씀해 주시겠습니다. Samantha, 말씀해 주시죠.

여 Bill, 감사합니다. 네, 최근 우리 제품의 판매량이 감소했는데, 이런 일이 발생한 이유가 저에게는 명확합니다. 그 이유는 우리가 사용하던 값싸고 열등한 소재에 소비자들이 더 이상 만족하지 못하기 때문입니다.

남 저희 부서도 시장 연구 조사를 통해 그 점을 정확히 알게 되었습니다. 그렇다면, 예산을 늘릴 수 있다고 가정할 때, 문제를 어떻게 해결할지에 대한 아이디어가 있나요?

여 네, 저는 우리 제품에 더 좋은 부품을 공급할 수 있는 회사를 찾고, 각 회사의 장단점을 비교해 이해득실을 따져 보겠습니다. 가장 적합한 업체를 정하면 여러분께 알려드리겠습니다.

어휘 appliance (가정용) 기기 consumer 소비자 satisfied 만족하는 inferior (~보다) 못한 material 직물, 재료 assume 추정하다 component 구성요소, 부품 weigh 장단점을 따져보다 pros and cons 찬반 양론, 장단점 suitable 적합한 적절한

4

여자는 어떤 부서에서 근무하고 있는 것 같은가?

(A) 제품 디자인부서
(B) 고객 서비스부서
(C) 인사부서
(D) 회계부서

해설 남자의 첫 번째 대사 **4 I'd like to start this morning's meeting by letting Samantha talk to us about the designs of our new appliances.** (Samantha의 새 가전제품의 디자인에 대한 설명으로 오늘 아침 회의를 시작하겠습니다.)에서 여자는 디자인 관련 부서에 근무하는 것으로 볼 수 있다. designs of our new appliances를 Product Design으로 표현한 (A)가 정답이다. (B)의 'Customer Service'는 대화 중반부에 언급된 'consumers are no longer satisfied(소비자들은 더 이상 만족하지 않는다)'를 듣고 고를 수 있는 오답이다.

5

여자의 말에 따르면, 회사의 매출이 감소하게 된 원인은 무엇인가?

(A) 고객 불만이 증가하고 있어서
(B) 금융 투자가 부족해서
(C) 낮은 품질의 소재를 사용해서
(D) 경쟁사가 성공해서

해설 여자의 첫 번째 대사 **5 The reason is that consumers are no longer satisfied with the cheap, inferior materials we have been using.** (그 이유는 우리가 사용하던 값싸고 열등한 소재에 소비자들이 더 이상 만족하지 못하기 때문입니다.)에 원인이 직접적으로 언급되어 있다. 'with the cheap, inferior materials we have been using'을 'the use of low-quality materials'라고 적절하게 바꾸어 표현한 (C)가 정답이다. (A)는 대화 중반부에 언급된 'consumers are no longer satisfied(소비자들은 더 이상 만족하지 않는다)'에서 연상될 수 있는 'customer complaints(고객 불만)'를 이용한 오답이다. (D)는 대화 후반부에 언급된 firms(회사)와 같은 의미인 companies(회사)를 활용하였는데, 경쟁 회사의 성공 때문에 매출이 감소했다는 내용은 언급되지 않았으므로 정답이 될 수 없다.

6

여자는 무엇을 하겠다고 하는가?

(A) 소비자 설문조사 실시

(B) 공급 가능 업체 비교

(C) 마감일 연장 요청

(D) 적합한 행사 장소 선택

해설 여자의 마지막 대사 ⁶ **Yes, I'm going to find some firms that can supply better components for our products and weigh the pros and cons of each company.**(저는 우리 제품에 더 좋은 부품을 공급할 수 있는 회사를 찾고, 각 회사의 장단점을 따져볼 거예요.)라고 했으므로 정답은 (B)이다. 해당 문장은 보기에서 'compare potential suppliers'라고 표현되었다. (A)는 대화 중반부에 언급된 survey를 반복했는데, 질문에서 요구하는 정보는 여자가 앞으로 할 행동이고 대화에 언급된 'market research survey'는 과거 내용이므로 (A)는 정답이 될 수 없다. (D)는 대화 후반부에 언급된 suitable을 이용했지만 행사 장소와 관련된 내용은 아니므로 오답이다.

[7-9]

> **W** ⁷ **Excuse me. I'm waiting to board a flight to Chicago,** but I'd like to do some shopping first. Can you tell me where the duty-free stores are?
>
> **M** Certainly, madam. They're all up on the third floor. ⁸ **I'm afraid you can't use the elevator right now as it's being repaired,** but there's an escalator just down this way.
>
> **W** Oh, really? I didn't see one while I was walking here.
>
> **M** Yes, it's a little hard to notice as it's in between two restaurants. ⁹ **I can show you the way myself because I am heading to the stores, too.**

여 실례합니다. 시카고행 비행기를 타려고 기다리고 있는데, 우선 쇼핑부터 하고 싶어서요. 면세점의 위치를 알려 주실 수 있나요?

남 물론이죠. 모든 면세점은 3층에 있어요. 엘리베이터는 지금 수리 중이라 이용하실 수 없을 것 같은데, 바로 이쪽에 에스컬레이터가 있어요.

여 아, 그래요? 여기로 걸어오는 동안 에스컬레이터를 못 봤어요.

남 네, 두 식당 사이에 있어서, 찾기가 좀 어려워요. 저 역시 면세점 쪽으로 가는 중이어서 길을 안내해 드릴 수 있어요.

어휘 board 탑승하다; 판자 duty-free 면세품 point 길을 알려 주다 repair 수리하다

7

대화가 이루어지는 장소는 어디인가?

(A) 버스터미널

(B) 기차역

(C) 공항

(D) 여객선 항구

해설 여자의 첫 번째 대사 ⁷ **Excuse me. I'm waiting to board a flight to Chicago**(실례합니다. 시카고행 비행기를 타려고 기다리고 있습니다.)에서 대화의 장소가 공항임을 알 수 있다. board a flight으로부터 at an airport를 쉽게 유추할 수 있다.

8

남자가 언급한 문제는 무엇인가?

(A) 상점이 이미 문을 닫았다.

(B) 에스컬레이터가 고장 났다.

(C) 출발 시간이 변경되었다.

(D) 엘리베이터가 고장 났다.

해설 남자의 첫 번째 대사에서 ⁸ **I'm afraid you can't use the elevator right now as it's being repaired**(엘리베이터는 지금 수리 중이라 이용하실 수 없을 것 같습니다.)라고 했으므로 정답은 (D)이다. 'You can't use the elevator.'가 'An elevator is out of service.'라고 표현되었다. (A)는 대화 초반부에 언급된 store를 반복하고 있지만, 상점이 문을 닫았다라는 내용은 없으므로 정답이 될 수 없다. (B)는 대화 중반부에 언급된 escalator를 반복했지만, 에스컬레이터가 고장 났다라는 내용 또한 언급되지 않았다.

9

남자는 다음에 무엇을 할 것 같은가?

(A) 식당에서 식사하기

(B) 여자와 면세점으로 가기

(C) 특별 공연 관람하기

(D) 게시판 확인하기

해설 대화의 마지막 부분에서 남자가 ⁹ **I can show you the way myself because I am heading to the stores, too.**(저 역시 면세점 쪽으로 가는 중이어서 길을 안내해 드릴 수 있어요.)라고 했으므로 정답은 (B)이다. (A)는 대화 후반부에 언급된 restaurant을 반복했지만, 이는 에스컬레이터의 위치를 설명할 때 언급되었을 뿐 식사와 관련된 내용은 아니다. (D)는 대화 후

부에 언급된 'Yes, it's a little hard to notice (찾기가 좀 어려워요.)'에서 notice를 반복해서 만든 오답이다.

[10-12]

W Randy, your apprenticeship period will end this Friday, and ¹⁰ **I'm happy to tell you that we decided to offer you a full-time position here at the travel agency.**

M That's great news! I am so happy to hear that. ¹¹ **Actually, I was worried that I would be let go because I took a few sick days.**

W Don't worry. I know that you've shown yourself to be a very hard worker and an asset to our team.

M Thank you. So will I still be working in the Customer Service Department?

W Actually, we'd like to train you to be a sales representative. ¹² **Here's a copy of your duties.** Please take some time to look over it before next week's training.

M No problem. I'm looking forward to it.

여 Randy, 견습 기간이 이번 주 금요일에 끝나는데, 저희 여행사에서 당신에게 정규직으로 근무할 수 있는 기회를 드리기로 결정했다는 소식을 전하게 되어 기쁩니다.

남 정말 좋은 소식이네요! 그 소식을 듣게 되어 매우 기쁩니다. 며칠 병가를 냈어야 해서 정규직으로 근무하지 못하게 될까 걱정했어요.

여 걱정하지 않으셔도 됩니다. 저는 당신 자신이 매우 열심히 일하는 사람이고 우리 팀의 자산임을 보여주셨다는 것을 알고 있습니다.

남 감사해요. 그럼 저는 계속 고객 서비스 부서에서 근무하게 되나요?

여 사실은, 영업 사원이 될 수 있도록 교육해 드리고 싶습니다. 여기 업무에 관한 내용의 복사본이 있습니다. 시간을 할애해서 다음 주 교육 전에 검토해 주세요.

남 문제없어요. 기대되는군요.

어휘 period 기간 travel agency 여행사 take a sick day 병가를 내다 asset 자산, (자산이 되는) 사람/물건 job description 직무 설명서 look over 살펴보다 look forward to 기대하다

10

남자의 직위는 무엇인가?

(A) 보조원
(B) 인턴 사원
(C) 여행 안내원
(D) 운영자

해설 여자의 첫 번째 대사 ¹⁰ **Randy, your apprenticeship period will end this Friday, and I'm happy to tell you that we decided to offer you a full-time position here at the travel agency.**(Randy, 견습 기간이 이번 주 금요일에 끝나는데, 저희 여행사에서 당신에게 정규직으로 근무할 수 있는 기회를 드리기로 결정했다는 소식을 전하게 되어 기쁩니다.)에서 'apprenticeship period(견습 기간)'라는 표현을 통해서, 그리고 'offer you a full-time position' 즉, 남자에게 정규직을 제안하고 있다는 사실을 통해 남자의 직위를 알 수 있다.

11

남자는 무엇을 걱정했는가?

(A) 경험 부족
(B) 늦은 신청
(C) 결근
(D) 휴가 계획

해설 남자는 첫 번째 대사인 ¹¹ **Actually, I was worried that I would be let go because I took a few sick days.**(사실, 며칠 병가를 내야 해서 정규직 자격 미달이 될까 걱정했어요.)에서 며칠 동안 병가를 낸 것에 대해 걱정했다고 밝히고 있으므로 정답은 (C)이다. 대화문의 'take a few sick days'를 보기에서는 'his absence from work'으로 표현했다. (A)와 (B)는 대화 초반부에 언급된 'full time position'과 의미적으로 관련성이 있는 experience(경험)와 application(신청)을 언급하고 있지만, 둘 다 남자가 걱정했던 것으로 언급되지 않았다.

12

여자는 남자에게 무엇을 주는가?

(A) 새로운 계약서
(B) 보너스
(C) 교육 일정
(D) 직무 설명서

해설 여자는 마지막 대사에서 ¹² **Here's a copy of your duties.**(여기 업무에 관한 내용의 복사본이 있어요.)라고 했으므로 정답은 (D)이다. (A)는 대화 후반부에 언급된 job(일)과 의미적으로 관련성이 있는 contract(계약서)를 이용했지만, 여자가 남자에게 계약서를 주고 있는 것은 아니므로 이는 정답이 될 수 없다.

(C)는 대화 후반부에 언급된 training을 이용한 오답인데, 교육 일정표를 준다는 내용은 없다.

[13-15]

> **M**   Anna, I know you're responsible for organizing the company's annual trip this year. How's it going?
>
> **W**   ¹³ Well, I'm happy to say I just finalized a booking for 12 cabins located right on the beach in the morning. I'm sure our employees are going to love them.
>
> **M**   Sounds great! Are you going to arrange our outdoor activities like hikes and boat trips as well?
>
> **W**   Well, actually, ¹⁴ I am not very familiar with that area, so I think I'll ask Mark for his advice. You know he did it last year.
>
> **M**   Okay. No problem. ¹⁵ Do you want me to speak to him about this because I'll stop by his office after lunchtime?
>
> **W**   If you did that, I would be very pleased. I have many things to take care of today.

남   Anna, 당신이 올해 회사의 연례 여행을 준비하고 있는 책임자라고 알고 있어요. 어떻게 진행 되고 있나요?

여   음, 해변에 위치한 12개의 객실을 방금 전에 예약했다고 말씀 드릴 수 있게 되어 기쁘네요. 우리 직원들이 분명히 좋아할 거예요.

남   좋아요! 그리고, 당신이 등산이나 보트 여행 같은 야외 활동도 준비할 건가요?

여   글쎄요, 사실, 저는 그 부분에 대해 잘 모르기 때문에 Mark에게 조언을 구해야 할 것 같아요. 아시다시피 작년에는 그가 했었잖아요.

남   알았어요. 문제없어요. 점심시간 이후에 그의 사무실에 들를 텐데 이 내용에 관해 그에게 이야기할까요?

여   그렇게 해주신다면, 저는 매우 기쁠 것 같아요. 오늘 처리해야 할 일이 많아서요.

어휘 responsible 책임이 있는 organize 준비하다, 조직하다 cabin 객실, 선실, 오두막집 arrange 마련하다, (일을) 처리하다 familiar 익숙한, 친숙한

13

여자는 아침에 무엇을 했는가?

(A) 여자는 몇몇 활동을 준비했다.
(B) 여자는 직원에게 객실 예약을 부탁했다.
(C) 여자는 숙소를 예약했다.
(D) 여자는 보고서를 완성했다.

해설 여자의 첫 번째 대사인 ¹³ **Well, I'm happy to say I just finalized a booking for 12 cabins located right on the beach.**(해변에 위치한 12개의 객실을 예약했다고 말하게 되어 기쁩니다.)에서 여자가 숙소를 예약했다는 것을 알 수 있으므로, 'a booking for 12 cabins'를 'some accommodations'로 적절하게 표현하고 있는 (C)가 정답이다. 대화 중반부 내용은 activities(활동)를 앞으로 준비할 것인지를 묻는 것이지 이미 준비했다는 것은 아니므로 (A)는 오답이고, 여자가 이미 예약을 마무리한 것이지 직원들에게 부탁한 것은 아니므로 (B) 역시 오답이다.

14

여자는 "아시다시피 작년에는 그가 했었잖아요."라고 말할 때 무엇을 암시하는가?

(A) 여자는 자신의 업무에 도움이 필요하다.
(B) 여자는 직장 동료의 행동에 불만이 있다.
(C) 여자는 직장 동료와 일하고 싶어 한다.
(D) 여자는 많은 활동을 제안한다.

해설 인용된 대사의 앞부분 ¹⁴ **I am not very familiar with that area, so I think I'll ask Mark for his advice.**(저는 그 부분에 대해 잘 모르기 때문에 Mark에게 조언을 구해야 할 것 같아요.)에서 'his advice(그의 조언)'가 언급되었으므로 '여자는 자신의 업무에 도움이 필요하다.'라는 것을 알 수 있다. 따라서 정답은 (A)이다. (B)와 (C)에 인용문과 관련성이 높은 '직장 동료'라는 표현이 사용되었지만 '불만이 있다', '동료와 일하고 싶어 한다'는 화자의 의도가 아니다. 활동과 관련된 도움을 줄 사람은 Mark이기 때문에 (D) 역시 오답이다.

15

남자는 오늘 오후에 무엇을 할 것 같은가?

(A) 스케줄을 만든다.
(B) 그의 동료와 만난다.
(C) 마감일을 연장한다.
(D) 여자에게 연락한다.

해설 남자는 마지막 대사에서 ¹⁵ **Do you want me to speak to him about this because I'll stop by his office after lunchtime?**(점심시간 이후에 그의 사무실에 들를 텐데 이 내용에 관해 그에게 이야기 할까요?)이라고 했으므로 정답은 (B)이다. (B)에서는 'I'll stop by his office'가 'Meet with his colleague'로 표현되었다. (C)는 대화 후반부에 언급

정답 및 해설 **345**

됨 'I have many things to take care of today(오늘 처리해야 할 일이 많아서요.)'와 의미적으로 관련성이 높은 'Extend a deadline (마감일 연장)'을 사용했지만, 마감일에 관한 내용은 언급되지 않았으므로 오답이다. (D)는 대화 후반부에 언급된 'I'll stop by his office.(그의 사무실을 방문 하겠다.)'와 이미지적으로 관련성이 있는 contact(연락, 방문)를 이용했다. 하지만, 남자가 만날 사람은 Mark이므로 (D)는 정답이 아니다.

[16-18]

> W I'm very excited about the grand opening of the new bookstore branch next month. ¹⁶ **Have either of you considered which author we should invite to be our special guest?**
>
> M1 Well, I think we should invite Steven Barker. His books are always on the bestseller list, and he doesn't live too far from the store.
>
> W What do you think about that, Brian?
>
> M2 ¹⁷ **I'm not so sure. His books are only popular with older readers, and it's important that we choose someone who all readers, both young and old, enjoy.**
>
> W Good point. I'll give you both some time to think about it, ¹⁸ **but I'd like you to e-mail me some other potential candidates by the end of the week.**

여 다음 달에 새로운 서점이 문을 열게 되어 매우 기쁩니다. 어떤 작가를 특별 게스트로 초대해야 할지 고민해보신 분 있으신가요?

남1 음... Steven Barker 씨를 초대해야 할 것 같아요. 그의 책은 항상 베스트셀러 목록에 있고, 그는 상점에서 그리 멀지 않은 곳에 살고 있어요.

여 Brian, 그것에 대해 어떻게 생각하세요?

남2 잘 모르겠어요. 그의 책은 장년 독자들에게만 인기가 있거든요. 청년 독자와 장년 독자들이 모두 좋아하는 사람을 선택하는 것이 중요해요.

여 좋은 지적이에요. 두 분 다 생각해 볼 시간을 드리겠지만, 이번 주말까지 다른 가능성 있는 후보들을 이메일로 보내 주셨으면 좋겠어요.

어휘 author 작가 invite 초대하다 popular 인기 있는 potential 가능성이 있는, 잠재적인 candidate 후보자

16

대화의 주된 주제는 무엇인가?

(A) 상점의 연례 할인 행사의 시작

(B) 사업체의 이전

(C) 새 책의 출시

(D) **행사의 특별 초청 연사**

해설 여자의 첫 번째 대사 ¹⁶ **Have either of you considered which author we should invite to be our special guest?**(어떤 작가를 특별 게스트로 초대해야 할지 고민해보셨나요?)에서 정답이 (D)라는 것을 알 수 있다. 이처럼 대화의 주제는 초반부에 언급되는 경우가 많다. (A), (B), 그리고 (C) 모두 대화 초반부에 언급된 bookstore(서점)와 의미적으로 관련성이 있는 store(상점), relocation of a business(상점의 이전), book(책)을 포함하고 있지만, 대화문에는 할인 행사, 상점의 이전, 출간과 관련된 내용이 없다.

17

Brian은 무엇이 중요하다고 말하는가?

(A) 운영 비용을 낮게 유지하는 것

(B) 광고 캠페인을 만드는 것

(C) **모든 연령대의 사람들에게 어필하는 것**

(D) 경력자를 채용하는 것

해설 Brian의 대사에서 ¹⁷ **I'm not so sure. His books are only popular with older readers, and it's important that we choose someone who all readers, both young and old, enjoy.**(잘 모르겠어요. 그의 책은 장년 독자층에게만 인기가 있어서요, 청년 독자와 장년 독자 모두 좋아하는 사람을 선택하는 것이 중요해요.)라고 했으므로 정답은 (C)이다. 대사의 all readers, both young and old, enjoy가 보기에서는 appealing to people of all ages로 표현되었다. (B)의 advertising(광고)은 대화 초반부에 언급된 'grand opening'과 의미적으로 관련성이 있지만, Brian이 강조한 내용은 special guest이지 advertising이 아니다. (D)는 대화 후반부에 언급된 candidates(지원자, 후보자)와 의미상 연관성이 있는 hiring(고용)을 이용한 오답인데, 대화의 내용은 고용과 관련이 없다.

18

여자가 남자에게 부탁하는 것은 무엇인가?

(A) 웹사이트 업데이트하기

(B) 책 판매대 설치하기

(C) **제안 사항 보내기**

(D) 판매 보고서 만들기

해설 여자는 마지막 대사에서 I'll give you both some time to think about it.(생각해 볼 시간을 드릴게요.)이라고 말한 다음

18 but I'd like you to e-mail me some other potential candidates by the end of the week.(이번 주말까지 다른 유력한 후보들을 이메일로 보내 주셨으면 좋겠어요.)라고 말하고 있다. e-mail me some other potential candidates를 send some suggestions로 적절하게 표현한 (C)가 정답이다. (B)의 Set up a book display는 대화에 언급된 bookstore, book, bestseller 등과 관련이 있기는 하지만, 이는 여자가 부탁한 내용이 아니다.

[19-21]

> W   **19** Thank you for calling Rivera Catering. How may I help you?
>
> M   Hello. This is Tom Stanford from the EX Corporation. I placed an order yesterday for 25 of your lunches, and I expected them to be delivered by noon today. **20** Can you tell me when they will arrive?
>
> W   Oh, I'm sorry to hear that, Mr. Stanford. I'll try to find out the reason for the delay. Hold on a moment, please.
>
> M   Sure, thanks.
>
> W   Okay, I just spoke with our driver. He's in the right area but can't seem to find your office. **21** Would you mind confirming the address for me?
>
> M   It's 305 Anders Street. It's just opposite the library.
>
> W   Thanks. I'll let the driver know, and he should be there soon.

여   Rivera 케이터링에 전화해 주셔서 감사합니다. 무엇을 도와드릴까요?

남   안녕하세요, 저는 EX Corporation에 근무하는 Tom Stanford예요. 어제 점심 도시락 25개를 주문했는데, 오늘 정오까지 배송될 것이라고 예상했어요. 언제 도착하는지 알 수 있나요?

여   아, 정말 죄송합니다, Stanford 씨. 제가 지연되는 이유를 알아 볼게요. 잠시만 기다려 주세요.

남   물론이죠, 고마워요.

여   네, 방금 운전기사와 얘기했어요. 그는 해당 지역에 있지만, 당신의 사무실을 찾지 못하는 것 같아요. 주소를 확인해 주시겠어요?

남   도서관 바로 맞은편에 있는 Anders가 305번지예요.

여   감사합니다, 기사님께 알려드릴 테니 곧 도착할 거예요.

어휘   catering 음식 공급업   deliver 배달하다   find out 알아내다, 발견하다   confirm 확인하다   opposite 반대쪽의

19

여자는 어디에서 근무하는 것 같은가?

(A) 슈퍼마켓
(B) 철물점
(C) 생산 공장
(D) 출장 음식 공급 회사

해설   여자의 첫 번째 대사에서 **19** Thank you for calling Rivera Catering.(Rivera 케이터링에 전화해 주셔서 감사합니다.)이라고 했으므로 정답은 (D)이다. catering은 파티나 행사 등에 음식이나 요리를 공급하는 것을 의미한다. (A)의 supermarket은 음식 공급과 관련이 있기는 하지만 catering과 supermarket은 업무가 다르다.

20

남자가 전화하는 이유는 무엇인가?

(A) 제품 출시에 대해 문의하기 위해서
(B) 배송에 대해 문의하기 위해서
(C) 직원에 대해 불평하기 위해서
(D) 주문을 변경하기 위해서

해설   남자는 **20** Can you tell me when they will arrive?(주문한 음식은 언제 도착하는지 알 수 있나요?)라고 묻고 있으므로 정답은 (B)이다. 남자는 배송에 대해 문의하고 있을 뿐이지 직원에 대해 complain(불평)을 하고 있는 것은 아니므로 (C)는 정답이 될 수 없다. (D)의 order(주문)는 catering과 의미적으로 관련성이 있기는 하지만, 주문을 변경하려는 내용은 언급되지 않았다.

21

여자가 요구하는 정보는 무엇인가?

(A) 사업체 위치
(B) 전화 번호
(C) 전자우편 주소
(D) 신용 카드 번호

해설   여자는 **21** Would you mind confirming the address for me?(주소를 확인해 주시겠어요?)라고 요청이 하고 있으므로 정답은 (A)이다. (C)는 대화문 후반부에 언급된 address를 이용한 오답인데, 여자는 남자에게 배송 받을 주소를 요구한 것이지 이메일 주소(e-mail address)를 요구한 것은 아니다.

[22-24]

> **W1** ²² **Welcome to Groove Records.** Are you looking for anything in particular?
>
> **M** Yes, I'm looking for a CD for my father's birthday. He's a big fan of the singer and guitarist Billy Kane.
>
> **W1** Hmm... I'm not familiar with him. Hold on while I check with my coworker. Claire, do we carry any CDs by Billy Kane?
>
> **W2** Yes, we have a copy of his classic album *Reaching for the Stars*. ²³ **It also features world-famous drummer Frank Lee.**
>
> **M** Oh, that sounds perfect. I'll take that. Thanks. ²⁴ **And do you sell T-shirts here?**
>
> **W2** Yes, they're at the back of the store. Sheena will show you where they are.

여1 Groove Records에 오신 것을 환영합니다. 특별히 찾으시는 물건이 있으신가요?

남 네, 아버지 생신에 드릴 CD를 찾고 있어요. 아버지는 가수이자 기타리스트인 Billy Kane의 열렬한 팬이에요.

여1 음... 저는 그 가수를 잘 모르겠군요. 제가 직장 동료와 확인하는 동안 잠시만 기다려 주세요. Claire, 우리에게 Billy Kane의 CD가 있나요?

여2 네, 우리는 그의 클래식 앨범인 *Reaching for the Stars*의 음반을 가지고 있어요. 또한 그 음반에는 세계적으로 유명한 드럼 연주자인 Frank Lee가 참여했어요.

남 아, 완벽하겠군요. 그걸로 할게요. 고마워요. 그리고 여기에서 티셔츠를 파나요?

여2 네, 상점의 뒤쪽에 있어요. Sheena가 어디에 있는지 알려드릴 거예요.

어휘 particular 특정한 familiar 익숙한, 친숙한 coworker 직장 동료 feature 특징으로 삼다, 특별히 포함하다

22

화자들은 어디에 있는 것 같은가?

(A) 라디오 스튜디오
(B) 음악대학
(C) 콘서트 행사장
(D) 레코드 상점

해설 대화의 첫 부분에서 여자는 ²² **Welcome to Groove Records.**(Groove Records에 오신 것을 환영합니다.)라고 회사명을 직접적으로 언급했고, 남자는 CD를 찾고 있으므로 정

답은 (D)이다. (B), 그리고 (C) 모두 대화문에 언급된 records, CD, singer, guitarist, album, drummer 등에서 연상되는 radio, music, concert를 이용한 오답들이다.

23

Frank Lee는 어떤 악기 연주로 유명한가?

(A) 드럼
(B) 기타
(C) 피아노
(D) 바이올린

해설 Claire는 ²³ **It also features world-famous drummer Frank Lee.**(또한 그 음반에는 세계적으로 유명한 드럼 연주자인 Frank Lee가 참여했어요.)라고 하였으므로 정답은 (A)이다. Billy Kane이 기타리스트라는 내용을 듣고 (B)를 정답으로 고르는 실수를 하지 말아야 한다.

24

남자는 다음에 어떤 행동을 할 것 같은가?

(A) 음악 듣기
(B) 악기 연주
(C) 다른 건물 방문
(D) 상품 둘러 보기

해설 남자는 마지막 대사에서 ²⁴ **And do you sell T-shirts here?**(그리고 여기서 티셔츠를 판매하시나요?)라고 다른 상품에 대해 문의했고, 이 질문에 대해 여자가 상품의 위치를 알려주고 있으므로 정답은 (D)이다. (A)와 (B)는 대화문의 내용과 의미적으로 관련성이 있는 music, instrument를 이용했지만, 대화의 마지막 부분에서 남자는 T-shirts를 찾고 있기 때문에 둘 다 정답이 될 수 없다. 대화 후반부에서 음악 관련 상품이 아닌 의류 상품을 언급해서 '다른 장소'가 연상될 수 있기는 하지만, 여자는 'Yes, they're at the back of the store.'라며 상점 뒤쪽에 상품이 있다고 했으므로 (C) 또한 정답이 될 수 없다.

[25-27]

> **W** Hi, Kevin. My husband and I are looking to move to a new house. ²⁵ **We met with a real estate agent yesterday, and she showed us around some nice houses for sale in Glenburg.**
>
> **M** Oh, really? That's great!
>
> **W** ²⁶ Is it a good place to raise a family? You live in the Glenburg area.

M I certainly think so. Were they on the east side of Fenwick Park? That's a particularly nice neighborhood.

W Hmm... I'm not sure. ²⁷ **Let me check the map on my phone and show you where the houses are located.**

여 안녕하세요, Kevin. 제 남편과 저는 이사하려고 해요. 어제 부동산 중개인을 만났는데, 그녀는 우리에게 Glenburg에 있는 멋진 집들을 구경시켜 주었어요.

남 아, 그래요? 잘됐네요!

여 그곳은 가정을 꾸리기에 좋은 장소인가요? Glenburg 지역에 거주하시잖아요.

남 확실히 그렇게 생각해요. 보셨던 집들이 Fenwick 공원의 동쪽에 있었나요? 그곳이 특히 좋은 동네예요.

여 음... 잘 모르겠어요. 핸드폰으로 지도를 보고 집이 어디에 있는지 보여 드릴게요.

어휘 raise 키우다; 들어올리다 certainly 틀림없이 real estate agent 부동산 중개인 particularly 특별히 neighborhood 근처, 인근, 이웃 located 위치한

25

여자는 어제 무엇을 했는가?

(A) 여자는 임대 계약서에 서명했다.
(B) 여자는 집을 보았다.
(C) 여자는 상사와 만났다.
(D) 여자는 공원을 방문했다.

해설 질문에 있는 특정 시점 표현은 대화문에 반복되는 경우가 많다. 이 대화문에서는 여자의 첫 번째 대사에 yesterday가 반복되었는데, ²⁵ **We met with a real estate agent yesterday, and she showed us around some nice houses for sale in Glenburg.**(어제 부동산 중개인을 만났는데, 그 분이 우리에게 Glenburg에 있는 멋진 집을 구경시켜 주었어요.)에서 'she showed us around some nice houses'라는 내용을 'She viewed some properties.'로 표현한 (B)가 정답이다. (A)는 대화 중반부에 언급된 real estate (부동산)와 의미적으로 관련성이 있는 signed a lease(임대 계약서에 서명했다)를 이용한 오답인데, 대화에 계약과 관련된 내용은 언급되지 않았다. (C)는 대화 중반부에 언급된 met with을 반복한 오답으로서, 여자가 만난 사람은 her supervisor(여자의 상사)가 아니다.

26

여자는 왜 "Glenburg 지역에 거주하시잖아요."라고 말하는가?

(A) 남자에게 지시사항을 제공하기 위해서
(B) 남자에게 배역을 추천하기 위해서
(C) 남자의 집을 칭찬하기 위해서
(D) 남자의 충고를 얻기 위해서

해설 여자는 Kevin에게 ²⁶ **Is it a good place to raise a family?**(그곳은 가정을 꾸리기에 좋은 장소인가요?)라고 물어본 후 Glenburg에 거주하는지 확인하고 있다. 이는 조언을 구하고 있는 것이므로 정답은 (D)이다. (A)는 '정보 등을 제공한다'는 의미의 provide를 이용하여 혼란을 유발하고 있는데, 제공하는 것이 instructions(지시사항)가 아닐 뿐만 아니라 여자가 남자에게 정보를 제공하는 것이 아니라 남자로부터 정보를 얻고자 하는 상황이다. (C)의 경우 대화에 언급된 real estate, house에서 연상할 수 있는 home을 이용한 오답인데, 화자의 의도는 남자의 집을 칭찬하는 것이 아니다.

27

여자는 다음에 어떤 행동을 할 것 같은가?

(A) 이메일을 보낸다.
(B) 전화를 한다.
(C) 지도를 참조한다.
(D) 차량을 이용해 장소로 이동한다.

해설 대화의 마지막 부분에서 여자는 ²⁷ **Let me check the map on my phone and show you where the houses are located.**(핸드폰으로 지도를 보고 집이 어디에 있는지 보여 드릴게요.)라고 했으므로 정답은 (C)이다. 보기에서는 check the map이 consult a map으로 표현되었다. (D)의 경우 대화 후반부에 언급된 'where the houses are located(집이 어디에 있는지)'와 의미적으로 관련성이 있는 location(위치)이 있지만 대화문에 drive(운전해서 가다)와 관련된 내용은 언급되지 않았으므로 이는 정답이 될 수 없다.

[28-30]

M Good morning, Dr. Ashcroft. ²⁸ **I'm calling about the design of the waiting room in your new dental clinic.** I'm afraid I've had to change the furniture and wallpaper in order to keep the design under budget.

W Oh, that's disappointing. I really liked the chairs that we picked out, ²⁹ **but they were a little too expensive.**

M Don't worry. I found some affordable alternatives that I'm sure you'll love. When would you like to get together to look at the new design and furnishings?

W Next week would work best for me. ³⁰ **How about Tuesday morning?**

M Hmm... My schedule is pretty full then, but the day after would be perfect.

W Great! I'll stop by your office around 9:00 A.M. then.

남 안녕하세요, Ashcroft 박사님. 새롭게 개원하신 치과 대기실 디자인 때문에 전화 드렸습니다. 디자인을 예산 범위 내에서 유지하기 위해 가구와 벽지를 바꿔야 할 것 같아요.

여 아, 실망스럽네요. 우리가 고른 의자는 정말 마음에 들었는데, 조금 비싸긴 했죠.

남 걱정 마세요, 당신이 좋아할 만한 적당한 가격의 제품을 찾았어요. 언제 새로운 디자인과 가구를 구경하고 싶으신가요?

여 다음 주가 저한테 가장 좋을 것 같아요. 화요일 아침은 어때요?

남 음... 그때는 일정이 꽉 차있는데요, 그 다음 날이 좋을 것 같아요.

여 좋아요! 그러면 오전 9시쯤에 당신 사무실에 들를게요.

[어휘] wallpaper 벽지 budget 예산 expensive 비싼 affordable 가격이 알맞은 alternative 대안 furnishing 가구, 비품

28

남자는 어떤 종류의 사업체에 근무하고 있는 것 같은가?

(A) 유지보수 회사
(B) 부동산 중개소
(C) 행사 기획 서비스 회사
(D) 인테리어 디자인 회사

[해설] 남자의 첫 번째 대사인 ²⁸ **I'm calling about the design of the waiting room in your new dental clinic.**(새롭게 개원하신 치과 대기실의 디자인 때문에 전화 드렸어요.)에서 정답이 (D)임을 알 수 있다. 대사의 design of the waiting room이라는 표현에서 (D)의 An interior design firm이 정답임을 유추할 수 있다. 대화 초반부에 언급된 room, furniture, wallpaper를 듣고 (B)의 real estate를 정답으로 고르는 실수를 해서는 안 된다.

29

여자가 실망한 이유는 무엇인가?

(A) 일부 제품이 품절되었기 때문에

(B) 중요한 마감일을 지키지 못했기 때문에
(C) 몇몇 품목을 구입할 여력이 없기 때문에
(D) 아직 주문한 물품을 받지 못했기 때문에

[해설] 여자의 첫 번째 대사에서 ²⁹ **but they were a little too expensive.**(의자가 조금 비싸요.)라는 내용이 언급되어 있으므로 정답은 (C)이다. 대사의 they were a little too expensive에서 (C)의 She cannot afford some items.를 유추할 수 있다. (A)의 경우 대화 초반부에 언급된 furniture, chairs를 지칭하는 products가 있지만, 이 제품들이 품절되었다는 내용은 없다. (D) 또한 furniture, chairs와 의미적으로 관련성이 있는 delivery가 있지만, 배송과 관련된 내용은 언급되지 않았다.

30

화자들은 언제 만날 것 같은가?

(A) 월요일
(B) 화요일
(C) 수요일
(D) 목요일

[해설] 대화의 마지막 부분에서 여자는 ³⁰ **How about Tuesday morning?**(화요일 아침은 어때요?)이라고 물었는데, 이에 대해 남자는 the day after would be perfect(그 다음 날이 좋을 것 같아요)라고 응답했으므로 정답은 (C)의 수요일이다.

[31-33]

W ³¹ **James, I heard you opened your own catering business last month.** How's it going so far?

M It's going well. Thanks. But I still have a lot to learn about running my own company. In fact, I'm planning to sign up for a business seminar at Brentford College.

W Oh, I saw those advertised in the newspaper. Is it the seminar about managing finances?

M ³² No, I want to learn more about meeting the demands of consumers. The instructor of that course is Edward Moore, a really successful entrepreneur.

W That should be interesting. ³³ **Actually, I read an article about him in this month's edition of *Tech Insider Magazine*. You should check it out.**

M Thanks! I definitely will.

여	James, 지난달에 출장 음식 서비스 사업을 시작했다고 들었어요. 지금까지 어떻게 되어가고 있나요?
남	잘 운영되고 있어요. 고마워요. 하지만 저는 아직 제 회사를 운영하는 것에 대해 배울 것이 많아요. 사실, 저는 Brentford 대학에서 비즈니스 세미나에 등록하려고 해요.
여	아, 신문에 난 광고들을 봤어요. 재정 관리에 관한 세미나인가요?
남	아니요, 저는 소비자들의 요구를 충족시키는 것에 대해 더 배우고 싶어요. 그 강좌의 강사는 정말 성공한 기업가 Edward Moore예요.
여	재미있겠네요. 사실, 이번 달에 *Tech Insider Magazine*에서 그에 대한 기사를 읽었어요. 확인해 보세요.
남	고마워요! 꼭 그럴게요.

어휘 catering 음식 공급업 run 운영하다 finance 재무 demand 요구 사항 consumer 소비자 entrepreneur 사업가

Brentford 대학 비즈니스 세미나

3월 19일	재정 관리
3월 26일	소비자 요구 충족
4월 2일	지원 동기 부여
4월 9일	인터넷 익히기

31

남자는 지난달에 무엇을 했는가?

(A) 남자는 강좌에 등록했다.
(B) 남자는 해외 여행을 했다.
(C) 남자는 사업을 시작했다.
(D) 남자는 부동산을 매입했다.

해설 여자의 첫 번째 대사인 ³¹ James, I heard you opened your own catering business last month.(James, 지난달에 음식 공급 사업을 시작했다고 들었어요.)에서 'you opened your own catering business'를 통해 (C)의 He started a company가 정답임을 알 수 있다. 이어지는 대화에서 남자는 'In fact, I'm planning to sign up for a business seminar.'라고 했으므로, 강좌에 등록했다는 의미의 (A)는 정답이 될 수 없다.

32

시각정보를 보시오. 남자는 언제 세미나에 참석할 계획인가?

(A) 3월 19일
(B) 3월 26일
(C) 4월 2일
(D) 4월 9일

해설 남자의 두 번째 대사에 ³² No, I want to learn more about meeting the demands of consumers.(아니요, 저는 소비자들의 요구를 충족시키는 것에 대해 더 배우고 싶어요.)라는 내용이 있는데, 시각정보에서 소비자의 요구(customer demands)를 주제로 하는 세미나의 날짜는 3월 26일이므로 정답은 (B)이다. 여자의 'Is it the seminar about managing finances?'라는 질문에 대해 남자가 'No'로 응답했으므로 (A)를 정답으로 고르는 실수를 하지 않아야 한다.

33

여자는 남자에게 무엇을 하라고 제안하는가?

(A) 기사 읽기
(B) 도서 구입하기
(C) 인터뷰 보기
(D) 웹 사이트 방문하기

해설 여자는 마지막 대사 ³³ Actually, I read an article about him in this month's edition of *Tech Insider Magazine*.(사실, 이번 달 *Tech Insider Magazine*에서 그에 대한 기사를 읽었어요.)에서 'I read an article'이라고 직접적으로 언급하고 있으므로 정답은 (A)이다. (B)와 (D)는 대화 후반부에 언급된 article과 magazine에서 연상할 수 있는 book과 Web site를 이용한 오답이다. 여자는 단지 read an article(기사를 읽어 보세요)이라고 했을 뿐 책을 구입하라거나 웹사이트를 방문하라는 제안을 하고 있지 않다. (C)의 interview는 대화 후반부에 언급된 'The instructor of that course is Edward Moore'와 의미적으로 관련이 있기는 하지만, 대화문에 인터뷰가 언급되지 않았다.

[34-36]

W	Welcome to the Wallis Hotel, Mr. Atkins. You mentioned on the phone that you'd like to hold an event here.
M	Yes, that's right. ³⁴ My organization wants to host a banquet to raise money for various environmental causes. We expect at least 250 people will be in attendance.
W	That's a lot of people! Fortunately, we have enough space to accommodate such an event. As you can see in this pamphlet, we have several rooms here, and ³⁵ we remodeled some of them last month.

M	I see, yes. ³⁶Wait. Look right here... Are there really five here in this building? That's quite surprising.
W	Yes, three are near the reception area, and the other two are on the 10th floor.
M	Wow! That certainly gives your guests a lot of options.
W	It certainly does! Now, let me show you some of the function rooms you might like to use.

여	Wallis 호텔에 오신 것을 환영합니다, Atkins 씨. 전화로 여기서 행사를 열고 싶다고 말씀하셨었죠.
남	네, 맞아요. 우리 단체는 다양한 환경 요인을 위한 기금을 모으기 위해 연회를 개최하고 싶어요. 적어도 250명은 참석할 것으로 예상돼요.
여	인원이 많군요! 다행히도, 우리는 그러한 행사를 수용할 수 있는 충분한 공간을 보유하고 있어요. 이 팜플렛에서 보시다시피, 여기 몇 개의 공간이 있는데, 그 중 몇 개는 지난달에 리모델링했어요.
남	그렇군요, 네. 그리고, 잠시만요. 여기 보세요... 정말 이 건물 안에 다섯 곳이나 있나요? 정말 놀랍네요.
여	네, 세 곳은 접수처 근처에 있고, 나머지 두 곳은 10층에 있어요.
남	와! 손님들에게 확실히 많은 선택권을 주는군요.
여	확실히 그래요! 이제, 여러분이 사용하실 수 있는 행사장을 보여드릴게요.

어휘 mention 언급하다 hold 개최하다 environmental 환경의 attendance 출석 accommodate 수용하다 reception 환영 function 행사

```
┌─────────────────────────────────┐
│          Wallis 호텔             │
│                                  │
│  • 400개의 안락한 객실           │
│  • 10개의 넓은 행사장            │
│  • 3개의 아름다운 수영장         │
│  • 5개의 최고급 식당             │
└─────────────────────────────────┘
```

34
남자는 어떤 종류의 행사를 준비하고 있는가?

(A) 은퇴 기념 만찬
(B) 회사 워크샵

(C) 기금 모금 행사
(D) 시상식

해설 남자의 첫 번째 대사 ³⁴My organization wants to host a banquet to raise money for various environmental causes.(다양한 환경 요인을 위한 기금을 모으기 위해 연회를 개최하고 싶어요.)에서 host a banquet to raise money라는 정보를 통해 정답이 (C)의 A fundraiser 임을 알 수 있다. (A), (B), 그리고 (D)에는 대화 초반에 언급된 hotel, banquet과 의미적으로 관련성이 있는 행사 표현들이 포함되어 있지만, 모두 대화에서 언급되지 않은 행사들이다.

35
여자 말에 의하면, 지난달에 호텔에서 무슨 일이 있었는가?

(A) 추가적으로 직원을 채용했다.
(B) 행사가 열렸다.
(C) 개보수 작업이 완료되었다.
(D) 새로운 편의시설이 도입되었다.

해설 여자의 두 번째 대사에서 ³⁵we remodeled some of them last month.(그 중 몇 개는 지난달에 리모델링했어요.)라는 내용이 있는데, we remodeled some of them이라는 정보를 통해서 (C)의 Renovation work was completed가 정답임을 알 수 있다. (A)는 대화 초반부에 언급된 '250 people'을 듣고 연상할 수 있는 staff를 이용한 오답인데, 여기에서 언급된 숫자는 참석자 숫자이지 직원 숫자가 아니다. (B)는 대화 초반부에 언급된 event를 이용했는데, 과거에 진행되었던 행사에 대한 정보는 없으므로 (B)도 정답이 아니다. (D)의 amenities(편의시설)는 대화 후반부에 언급된 reception area와 의미상 관련성이 있는데, 대화에서 새로운 편의시설 도입에 관한 내용은 언급되지 않았다.

36
시각 정보를 보시오. 남자는 호텔의 어떤 면에 놀랐는가?

(A) 객실의 수
(B) 행사장의 수
(C) 수영장의 수
(D) 식당의 수

해설 남자는 두 번째 대사에서 ³⁶Wait. Look right here... Are there really five here in this building?(그리고, 잠시만요. 여기 보세요... 정말 이 건물 안에 다섯 곳이나 있나요?)이라고 말하며 놀라고 있다. 팜플렛의 정보를 보면 호텔에는 식당(restaurant)이 다섯 곳이 있으므로 정답은 (D)이다.

[37-39]

W Hello. I'm calling because I opened a savings account with your bank at the end of July, ³⁷ **but I didn't receive a statement for August.** Could you have one e-mailed to me?

M No problem. Can you tell me your name, the account type, and the account number, please?

W Sure, it's Melissa Peters, and the account number is 7-1-3-4-7-8-9. I can't remember what the account is called, ³⁸ **but it offers a 2.3 percent interest rate.**

M Thanks. I have your details open in front of me now, and I've taken care of your request. ³⁹ **By the way, I see you haven't activated our online banking or text notification services yet. How about if I do that for you right now?**

여 안녕하세요, 7월 말에 이 은행에서 예금 계좌를 개설했는데, 8월 입출금 내역서를 받지 못해서 전화 드려요. 저에게 이메일로 한 부만 보내 주시겠어요?

남 물론이죠. 성함과 계좌 종류, 그리고 계좌 번호를 말씀해 주시겠어요?

여 네, Melissa Peters예요. 계좌 번호는 7-1-3-4-7-8-9고요. 저는 그 계좌를 뭐라고 부르는지 기억할 수는 없지만, 2.3%의 이율을 제공해요.

남 감사합니다. 지금 제 앞에 고객님의 정보를 열어 놓았고, 고객님의 요청은 잘 처리되었습니다. 그런데, 아직 온라인 뱅킹이나 문자 알림 서비스를 활성화하지 않으셨군요. 제가 지금 바로 해드리는 것은 어떨까요?

[어휘] savings account 보통 예금 statement 입출금 내역서 account number 계좌 번호 interest rate 이율 activate 활성화시키다 notification 통지

보통 예금	이자율
Basic Saver	1.3%
Saver Pro	1.7%
Saver Plus	2.3%
Elite Saver	2.7%

37

여자는 무엇을 요구하는가?

(A) 계좌 업그레이드

(B) 입출금 내역서

(C) ATM 카드

(D) 거래 취소

[해설] 여자의 첫 번째 대사에서 **37 but I didn't receive a statement for August.**(8월 입출금 내역서를 받지 못했어요.)라고 문제점을 언급하고 나서 이를 보내줄 것을 요청하고 있으므로 정답은 (B)이다. (A), (C), 그리고 (D)에는 대화에 언급된 bank(은행), account(계좌)와 관련이 있는 표현들이 있지만, 계좌 업그레이드, ATM 카드, 그리고 거래 취소는 대화에서 언급되지 않았다.

38

시각 정보를 보시오. 여자는 현재 어떤 예금 계좌를 가지고 있는가?

(A) Basic Saver

(B) Saver Pro

(C) Saver Plus

(D) Elite Saver

[해설] 여자는 계좌를 뭐라고 부르는지 모르겠지만, **38 but it offers a 2.3 percent interest rate**(2.3%의 이자를 제공한다)라고 말했다. 시각 정보에서 2.3%의 이자를 제공하는 상품은 Saver Plus이므로 정답은 (C)이다.

39

남자는 여자를 위해 무엇을 하겠다고 제안하는가?

(A) 보안 암호 설정

(B) 금리 인상

(C) 정보 발송

(D) 일부 서비스 활성화

[해설] 남자의 마지막 대사 **39 By the way, I see you haven't activated our online banking or text notification services yet.**(그런데, 아직 온라인 뱅킹이나 문자 알림 서비스를 활성화하지 않으셨군요.)에서 정답이 (D)임을 알 수 있다. (B)는 대화 중반부에 언급된 interest rate를 반복하고 있으나 남자가 금리 인상을 제안하지는 않았다.

실전 문제 연습

p.317

정답				
1 (A)	**2** (B)	**3** (B)	**4** (A)	**5** (A)
6 (D)	**7** (B)	**8** (A)	**9** (A)	**10** (B)
11 (D)	**12** (D)	**13** (B)	**14** (D)	**15** (B)
16 (C)	**17** (A)	**18** (D)	**19** (C)	**20** (B)
21 (A)	**22** (A)	**23** (C)	**24** (A)	**25** (C)
26 (A)	**27** (B)	**28** (A)	**29** (A)	**30** (A)

[1-3]

M Hi, everyone. Thank you for coming on such short notice. As the customer service manager here at the Choice Hotel, I'd like to begin with the special event being held next month. [1] **The film festival is one of the greatest events in the city**, and a lot of people always attend it. We are now fully booked, [2] **but I am really worried that there will be some cancelations before the event date as always.** [3] **So I want to remind you to check our new refund policy.** Our hotel now charges $100 if a cancelation is made within 2 weeks of the guest's date of arrival.

남 안녕하세요, 여러분. 갑작스러운 요청에도 이렇게 참석해 주셔서 감사합니다. 여기 Choice Hotel에서 고객 서비스 매니저로서, 저는 다음 달에 열리는 특별 행사에 관한 내용으로 시작하고 싶습니다. 이 영화제는 도시에서 가장 큰 행사 중 하나이며 항상 많은 사람들이 이 행사에 참석합니다. 지금은 예약이 꽉 찼지만, 항상 그렇듯이 행사일 전에 취소되는 일이 있을까 정말 걱정입니다. 그래서 저희의 새로운 환불 정책을 확인해 보셔야 한다고 다시 한 번 말씀 드리고 싶습니다. 투숙객이 도착일로부터 2주 이내에 취소할 경우 이제 저희 호텔은 100달러를 청구합니다.

[어휘] **short notice** 갑작스러운 요청 **festival** 축제 **attend** 참석하다 **booked** 예약된 **cancelation** 취소 **as always** 항상 그렇듯 **remind** 상기시키다 **refund policy** 환불 정책 **charge** 요금을 청구하다 **arrival** 도착

1

화자의 말에 따르면, 다음 주에 어떤 행사가 열리는가?

(A) 영화제

(B) 호텔 개업

(C) 도로 공사

(D) 패션쇼

[해설] 담화의 초반부에서 [1] **The film festival is one of the greatest events in the city**(이 영화제는 도시에서 가장 큰 행사 중 하나이며)라고 '영화제'를 직접 언급했으므로 정답은 (A)이다. (B)는 담화의 초반부에 언급된 hotel을 반복했지만 '개업' 행사와 관련된 내용이 아니므로 오답이다. (D)는 event(행사)의 일종인 'fashion show'를 이용했지만 '패션쇼'와 관련된 내용은 아니므로 역시 오답이다.

2

화자는 무엇에 대해 걱정하고 있는가?

(A) VIP 회원권

(B) 예약 취소

(C) 직원 안내 책자

(D) 반품된 물품

[해설] 담화의 중반부에서 [2] **but I am really worried that there will be some cancelations before the event date as always.**(항상 그렇듯이 행사일 전에 취소되는 일이 있을까 정말 걱정입니다.)라고 '취소'를 직접 언급했으므로 (B)가 정답이다. 화자가 확인하라고 한 것은 refund policy(환불 정책)이지 직원 안내 책자(employee handbook)가 아니므로 (C)는 정답이 될 수 없다.

3

화자는 직원들에게 무엇을 하라고 상기시키는가?

(A) 보증금 환불하기

(B) 새로운 정책 검토하기

(C) 행사 일정 잡기

(D) 예약 가능한 객실 확인하기

[해설] 담화의 후반부 [3] **So I want to remind you to check our new refund policy.**(그래서 저희의 새로운 환불 정책을 확인해 보셔야 한다고 다시 한 번 말씀 드리고 싶습니다.)에서 'check our new refund policy'를 'Review a new policy'로 적절히 바꾸어서 표현한 (B)가 정답이다. (A)는 담화에 언급된 'refund(환불)'를 사용했지만 'deposit(보증금)'에 관한 내용은 없으므로 오답이다. (C)와 (D)도 담화에 나온 'event(행사), check(점검하다)'를 반복했지만 일정은 이미 다음달로 잡혀 있고 예약 가능한 호텔 객실에 관한 언급은 없으므로 오답이다.

[4-6]

M Hello, Daniela. This is Julian. ⁴ **I am now at the east factory, and I discovered some problems with one of the machines.** ⁵ **The new conveyer belts that we installed last month aren't working properly.** I tried to call a technician in order to get it fixed several times, but it seems that no one is answering in the department. The factory is scheduled to ship some large orders, but they need to be delayed even though all the workers here are doing manually instead. We have to repair the machine immediately. ⁶ **Please call the Technical Department to see if you can find anyone who can come here right now.** Call me back as soon as you can. Thank you.

남 안녕하세요, Daniela. 저는 Julian이에요. 저는 지금 동쪽 공장에 있는데 한 대의 기계에서 문제를 발견했어요. 지난달에 새로 설치한 컨베이어 벨트가 제대로 작동하지 않아요. 수리 받으려고 기술자에게 전화를 몇 번이나 걸어 보았지만 부서에서 아무도 받지 않는 것 같아요. 공장에서 대량 주문을 선적할 예정인데, 여기 있는 모든 작업자들이 수작업으로 하고 있지만 선적을 늦출 필요가 있을 것 같아요. 우리는 즉시 기계를 수리해야 해요. 기술 부서에 전화해서 지금 바로 올 수 있는 사람을 찾을 수 있는지 확인해 주세요. 가능한 한 빨리 다시 전화 주세요. 고마워요.

어휘 install 설치하다　technician 기술자　fix 수리하다　manually 수작업으로　immediately 즉시

4

화자는 지금 어디에 있는가?

(A) 공장
(B) 학회
(C) 사무실
(D) 철물점

해설 담화의 초반부 ⁴ **I am now at the east factory, and I discovered some problems with one of the machines.** (저는 지금 동쪽 공장에 있는데 한 대의 기계에서 문제를 발견했어요.)에서 화자가 자신의 위치가 'factory(공장)'라고 직접적으로 알려주고 있으므로 정답은 (A)이다. plant는 '식물'이라는 뜻도 있지만 여기에서는 '공장'의 의미로 사용되었다. 담화의 중, 후반부에 'department(부서)'라는 표현이 등장해서 'office (사무실)'라는 표현이 연상되고, 'machine(기계), fix/repair (수리)'라는 표현이 언급되어서 'hardware shop(철물점)'이 연

산될 수 있지만 화자가 지금 있는 장소는 '공장'이므로 (C)와 (D)는 오답이다.

5

화자가 문제에 대해 언급하는 것은 무엇인가?

(A) 공장 기계가 고장 났다.
(B) 설치가 완료되지 않았다.
(C) 기술자의 인력이 부족하다.
(D) 중장비가 필요하다.

해설 담화의 초반부 ⁵ **The new conveyer belts that we installed last month aren't working properly.**(지난달에 새로 설치한 컨베이어 벨트가 제대로 작동하지 않아요.)에서 문제점을 직접 언급하였으므로 'isn't working properly'를 'is broken'으로 적절히 바꿔서 묘사한 (A)가 정답이다. 담화의 후반부에서 '기술부에서 아무도 응답하지 않네요. / 기술부에 전화해서 바로 올 수 있는 사람을 찾아주세요.'라는 내용은 있지만 인력이 부족하다는 의미는 아니므로 (C)는 정답이 될 수 없다.

6

화자가 Daniela에게 부탁하는 것은 무엇인가?

(A) 결함이 있는 부품 수리하기
(B) 고객과 회의하기
(C) 대체 기계 찾기
(D) 부서에 연락하기

해설 담화의 마지막 부분에서 ⁶ **Please call the Technical Department to see if you can come here right now.**(기술 부서에 전화해서 지금 바로 올 수 있는 사람을 찾아봐 주세요.)라고 했는데, 'call the Technical Department'를 'contact a department'로 적절하게 바꿔서 표현하고 있는 (D)가 정답이다. '부품 수리 / 대체 기계 찾기'라는 내용이 담화와 관련성이 높은 표현들이지만 화자가 Daniela에게 부탁한 내용은 아니므로 (A)와 (C)는 오답이다.

[7-9]

W Okay, everyone, before you go to your station to start the day, I have to add one more important thing. ⁷ **As you all know, our year-end sale is right around the corner. This is going to be the biggest promotion we've ever had.** ⁸ **Please make sure all the sale items are fully stored in our warehouse.** You are going to have to do a lot of math in your heads and also on calculators as soon as the sale starts. In terms of figures and plans in light of our sales, **⁹ please take a look at the e-mail that I sent each of you last night.**

여 네, 여러분, 오늘 본인 자리에서 업무를 시작하기 전에 중요한 것을 한 가지 더 추가해서 말씀을 드리겠습니다. 다들 아시다시피 연말 세일이 코앞으로 다가왔습니다. 이번 판촉 행사는 역대 최대 규모로 진행될 예정입니다. 모든 세일 상품들이 저희 창고에 완전히 준비되어 있는지 확인해 주세요. 판매가 시작되자마자 머릿속과 계산기를 통해 계산을 많이 해야 할 것입니다. 매출액을 고려한 판매량 및 계획과 관련해서는, 제가 어젯밤에 여러분들에게 보낸 이메일을 참고해 주시기 바랍니다.

어휘 around the corner 아주 가까운 promotion 홍보 warehouse 창고 in terms of ~에 관하여 figure 수치, 숫자 in light of ~을 고려하여

7

화자는 무엇에 대해 주로 이야기하고 있는가?

(A) 교육 프로그램
(B) 대규모 판촉 행사
(C) 새로운 종류의 소프트웨어
(D) 회사 야유회

해설 담화 초반부에서 **⁷ As you all know, our year-end sale is right around the corner. This is going to be the biggest promotion we've ever had.**(다들 아시다시피 연말 세일이 코앞으로 다가왔습니다. 이번 판촉 행사는 최대 규모로 진행될 예정입니다.)라고 했으므로 정답은 (B)이다. 담화는 교육 프로그램과 관련된 내용은 아니므로 (A)는 정답이 될 수 없다.

8

화자는 청중에게 무엇을 요구하고 있는가?

(A) 창고에 상품을 준비하기
(B) 상품을 보다 적극적으로 판매하기
(C) 회사 송년회를 준비하기
(D) 더 많은 계산기를 구입하기

해설 담화의 중반부에서 **⁸ Please make sure all the sale items are fully stored in our warehouse.**(모든 세일 상품이 저희 창고에 완전히 보관되어 있는지 확인해 주세요.)라고 했는데, 'all the sale items are fully stored in our warehouse'를 'Stock items in the storage room'으로 표현하고 있는 (A)가 정답이다. (B)의 sell products는 담화에

언급된 sale, promotion 등과 관련이 있어 보이지만, 화자는 상품을 적극적으로 판매해달라고 직접적으로 요구하고 있지 않다. (C)는 year-end, (D)는 calculator를 이용한 오답인데, 담화에는 파티와 관련된 내용이나 계산기를 구매한다는 내용은 언급되지 않았다.

9

화자는 청중이 무엇을 해야 한다고 말하고 있는가?

(A) 이메일을 확인하기
(B) 매출액 검토하기
(C) 직원 설명서 읽기
(D) 고객의 피드백 검토하기

해설 화자는 담화의 마지막 부분에서 **⁹ please take a look at the e-mail that I sent each of you last night**(제가 어제 밤에 보낸 당신의 이메일을 살펴봐 주세요)라고 했으므로 'take a look at the e-mail'을 'check their e-mail'로 표현하고 있는 (A)가 정답이다. 담화에 figures가 언급되어 있기는 하지만 '매출액을 검토'한다는 의미는 아니므로 (B)는 오답이다. 담화에 '직원 설명서(employee manual)', '고객의 피드백(customer feedback)'과 관련된 내용도 언급되지 않았으므로 (C)와 (D) 모두 오답이다.

[10-12]

M Hi, Hannah. I am sorry to call you at this hour, but I just took a look at your retirement package with the company that you chose to invest in. **¹⁰ Dennis was planning to speak to you about increasing your investments and making your overall portfolio more diverse, but ¹¹ he's been unable to meet with you due to a family matter. ¹² Please return my call to make an appointment about your package.** Tomorrow, I only have half of my normal workload.

남 안녕하세요, Hannah. 이 시간에 전화를 드려서 죄송하지만, 저는 당신이 투자하기로 선택한 회사와 함께 당신의 퇴직 연금을 살펴보았습니다. Dennis가 당신의 투자금액을 올리고 전반적인 포트폴리오를 더 다양하게 만드는 것에 대해 당신과 얘기할 계획이었지만, 가족 문제로 인해 그는 당신과 만날 수 없게 되었습니다. 당신의 연금 상품과 관련된 이야기를 나눌 시간을 정해야 하니 저에게 회신 전화를 주세요. 내일은 제가 일반적인 업무량의 절반밖에 없거든요.

어휘 retirement package 퇴직 연금 상품 invest in ~에 투자하다 investment 투자, 투자액 overall 전반적인, 종합적인

diverse 다양한   make an appointment 만날 약속을 하다   workload 업무량

10

화자에 따르면 Hannah는 무엇을 하기를 원하는가?

(A) 새로운 건강보험 얻기
(B) 투자금 높이기
(C) 그녀의 포트폴리오를 완성하기
(D) 사내에서 재배치 신청하기

해설 남자는 초반부에서 ¹⁰ **Dennis was planning to speak to you about increasing your investments**(Dennis는 퇴직 연금의 투자금을 높이는 것에 대해 당신과 얘기할 계획이었다)라고 했으므로 정답은 (B)이다. (A)는 retirement 와 관련이 있는 health insurance를 이용한 오답인데, 담화는 건강 보험이 아닌 퇴직 연금과 관련된 내용이다. (C)는 담화의 portfolio를 이용하여 만든 오답이다.

11

Dennis가 Hannah를 만날 수 없는 이유는 무엇인가?

(A) 포트폴리오를 만들기 위한 시간이 필요하기 때문에
(B) 곧 은퇴하기 때문에
(C) 학회에서 연설을 할 것이기 때문에
(D) 개인 용무가 있기 때문에

해설 담화의 중반부 ¹¹ **he's been unable to meet with you due to a family matter.**(가족 문제로 인해 당신과 만날 수 없게 되었습니다.)에서 'a family matter'를 'some personal business'로 적절히 바꿔서 표현한 (D)가 정답이다. Dennis는 포트폴리오를 더 다양하게 만드는 것에 대해 이야기를 나누려고 Hannah와 만나려는 것이지, 이 작업을 할 시간이 필요해서 Hannah를 만날 수 없는 것이 아니다. 그러므로, (A)는 오답이다.

12

남자가 "내일은 제가 일반적인 업무량의 절반밖에 없거든요."라고 했을 때 의미하는 바는 무엇인가?

(A) 회사가 폐업한다.
(B) 남자는 아파서 하루 종일 일할 수 없다.
(C) 청자의 휴가는 내일부터 시작이다.
(D) 남자는 청자와 만날 기회가 있다.

해설 담화의 후반부에서 ¹² **Please return my call to make an appointment about your package.**(당신의 연금 상품과 관련된 이야기를 나눌 시간을 정해야 하니 저에게 회신 전화를 주세요.)라고 언급한 것은 '청자를 만날 수 있다.'라는 의미이므로

정답은 (D)이다. 인용된 문장은 일반적인 업무량의 절반 정도만 남는다는 의미이기는 하지만, 이것은 개인의 업무량을 의미하는 것이지 회사가 폐업한다는 것은 전혀 아니기 때문에 (A)는 정답이 될 수 없다. 화자가 아프다는 내용도 없으므로 (B)도 정답이 아니다.

[13-15]

W Good afternoon and ¹³⁻¹ **welcome to *The Latest in Money*. Do you want to stay competitive and know more about the financial world?** Then this is the show for you. Today, let's talk about how to make the most of your profitability in a diverse market. ¹³⁻² **We have the hottest news, opinions, and analysis from** ¹⁴ **legendary investors like Connor Green of Green World Securities.** Connor is an authority on turning diversity into wealth. If you want to participate in our talk or have any inquiries about your finances, ¹⁵ **please give us a call at 555-6180.** I'll be back after a few promotional messages.

여 안녕하세요, *The Latest in Money*에 오신 것을 환영합니다. 경쟁력을 유지하고 금융계에 대해 더 알고 싶으신가요? 그렇다면 이 방송이 당신을 위한 프로그램입니다. 오늘은 다양한 시장에서 수익성을 최대한 활용하는 방법에 대해 알아보겠습니다. 우리는 Green World 증권회사의 Connor Green과 같은 전설적인 투자자들의 가장 새로운 소식과 의견, 분석 자료를 가지고 있습니다. Connor는 다양성을 부로 바꾸는 권위자입니다. 저희 상담에 참여하고 싶으시거나 금융에 대해 문의 사항이 있으시면 555−6180번으로 전화 주십시오. 광고 후에 다시 돌아 오겠습니다.

어휘 competitive 경쟁력 있는   financial 금융의, 재무의 profitability 수익성   diverse 다양한   analysis 분석 legendary 전설적인   investor 투자자   securities 증권회사 authority 권위자   diversity 다양성   participate in 참가하다   inquiry 문의   finance 재정, 재무   promotional message 광고

13

방송의 목적은 무엇인가?

(A) 지역 개발에 집중하기
(B) 금융에 관한 조언 소개하기
(C) 마케팅 전문가 환영하기
(D) 금융기관에 지원하기

담화의 초반부 ¹³⁻¹ **welcome to *The Latest in Money*. Do you want to stay competitive and know more about the financial world?**(*The Latest in Money* 에 오신 것을 환영합니다. 경쟁력을 유지하고 금융계에 대해 더 알고 싶으신가요?)에서 방송 프로그램 이름 '*The Latest in Money*', 그리고 'financial world(금융계)'라는 표현을 통해 (B)가 정답임을 유추할 수 있다. 담화의 중반부 ¹³⁻² **We have the hottest news, opinions, and analysis**(가장 새로운 소식과 의견, 분석 자료를 가지고 있습니다)의 내용을 **tips**로 바꿔서 표현했지만, 이 부분을 통해서도 정답을 찾을 수 있었다. Connor Green은 '투자자'이지 '마케팅 전문가'가 아니므로 (C)는 오답이다. 담화에 'financial(금융)'이 등장하지만, 금융기관에 지원하는 내용은 아니므로 (D) 역시 오답이다.

14

Connor Green은 누구인가?

(A) 선생님
(B) 경제학자
(C) 연예인
(D) 투자자

해설 Connor Green에 대한 소개는 담화 중반부의 ¹⁴ **legendary investors like Connor Green of Green World Securities.**(Green World 증권회사에 근무하는 Connor Green 씨와 같은 전설적인 투자자들)에 있는데, 해당 문장에서 Connor Green은 투자자임을 알 수 있으므로 정답은 (D)이다. 투자와 관련된 내용이라고 해서 (B)의 **economist**를 정답으로 고르는 실수를 하지 않아야 한다.

15

청취자들은 무엇을 하도록 요청 받았는가?

(A) 금융 프로그램에 참여하기
(B) 전화 걸기
(C) 홍보 비디오 시청하기
(D) 무료 문자 서비스에 등록하기

해설 담화 후반부 ¹⁵ **please give us a call at 555-6180.**(555-6180번으로 전화 주십시오.)에서 전화번호를 직접 언급하고 있으므로 정답은 (B)이다. 담화에 'financial(금융)'이 등장하지만, 금융 프로그램 참여와 관련된 내용은 없으므로 (A)는 오답이다. 담화 후반부 'I'll be back after a few promotional messages.' 에서 'promotional, message'가 사용되었지만 '홍보 비디오 시청, 무료 문자 서비스 가입'을 요청한 것은 아니므로 (C)와 (D) 역시 정답이 될 수 없다.

[16-18]

W Welcome to *Entertainment Galore*. I'm Deborah Daily. There's so much happening in the world of movies this week. ^{16, 17-1} **We begin tonight's program with Bradley Wilson's first action movie, directed by Albert Benchley and set to be released this summer.** This is a major departure for Bradley as the world knows him exclusively as a comic actor. ¹⁷⁻² **The director has reportedly raved about Bradley's willingness to take chances both in his career and on set.** ¹⁸ **He told a gathering of reporters that Bradley worked really hard and enjoyed stunt work.** He's never worked with someone like Bradley. Everyone is now expecting Bradley's first action movie to come out soon.

여 *Entertainment Galore*에 오신 것을 환영합니다. 저는 Deborah Daily입니다. 이번 주 영화계에서는 정말 많은 일들이 일어나고 있습니다. 우리는 오늘 밤에 올 여름 개봉을 앞두고 있고 Albert Benchley가 감독한 Bradley Wilson의 첫 액션 영화 이야기로 프로그램을 시작합니다. 모든 사람들이 Bradley를 코믹 배우로만 알고 있기 때문에 이것은 그에게 있어서 중요한 출발입니다. 감독은 Bradley가 그의 경력에서 그리고 촬영 중에 기꺼이 모험을 마다하지 않겠다는 의지에 대해 격찬한 것으로 알려졌습니다. 그는 기자들에게 Bradley는 열심히 영화 촬영에 임했고 스턴트 연기를 즐겼다고 말했습니다. 그는 Bradley 같은 사람과 일해본 적이 없다고 말했습니다. 이제 모든 사람들은 Bradley의 첫 액션 영화가 빨리 개봉되기를 기대하고 있습니다.

어휘 **release** 개봉하다 **departure** 출발 **exclusively** 오직, 독점적으로 **reportedly** 소문에 의하면 **rave** 극찬하다 **willingness** 의지 **career** 직업, 경력 **gathering** 모임

16

영화의 특별한 점은 무엇인가?

(A) 영화는 다음달에 개봉된다.
(B) 역대 최고의 영화 중 하나이다.
(C) 주연 배우의 액션 영화 첫 출연이다.
(D) 감독의 첫 번째 작품이다.

해설 담화의 초반부에서 ¹⁶ **We begin tonight's program with Bradley Wilson's first action movie, directed by Albert Benchley and set to be released this summer.**(우리는 오늘 밤에 올 여름 개봉을 앞두고 있고 Albert Benchley가 감독한 Bradley Wilson의 첫 액션 영화 이야기로 프

로그램을 시작합니다.)라고 했으므로 정답은 (C)이다. 'Bradley Wilson's first action movie'가 보기에서 'It is the lead actor's first appearance in an action film.'로 표현되었다. 담화 초반부에서 '이번 여름에 개봉한다'라고 했으므로 여름인지 아닌지는 알 수 없기에 (A)는 오답이다. '역대 최고의 영화'라는 내용은 언급되지 않았으므로 (B)도 오답이다. 마지막으로, (D)번에서는 영화출연자의 첫 번째 액션영화이지, 감독의 첫 번째 작품은 아니기에 오답이다.

17

Albert Benchley는 누구인가?

(A) 영화 감독
(B) 프로그램 주최자
(C) 영화 배우
(D) 코믹 배우

해설 담화 초반부 17-1 **We begin tonight's program with Bradley Wilson's first action movie, directed by Albert Benchley**에서 'directed by Albert Benchley(Albert Benchley가 감독한)'라고 언급했고, 담화 중반부의 17-2 **The director has reportedly raved about Bradley's willingness to take chances both in his career and on set.**(감독은 Bradley가 그의 경력에서 그리고 촬영 중에 기꺼이 모험을 마다하지 않겠다는 의지에 대해 격찬한 것으로 알려졌습니다.)에서 Bradley를 격찬했던 사람이 감독이라는 내용을 통해 정답이 (A)임을 알 수 있다. Bradley가 배우이기 때문에 (C)와 (D)는 정답이 될 수 없다.

18

화자가 "그는 Bradley 같은 사람과 일해본 적이 없다."라고 말하는 것은 무엇을 의미하는가?

(A) 그는 Bradley가 유명한 코믹 배우라고 믿고 있다.
(B) 그는 Bradley로부터 더 많은 열정을 원한다.
(C) 그는 Bradley와 함께 일하기를 원하지 않는다.
(D) 그는 Bradley가 매우 헌신적인 배우라고 생각한다.

해설 담화의 후반부 18 **He told a gathering of reporters that Bradley worked really hard and enjoyed stunt work.**(그는 기자들에게 Bradley는 열심히 영화 촬영에 임했고 스턴트 연기를 즐겼다고 말했습니다.)에서 Bradley의 장점을 이야기하고 있으므로 'worked really hard'를 'very dedicated'로 바꿔서 표현한 (D)가 정답이다. 담화의 중반부에 'the world knows him exclusively as a comic actor.(모든 사람들이 Bradley를 코믹 배우로만 알고 있다.)라는 부분이 있지만 감독이 인용문을 통해 강조하고자 했던 내용은 바로 앞 문장이므로 (A)는 정답이 될 수 없다.

[19-21]

M 19 **Welcome to** *Bodies in Motion***, a monthly podcast about the best ways to get exercise. We'll talk now about stationary bikes.** 20 **How many times have you been told that using a stationary bike is an ineffective way to build endurance? This opinion, research shows, is just a myth.** A new study argues that cyclists and people who do extensive work on stationary bikes can see better results in fitness than people who don't cycle.
21 **Please note that if you use a stationary bike, it's crucial to stretch before and after getting on the bike.** Without stretching, you may experience severe stiffness or muscle breakdown. On this podcast we'll talk about what to do—and what to avoid—when using a stationary bike.

남 운동을 하는 가장 좋은 방법에 대한 내용으로 진행되는 월간 팟캐스트 *Bodies in Motion*에 오신 것을 환영합니다. 이제 고정식 자전거 운동기구에 대해 이야기해보겠습니다. 고정식 자전거 운동기구를 사용하는 것이 지구력을 키우는 데 비효율적인 방법이라는 말을 몇 번이나 들어 보셨나요? 연구에 따르면 이러한 견해는 근거 없는 믿음일 뿐이라고 합니다. 새로운 연구 자료는 자전거를 타는 사람들과 고정식 자전거 운동기구를 타는 사람들이 자전거 운동을 피하는 사람들보다 건강면에서 더 좋은 결과를 볼 수 있다고 주장합니다. 하지만 여러분이 고정식 자전거 운동기구를 사용하는 경우 타기 전과 후에 스트레칭을 하는 것이 중요하다는 것을 기억해야 합니다. 스트레칭을 하지 않으면 몸이 심하게 굳어지거나 근육이 파열될 수 있습니다. 이 팟캐스트에서는 고정식 자전거 운동기구를 사용할 때 무엇을 해야 하는지, 무엇을 피해야 하는지에 대해 말씀 드리겠습니다.

어휘 stationary bike 고정식 자전거 운동기구 ineffective 효력이 없는 endurance 지구력 myth 신화, 근거 없는 믿음 argue 주장하다 extensive 아주 많은, 폭넓은 crucial 결정적인 stiffness 뻣뻣함 muscle breakdown 근육 파열

19

이 팟캐스트의 주된 주제는 무엇인가?

(A) 웨이트 트레이닝
(B) 요가
(C) 운동 조언
(D) 명상 수업

담화의 초반부에서 ¹⁹ **Welcome to *Bodies in Motion*, a monthly podcast about the best ways to get exercise.**(운동을 하는 가장 좋은 방법에 대한 내용으로 진행되는 월간 팟캐스트 *Bodies in Motion*에 오신 것을 환영합니다.)고 했으므로 가장 적절한 보기는 (C)이다. 'the best ways to get exercise'가 보기에서 exercise tips로 표현되었다. (A), (B), (D)는 exercise(운동)와 관련이 있기는 하지만, 담화에서 언급하는 운동은 stationary bike이므로 모두 정답이 될 수 없다.

20

화자는 어떤 의견이 근거 없는 믿음이라고 하는가?

(A) 자전거 타기는 어떠한 운동보다 근육 피로를 유발한다.

(B) 고정식 자전거 운동기구는 몸을 단련하는 비효율적인 방법이다.

(C) 건강을 위해서는 식이요법보다 운동이 더 중요하다.

(D) 체중 감량이 여성보다 남성에게 더 이롭다.

해설 지문 초반부의 ²⁰ **How many times have you been told that using the stationary bike is an ineffective way to build endurance? This opinion, research shows, is just a myth.**(고정식 자전거 운동기구를 사용하는 것이 지구력을 키우는 데 비효율적인 방법이라는 말을 몇 번이나 들어 보셨나요? 연구에 따르면 이러한 견해는 근거 없는 믿음일 뿐이라고 합니다.)라는 내용이 있는데, 'using the stationary bike is an ineffective way to build endurance'를 'Stationary bikes are inefficient ways to train one's body.'로 바꾸어 표현한 (B)가 정답이다. (A)와 (C)는 각각 지문에 언급된 muscle과 exercise를 반복했지만, 근거 없는 믿음이라고 언급된 것들은 아니다.

21

화자는 무엇을 하라고 제안하는가?

(A) 자전거를 타기 전후에 스트레칭하기

(B) 고가의 자전거 구입

(C) 근력 강화 운동을 더 많이 하기

(D) 자전거 타는 것 피하기

해설 담화의 후반부에 언급된 ²¹ **Please note that if you use a stationary bike, it's crucial to stretch before and after getting on the bike.**(하지만 여러분이 고정된 운동용 자전거를 사용하는 경우 자전거를 타기 전과 후에 스트레칭을 하는 것이 중요하다는 것을 기억해야 합니다.)라는 부분을 통해서 정답이 (A)임을 알 수 있다. (B)와 (D)는 모두 담화에 언급된 bike를 반복했지만 자전거의 가격이나 자전거 타는 것을 피하는 내용은 언급되지 않았다.

[22-24]

M This is *Science and You*. ²² I'm Peter Rockford. On this show, you can learn how scientists and their work affect everything we do in society. Today, we will discuss how scientists are turning trash and waste into fuel and what that means for the environment. ²³ Dr. Gilda Maynard from the Northfield Research Institute will discuss how food waste and recycled paper products can become a surprising and clean source of energy. Before we get on with the show, ²⁴ I'd like to remind you that *Science and You* is made sustainable because of grants and your generous donations. Please visit our Web site at www.sciencenyou.com, and hopefully, you can contribute in a way that best suits you.

남 *Science and You* 입니다. 저는 Peter Rockford입니다. 오늘 방송에서, 여러분들은 과학자들과 그들의 연구가 사회에서 우리가 하는 모든 일에 어떻게 영향을 미치는지 배울 수 있습니다. 오늘, 우리는 과학자들이 쓰레기를 어떻게 연료로 만들고 있는지 그리고 그것이 환경에 어떤 의미를 가지는지에 대해 말씀 드리겠습니다. Northfield 연구소의 Gilda Maynard 박사는 음식물 쓰레기와 재활용 종이 제품이 놀랍고 깨끗한 에너지 공급원이 될 수 있는 방법에 대해 이야기해 주실 겁니다. 방송을 시작하기 전에, 저는 여러분께 *Science and You*는 지원금과 여러분의 후한 기부 덕분에 지속 가능하게 되었다는 것을 상기시켜 드리고 싶습니다. 저희 웹사이트 www.sciencenyou.com에 방문하셔서 귀하에게 가장 적합한 방법으로 기부해 주시기를 바랍니다.

어휘 affect 영향을 미치다 society 사회 environment 환경 sustainable 지속 가능한 grant 보조금 generous 넉넉한, 후한 donation 기부 contribute 기부하다

22

방송의 주된 주제는 무엇인가?

(A) 과학과 사회의 관계

(B) 교육과 성공의 연결고리

(C) 건강이 미용에 미치는 영향

(D) 정신건강이 신체건강에 미치는 영향

해설 담화의 초반부에서 ²² **I'm Peter Rockford. On this show, you can learn how scientists and their work affect everything we do in society.**(저는 Peter Rockford입니다. 오늘 방송에서, 여러분들은 과학자들과 그들

의 연구가 사회에서 우리가 하는 모든 일에 어떻게 영향을 미치는지 배울 수 있습니다.)라는 내용이 있는데, 'how scientists and their work affect everything we do in society'를 'The relationship between science and society'로 표현한 (A)가 정답이다. (B), (C), (D)는 모두 담화의 link, impact, effect 등을 듣고 연상될 수 있는 내용이기는 하지만, (B)의 경우 'between education and success', (C)는 'health on beauty', 마지막으로 (D)는 'mental health on physical well-being'이 언급되지 않은 내용들이다.

23

방송의 초대손님은 누구인가?

(A) 운동선수
(B) 건축가
(C) 연구원
(D) 발명가

[해설] 담화 중반부의 ²³ **Dr. Gilda Maynard from the Northfield Research Institute will discuss how food waste and recycled paper products can become a surprising and clean source of energy.**(Northfield 연구소의 Gilda Maynard 박사는 음식물 쓰레기와 재활용된 종이 제품이 놀랍고 깨끗한 에너지 공급원이 될 수 있는 방법에 대해 토론할 것입니다.)'라는 내용에서 초대 손님이 연구원임을 알 수 있다. 정답은 (C)이다.

24

화자는 청취자들에게 무엇을 하라고 권하는가?

(A) 기부하기
(B) 방송에 참석하기
(C) 사무실에 방문하기
(D) 정장 착용하기

[해설] 담화의 마지막 부분 ²⁴ **I'd like to remind you that** *Science and You* **is made sustainable because of grants and your generous donations. Please visit our Web site at www.sciencenyou.com, and hopefully, you can contribute in a way that best suits you.**(저는 여러분께 *Science and You*는 지원금과 여러분의 후한 기부 덕분에 지속 가능하게 되었다는 것을 상기시켜 드리고 싶습니다. 저희 웹사이트 www.sciencenyou.com에 방문하셔서 귀하에게 가장 적합한 방법으로 기부해 주시기 바랍니다.)에서 'generous donations, contribute'라는 표현을 통해 기부를 직접적으로 언급하고 있으므로 (A)가 정답이다. 담화문이 방송이지만 청취자들에게 방송에 참석하라고 부탁하는 내용은 없으므로 (B)는 오답이다. (C)는 담화 후반부에 언급된 visit을 반복해서 만든 오답이다. (D) 역시 담화 후반부에 나온 suit를 반복해서

만든 오답이다. 담화문에서 suit는 동사적 쓰임으로 '적합하다'의 의미로 사용되었고, 보기에서는 명사적 쓰임으로 '정장'의 의미로 사용되었다.

[25-27]

> **W** Okay, everybody. Let's get started, shall we? At today's seminar, we are going to move ahead with a presentation from a new face. ²⁵ **Robert Tillson is giving his first seminar here and is going to discuss how you can make presentations more effective by using images and charts.** ²⁶ **When the first session concludes, we will break for lunch, which is covered by the registration fee you already paid.** There are plenty of staffers on hand who can answer any of your questions. ²⁷ **At this moment, I'd like you to make sure you're wearing the correct name tags.**

여 네, 여러분. 그럼, 시작해 볼까요? 오늘 세미나에서는 새로운 분이 프레젠테이션을 진행할 예정입니다. Robert Tillson이 이곳에서 첫 번째 세미나를 열고 이미지 및 차트를 사용하여 프레젠테이션을 보다 효과적으로 만드는 방법에 대해 이야기를 나누려고 합니다. 첫 번째 강연이 끝나면, 이미 지불하신 등록비에 포함된 점심 식사를 하시면서 휴식을 취하도록 하겠습니다. 여러분의 질문에 답변할 수 있는 많은 직원들이 있습니다. 지금은 본인의 명찰을 착용하고 계신지 확인해 주셨으면 합니다.

[어휘] **effective** 효과적인 **conclude** 결론을 내리다 **registration fee** 등록비 **plenty** 많은 **correct** 정확한

관리 학회 (첫 번째 시간)
10월 2일 – 보다 나은 평가서 만들기
10월 9일 – 직원 동기부여
10월 16일 – 더 효과적인 프레젠테이션하기
10월 23일 – 장비를 더 효율적으로 사용하는 방법

25

시각 정보를 보시오. 세미나는 언제 열리는가?

(A) 10월 2일
(B) 10월 9일
(C) 10월 16일
(D) 10월 23일

담화의 초반부에 ²⁶ **Robert Tillson is giving his first seminar here and is going to discuss how you can make presentations more effective by using images and charts.**(Robert Tillson이 이곳에서 첫 번째 세미나를 열고 이미지 및 차트를 사용하여 프레젠테이션을 보다 효과적으로 만드는 방법에 대해 논의하려고 합니다.)라는 내용이 있는데, 여기에서 세미나의 주제가 언급된 부분은 'how you can make presentations more effective by using images and charts.'이다. 시각 정보에서 해당되는 주제의 세미나는 10월 16일에 있으므로 정답은 (C)이다.

26

첫 번째 세션이 끝난 후 청중은 어떤 활동을 하게 될 것인가?

(A) 점심 식사를 하러 간다.
(B) 이미지 및 메모리에 대해 이야기한다.
(C) 등록비를 지불한다.
(D) 직원 중 한 명과 대화한다.

해설 담화의 중반부에서 ²⁶ **When the first session concludes, we will break for lunch, which is covered by the registration fee you already paid.** (첫 번째 세션이 끝나면, 이미 지불하신 등록비에 포함된 점심 식사를 하시면서 휴식 시간을 가지도록 하겠습니다.)라는 내용이 언급되어 있으므로 정답은 (A)이다. (B), (C), (D)의 images and charts, registration fee, staff 모두 담화에 언급된 것들이기는 하지만 첫 번째 세션이 끝난 후 하게 될 청중의 행동과는 관계가 없다.

27

화자는 청중에게 무엇을 상기시켜주는가?

(A) 지도 살펴보기
(B) 적절한 신분 정보 표시하기
(C) 가지고 있는 질문 기록하기
(D) 적절한 옷 입기

해설 화자는 담화의 후반부에서 ²⁷ **At this moment, I'd like you to make sure you're wearing the correct name tags.**(지금 본인 명찰을 달고 있는지 확인해 주셨으면 합니다.)라고 했으므로 정답은 (B)이다. 'make sure you're wearing the correct name tags'라는 정보가 'Display the proper identification'으로 적절하게 표현되었다. 질문의 내용을 기록하라는 내용과 적절한 옷을 입으라는 내용은 언급되지 않았으므로 (C)와 (D)는 모두 정답이 될 수 없다.

[28-30]

M Thanks for coming to this meeting regarding our yard sale. ²⁸ I'm Dave, and I'm the neighborhood representative in charge of making sure everyone has the information they need and everything goes well. Here's the setup for the sale: we'll mostly be selling clothes, but we'll also be selling furniture. ²⁹ **The furniture is going to be sold in the area which is located next to the information desk across from the entrance.** After the meeting, ³⁰ **Mr. Brandt, the owner of the property, wants to meet me to talk about security issues** since we expect many visitors here.

남 저희 알뜰 시장에 관한 회의에 참석해 주셔서 감사합니다. 저는 Dave이고 모든 사람이 필요한 정보를 얻을 수 있게 그리고 모든 일이 잘 진행되도록 하는 업무를 담당하고 있는 지역 대표입니다. 여기 준비된 것이 있습니다: 저희는 옷을 주로 판매할 것이지만, 가구도 판매할 것입니다. 가구는 입구 맞은편 안내데스크 옆에 있는 구역에서 판매될 예정입니다. 회의가 끝난 후, 많은 방문객들이 올 것으로 예상되기 때문에, 이 장소의 소유주인 Brandt 씨가 저를 만나 보안 문제에 대해 이야기하고 싶어 하십니다.

어휘 regarding ~에 관하여   in charge of ~을 담당하는   entrance 입구   owner 소유주   property 부동산, 소유물   security 보안

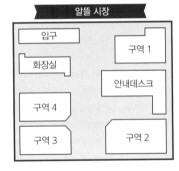

28

화자는 누구인가?

(A) 도시 대표
(B) 지역 정치인
(C) 영업 대표직원
(D) 경비원

해설 담화 초반부에서 화자는 ²⁸ **I'm Dave, and I'm the neighborhood representative in charge of making sure everyone has the information they need and everything goes well.**(저는 Dave이고 모든 사람이 필요한 정보를 얻을 수 있게 그리고 모든 일이 잘 진행될 수 있게 도와드리는 역할을 담당하는 지역 대표입니다.)라고 했다. 'I'm the neighborhood representative'를 'A town representative'로 바꾸어 표현한 (A)가 정답이다. (C)는 representative를 반복하였으나 sales representative는 영업 사원, 판매 대리인이라는 의미이다. (D)는 담화의 후반부에 언급된 security를 이용한 오답이다.

29

시각 자료를 보시오. 가구는 어디서 판매될 것인가?

(A) 구역 1
(B) 구역 2
(C) 구역 3
(D) 구역 4

해설 담화의 중반부에서 화자는 ²⁹ **The furniture is going to be sold in the area which is located next to the information desk across from the entrance.**(가구들은 입구 맞은편 안내데스크 옆에 있는 장소에서 판매될 예정입니다.)라고 했으므로 정답은 (A)이다.

30

화자는 다음에 무엇을 할 것인가?

(A) 해당 지역의 소유자에게 말한다.
(B) 도시 주민과 대화한다.
(C) 안전 정보를 요청한다.
(D) 많은 고객을 유치한다.

해설 담화의 후반부에 ³⁰ **Mr. Brandt, the owner of the property, wants to meet me to talk about security issues**(이 곳의 소유주인 Brandt 씨가 저와 만나서 보안 문제에 대해 이야기 하고 싶어 하십니다)라는 내용이 있는데, 'the owner of the property, wants to meet me to talk'를 'Speak to the owner of a property'로 적절히 표현하고 있는 (A)가 정답이다. (B)는 neighborhood를 반복하였으나 주민들과(residents) 대화한다는 내용은 언급되지 않았다. (C)는 담화에 언급된 security와 관련이 있는 safety를 이용하였으나 안전 정보를 요청한다는 내용은 담화와 관계가 없다. 마지막으로 (D)는 visitors와 관련이 있는 customers를 이용하였으나 '많은 고객을 유치한다'는 내용은 언급되지 않았다.

MEMO

MEMO